Sun Yat-sen University
Law Review

中山大学法学院 主办

谢进杰 主编

中山大学法律评论

第18卷

第1辑

U0755820

中国政法大学出版社

2021·北京

图书在版编目（ＣＩＰ）数据

中山大学法律评论. 第18卷. 第1辑/谢进杰主编. —北京:中国政法大学出版社,2021.9
ISBN 978-7-5764-0020-5

Ⅰ.①中… Ⅱ.①谢… Ⅲ.①法学—文集 Ⅳ.①D90-53

中国版本图书馆CIP数据核字(2021)第188979号

出 版 者	中国政法大学出版社
地　　址	北京市海淀区西土城路 25 号
邮寄地址	北京 100088 信箱 8034 分箱　邮编 100088
网　　址	http://www.cuplpress.com (网络实名：中国政法大学出版社)
电　　话	010-58908437(编辑室)　58908334(邮购部)
承　　印	北京九州迅驰传媒文化有限公司
开　　本	710mm×1000mm　1/16
印　　张	18.25
字　　数	285 千字
版　　次	2021 年 9 月第 1 版
印　　次	2021 年 9 月第 1 次印刷
定　　价	89.00 元

中山大学法律评论

Sun Yat-sen University Law Review

第 18 卷 · 第 1 辑　　Vol. 18, No. 1 (2020)

邮　箱：sysulawreview@126.com；lawrev@mail.sysu.edu.cn

网　址：http://law.sysu.edu.cn/research/research8/1

地　址：中国广州市新港西路 135 号　邮　编：510275

微　信：SUSYLawReview　微　博：新浪“中山大学法律评论”

博　客：http://sysulr.fyfz.cn

主　办　中山大学法学院

襄　助　中山大学法学院方圆学术基金

组　编　中山大学法学理论与法律实践研究中心
　　　　中山大学司法体制改革研究中心
　　　　中山大学法学实验教学中心

目　录

Table of Contents

Symposium: A Theoretical Study on the Upcoming Practices in the Implementation of Law

Articles

Comments

Academic Debate

Reading of Classic Works

主题研讨——新兴实践命题的学术叙事

Symposium: A Theoretical Study on the Upcoming Practices in the Implementation of Law

大数据赋权正当性证成

李　坪*

提　要：法律对大数据的权利配置并没有做出明确的规定，在 GDPR 的表述中，数据主体对其个人数据拥有权利，忽视了大数据收集者在收集过程中进行数据清洗付出的劳动及选择自由。大数据权利归属不明确导致产权意识匮乏，"爬虫"技术的使用成为获取他人已经收集的数据的主要手段。在现有数据纠纷中，当事人大多求助于反不正当竞争法进行利益保护，然而，反不正当竞争法通过行为控制，维护市场竞争伦理，却无法对大数据实现一般控制。对大数据赋权是数据行业实现数据正常流转的必要条件，且数据开放也需要激励机制促成。对个人数据保护引发的担忧成为大数据应用的实质性障碍，以数据主体权利为基础建构的个人数据保护框架，只能使得数据控制者被动接受数据主体的要求进行行为调整，而忽视了信息对等在个人数据保护中的重要作用，确定数据收集者通过合规监管获得权利，可以让数据收集者合目的地建构个人数据保护体系。

关键词：大数据；劳动价值；数据流转；个人数据保护；客体规制

一、问题与背景

数据是国家基础性战略资源。大数据的使用对经济增长有着巨大的促进作用，被形象地比喻为"经济增长的火箭燃料"[1]。2016 年我国工

---

* 作者李坪，男，南京师范大学法学硕士，研究领域为知识产权法，E-mail：727629321@qq.com.

[1] See Eric Everson, "Privacy by Design: Taking Control of Big Data", *Cleveland State Law Review* (2017), p. 28.

业和信息化部印发的《大数据产业发展规划（2016—2020 年）》指出，2015 年中国信息产业收入已达 17.1 万亿元，2020 年信息产业发展目标是大数据相关产品和服务业务收入超过 1 万亿元。大数据的应用促成数字经济的发展，数据产业的发展已经成为国家的发展战略。对大多数企业而言，在大数据时代的很多商机不是与人工智能相关，而是存在于更为平常的领域之中，在于更清楚无误的统计、监控与观察。[1]大数据对社会生活的影响从经济维度不断扩展，应用场景从单一的经济增长应用增加为智慧城市建设、民生服务、医疗保健行业、政府管理等多维度应用。大数据应用场景的多样化意味着大数据进入人类生活的层次越来越深，对个人生活的影响也越来越大。大数据应用场景的多样化与数据增长是相互促进的关系，大数据应用场景越广泛进入人类生活，数据平台的收集能力就显得越强势。数据的收集经历了被动、主动到自动三个不同阶段。第一个阶段的数据是记录运营活动的产物；第二个阶段是用户原创内容阶段，新型社交网络的兴起和新型移动设备的普及使得数据量呈急速增长的趋势；第三个阶段是感知式系统的发展，技术进步使得具有收集数据能力的传感器遍布社会各个角落，数据量爆发式增长，自动式数据生成意味着大数据真正产生。[2]社会化数据（social data）[3]由每个网络用户的微行为汇集产生，驱动数据使用者建立极具个性的数字档案，提高行动效率。

2019 年 9 月，摩羯科技、新颜科技、存信数据、天翼征信高管被调查，随后公司发表声明暂停大数据服务。大数据行业进入前所未有的"整顿期"[4]。大数据"爬虫"技术的产生及其应用在一定程度上反映了社会个体对于数据产权意识的薄弱，深层次的原因在于现行的法律制度并没有对大数据的权利归属做出明确的安排。缺少对大数据权利归属

---

[1] [美] 史蒂夫·洛尔：《大数据主义》，胡小锐、朱胜超译，中信出版社 2015 年版，第 89 页。

[2] 参见孟小峰、慈祥："大数据管理：概念、技术与挑战"，载《计算机研究与发展》2013 年第 1 期。

[3] 按照数据产生主体不同数据可分为：企业数据、机器数据、社会化数据。详细分类参见鲍亮、李倩编著：《实战大数据》，清华大学出版社 2014 年版，第 30 页。

[4] 黄鑫宇："'考'问大数据金融：爬虫为何受关注?"，载新京报网，http://www.bjnews.com.cn/finance/2019/09/25/629271.html，最后访问日期：2019 年 10 月 13 日。

明确的安排不仅导致了市场对数据使用的无秩序状态，而且使得大数据的流转机制趋于无效率，大数据的控制者只能采取保密措施对大数据进行保护、维护大数据体现的经济利益，损害了大数据具有的原生公共属性。个人数据安全在大数据应用中引发了广泛担忧，大数据权利归属不明确无法将保护义务落实到具体的个体。

二、大数据赋权是数据流转的必要条件

互联网是大数据应用的发源地，互联网企业具有获得数据的先发优势。实践中面对数据行业的发展，有人也警醒地提出"打破数据壁垒，杜绝数据垄断"。数据开放的目的在于促进信息流动、提高系统服务耦合度及其协同工作能力。[1]对数据开放的认识也由"免费的啤酒"转化为"言论自由"。大数据的应用可以给使用主体带来经济上的利益。从社会福利角度来看，大数据还存在公共服务类大数据应用、研发类数据应用的具体适用情形[2]，数据开放有利于公共福祉的增加。大数据具有公共产品的属性，数据大量被收集、分析，客观世界以数字的方式在网络世界被重述，大数据可被理解为是对客观世界的数字化描述的方式[3]，客观世界以 0、1 的纯数字形式存在，允许个体完全地独占和私有，则意味着世界的组成元素被完全垄断。虽然大数据的独占和私有符合数据收集者、使用者等主体的利益要求。但数据的公共产品属性意味着数据流动或者一定程度上开放是必然的趋势。

从大数据反映的信息种类上看，大数据反映的信息存在公共信息和个人信息的区别，虽然公共信息的"公共性程度"是相对可变的，公共信息和个人信息的边界存在模糊的情形，二者有时难以区分，但是对于公共信息资源的界定，借助特定阶段和特定条件的限定，对其外延仍然

---

[1]　[美] 克莉丝汀·L. 伯格曼：《大数据、小数据、无数据：网络世界的数据学术》，孟小峰、张祎、赵尔平译，机械工业出版社 2017 年版，第 5 页。

[2]　参见樊重俊、刘臣、霍良安编著：《大数据分析与应用》，立信会计出版社 2016 年版，第 22 页。

[3]　参见王德夫：《知识产权视野下的大数据》，社会科学文献出版社 2018 年版，第 70 页。

能做出相应的认定。[1]公共信息构成了社会生产的动力,其不能让个体垄断。公共信息的收集、使用的主体不限于公权力机关,也包括社会中的私权利主体,在信息被大量收集的情形下,公共信息、个人信息都被整合,如同政府收集的公共信息应该开放一样,数据收集者至少应该开放公共信息。缺乏利用数据的法律框架是科学数据开放共享的法律障碍。[2]

数据的价值多维性意味着不同的数据使用者对于相同数据的分析不同会产生不同价值,一些对于某一数据使用者来说是多余的或者已经被闲置的数据,可能对于其他的数据使用者来说具有显著的经济价值,数据的流动会使得同一数据的利用价值最大化。在数据应用场景不断丰富的背景下,鼓励数据流动可以促进数据的应用。在大数据应用场景虽然逐渐多样但是仍处于初级阶段的现实背景下,数据收集者实现经济变现的手段即为对数据的转让。在政策层面虽然数据流动与个人权利保护可能存在冲突,但政府并未禁止数据流动。欧盟的第 2016/679 号条例(EU)规定:关于在个人数据处理及此类数据自由流动方面对于自然人的保护,虽然强调的重点是对于自然人的保护,但并未否定数据自由流动的前提。

欧盟的《一般数据保护条例》(GDPR)的开篇即规定了该条例制定的目的——制定个人数据自由流动的规则。虽然规定了个人数据的限制处理权,但是数据的自由处理是原则。数据已不再是单纯的个体竞争工具,而是转化为了基础性的公共资源。《中华人民共和国网络安全法》第3 条即规定,国家实行信息化发展与网络安全并重,推进网络基础设施建设和互联互通,鼓励网络技术创新。《互联网个人信息安全保护指南》第3.5 条也规定了个人信息的收集除了有直接面对个人收集的方式,也包括共享、转让等间接获取方式。《贵州省大数据安全保障条例》第 13 条实行的数据安全责任制将责任主体涵盖至数据流动中的参与主体。《大数据产业发展规划(2016—2020 年)》中也明确要求利用大数据助推创新创

---

[1] 参见夏义堃:《公共信息资源的多元化管理》,武汉大学出版社 2008 年版,第 38—39 页。
[2] 盛小平、武彤:"国内外科学数据开放共享研究综述",载《图书情报工作》2019 年第 17 期。

业，鼓励数据资源丰富的平台开放平台数据等公共资源实现创新创业。

数据流动或者数据开放的前提是明确某一主体对数据权利、对数据享有的权利是什么性质。只有通过在社会成员间相互划分对特定资源使用的排他权，才会产生适当的有效使用资源的激励。而不赋予特定权利类型保护，从短期来看，似乎任何人都可以使用数据，加速了数据的流动，但是从长远来看，只会导致某些具有技术优势的平台肆意争夺其他平台耗费劳动所收集的数据。数据所表现的信息具有无形性和动态性的特点，个人信息的控制与公共信息的数量并不是出于零和博弈的目的，从长远来看信息的完美控制会使得公共信息的数量最大化。[1]在未提供权利类型予以保护的前提下，没有足够的激励促进平台收集数据。排他权的创设是资源有效运用的必要条件，却不是充分条件，因为权利具有可转让性。[2]在数据市场中，法律对于数据可流转问题采取了肯定的态度，GDPR 即明确规定不得以保护个人数据为由，限制或者禁止个人数据的自由流动。在政策上甚至鼓励数据的流转，但是却没有明确数据的权利归属。

数据权利的确定是可转让性的前提，在权属不明确的情形下，转让无从发生。转让的本质是利益实现，如果权利归属不明确则意味着利益的否定，利益的载体只会成为争夺的对象，回到"一切人对一切人"的原初状态。权利的本质存在着"意志说"与"利益说"的争论，"利益说"认为权利的享有本质上是对社会个体利益享有的承认，大数据对于互联网企业的发展具有天然的优势，其基于大数据运作的精准化营销策略、企业业务创新、管理决策都蕴含着巨大的商业价值，数据应用还包括分析价值、安全价值、未来价值[3]。

社会个体的利益享有，只是权利创设的前提条件。创设新的权利类型对社会个体的某项事物进行保护，首先需要证成某项事物是否应该是

---

[1] See R. Polk Wagner, "Information Wants to Be Free: Intellectual Property and the Mythologies of Control", *Columbia Law Review* (2003), p. 998.

[2] [美] 理查德·A. 波斯纳：《法律的经济分析》，蒋兆康译，中国大百科全书出版社 1997 年版，第 41 页。

[3] 参见樊重俊、刘臣、霍良安编著：《大数据分析与应用》，立信会计出版社 2016 年版，第 30 页。

社会个体的权利，其次需要证成在现行的权利制度中没有权利类型可以对某项事物进行合目的性的保护。社会个体对某项事物拥有利益是对其享有权利的必然条件。数据对于互联网平台企业具有利益是显而易见的，这种利益即使除去了经济利益也依然存在。这意味着数据成为一种独立的权利类型满足前提条件。权利的证成还需要证明社会个体对事物某一方面的利益是使其他人承担义务的充分理由。[1]数据的权利证成在于数据对于互联网企业的竞争力有着重要作用，而这种重要作用不被社会其他个体侵害的理由在于对于财产性质的选择也是共有性质选择，无论是积极共有还是消极共有，物必须具体由个人拥有才有意义。[2]

大数据具有社会价值，数据的应用在灾害防治中发挥着越来越重要的作用[3]。数字疾病监测（DDD）的应用实践，如 2014 年西非埃博拉病毒疫情的防治、2017 年巴基斯坦登革热疫情的防治都已经表明，数据具有社会价值的属性。对大数据进行赋权是否会阻碍数据公共利益的实现成为必须考虑的因素。数据慈善（data philanthropy）中将数据开放供其他组织访问、利用，并不需要进行所有权的移转，而只是对使用权进行让渡即可实现数据作为捐赠财产的目的[4]。在将数据产权进行明确时，并不会因为产生一个排他性的权利，而阻止数据实现社会价值需要的开放、共享。如果不对数据进行赋权，将数据置于公共领域之中，似乎私营部门可以无成本地进行数据分析、使用数据。但是数据在社会价值之外还存在商业价值，不进行相应的赋权，意味着私营部门的商业价值得不到保障，而商业价值的保障，是促成公私部门合作的重要经济激励。"没有私营部门的支持，我们认为理所当然的艺术、保健和教育方面的许多公共方案将不存在。同样的精神应该扩展到大数据。"[5]

---

〔1〕 See Joseph Raz, *The Morality of Freedom*, Oxford University Press, 1988, p. 167.

〔2〕 参见［澳］彼得·德霍斯：《知识财产法哲学》，周林译，商务印书馆 2017 年版，第 84 页。

〔3〕 See Jordana George, Jie（Kevin）Yan and Dorothy Leidner, "Data Philanthropy：An Explorative Study", *Proceedings of the 52th Hawaii International Conference on System Sciences*（2019），p. 5858.

〔4〕 Yafit Lev Aretz, "Data Philanthropy", 70 *Hastings Law Journal*（2019），p. 1503.

〔5〕 Robert Kirkpatrick, "A New Type of Philanthropy：Donating Data", *Harvard Business Review*（2013）.

不对数据进行赋权，是对数据之上存在利益冲突的逃避。虽然不赋权可以将数据还原至原初状态，可以鼓励对数据进行开发使用并且可以以消极的态度回避权属争议，但是，在利益相关者不唯一的情形下，如果利益之间发生冲突则需要借助特定的工具进行平衡，否则将导致权利绿洲和权利荒漠的现象出现。[1]

三、大数据赋权是个人数据保护之法律基础

大数据的发展必须克服个人信息保护的障碍，我们正"梦游进入监视社会"[2]，"梦游"形象表明了社会个体在无意识的情形下被数据监控，进入了"风险社会"，个人完全暴露在数据之下。"监视"一词表明社会个体对于现状带有一种排斥感，隐私泄露的风险时刻威胁着个体安全，且呈现出高频性、数额大的特点。2019 年"全国市场监管部门共立案查办各类侵害消费者个人信息案件 1474 件，查获涉案信息 369.2 万条，罚没款 1946.4 万元，移送公安机关案件 154 件。"[3]"19.16%的网络诈骗案件具有精准诈骗的特征，即不法分子获取公民个人信息后有针对性地实施诈骗，极大地提高了诈骗得逞的可能性。"[4]

数据歧视也影响着个体生活对平等价值实现的追求。个人隐私数据的泄露将颠覆传统意义上国家、企业和个人之间的权利关系。但是对数据隐私的分析应该引入一种利益视角，数据隐私的使用对个人、社区、组织、社会都存在利益。对个人而言，Netflix 和 Amazon 推出的高度定制服务提高了个体生活效率，Comcast、AT&T 等可以检测恶意软件保护个人人身财产安全；对社区安全来说，同意发送浏览器的崩溃报告、报告药物

---

[1] 参见周汉华："论互联网法"，载《中国法学》2015 年第 3 期。

[2] See Jules Polonetsky, Omer Tene, "Privacy and Big Data: Making Ends Meet", 66 *Stanford Law Review* 25 (2013-2014), p. 25.

[3] 万静："2019 打击侵害个人信息行动收官"，载新华网，http://www.xinhuanet.com/2019-11/20/c_1125251107.htm，最后访问日期：2019 年 11 月 23 日。

[4] 罗沙："司法大数据：网络诈骗犯罪仍是'社会毒瘤'"，载新华网，http://www.bj.xinhuanet.com/rdsp/2019-11/19/c_1125249992.htm，最后访问日期：2019 年 12 月 23 日。

的副作用都以个人隐私数据相对公开为实现路径，隐私数据的使用使得组织可以有效驱动分配效率；对于社会而言则可以实现国家安全、社会金融秩序的管理。对于大数据使用的基本态度应该是接受，而不是排斥。以至于"在隐私风险和大数据回报之间找到正确的平衡很可能是我们时代最大的公共政策调整"。[1]

（一） 技术进步不足以保护个人数据安全

在大数据行业发展的进程中，对个人数据安全的冲击一直是社会所顾虑的。对个人数据的保护存在两种进路：技术方案、制度架构。技术专家倾向于开发新的隐私保护工具实现政策的要求，现有技术有三种类型的努力方向来实现个人信息安全的保障：数据匿名化技术、数据加密技术和数据扰动技术。

其中，数据匿名化技术存在着 k-匿名模型、l-多样化模型、t-closeness 模型，基本运作原理是：首先删除身份标识属性，然后对准标识属性进行概化[2]。但经过泛化、压缩、分解、置换和干扰发布的数据，在攻击者拥有大量背景知识的情形下，结合发布的信息进行关联分析，也可以推断出某个记录的敏感信息[3]。在同一类型中差分隐私模式是技术趋势，首先，其理论假设攻击者除了目标记录外可获得其他记录信息，在最大记录信息与攻击者可获得信息之间不可避免存在差异，这样就可避免利用背景知识进行关联分析。其次，该种工具引入严格定义与量化评估的方法使得不同参数集的隐私保护水平具有可比较性[4]。这种技术的实现需要假定攻击者可获得最大记录信息，在数据处理中需要添加噪声实现，如果把握不了添加噪声的量将使得数据无价值。且该种技术只能处理静态的数据，无法对动态数据进行匿名[5]。数据加密技术中同态

---

[1] See Jules Polonetsky, Omer Tene, "Privacy and Big Data: Making Ends Meet", 66 *Stanford Law Review* 25 (2013-2014), p. 26.

[2] 参见康海燕：《网络隐私保护与信息安全》，北京邮电大学出版社 2016 年版，第 65 页。

[3] 刘雅辉等："大数据时代的个人隐私保护"，载《计算机研究与发展》2015 年第 1 期。

[4] 参见熊平、朱天清、王晓峰："差分隐私保护及其应用"，载《计算机学报》2014 年第 1 期。

[5] See Kate Crawford, Jason Schultz, "Big Data and Due Process: Toward a Framework to Redress Predictive Privacy Harms", 55 *Boston College Law Review* 93 (2014), p. 99.

加密效率低下，离实践运用还存在差距。且同态加密是以非自然的方式"拼凑"出来的，是一种工程性的构造方法，无法突破数据噪声的瓶颈。[1]

（二）以数据主体权利进行保护制度建构的不足

在制度架构层面，GDPR 设计了一系列原则，包括透明度原则、合法原则、公平原则以及目的限制原则等控制个人数据处理；赋予个人数据主体访问权、更正权、被遗忘权、限制处理权、数据可携带权、反对权以保证个人对数据的控制；从数据的初始收集上要求数据收集者必须经个人同意才可进行收集行为。但是 GDPR 并未明确数据的权利归属，也未明确数据赋权的标准，只是规定了一个富有弹性的问责制：谁控制，谁负责。数据从产生到使用包括数据抽取与集成、数据分析、数据解释三个流程[2]，虽然三个阶段的控制主体会出现重合，但是在更多情形下会出现分离，导致侵害个人数据的行为与数据控制行为相悖，个人信息安全的救济就没法进入规范设置的场域。

中国现有的个人数据保护规范（《中华人民共和国网络安全法》《互联网个人信息安全保护指南》以及 2019 年 10 月 1 日实施的《贵州省大数据安全保障条例》）对个人数据安全保障做出的努力大都是技术方面的要求，技术上的监管虽然可以在一定程度上和在一定阶段中实现个人隐私保护的目的，但是同样在制度建构上对大数据权利的归属采取了回避态度。

1. 信息不对称架空"知情—同意"规则

在大数据与个人信息保护的冲突的命题上，GDPR 区分了已经被收集的数据和即将收集的数据类型。针对即将被收集的数据，从权利客体上建构的努力大多都是以数据主体享有隐私权作为实现个人数据的保护制度架构，将隐私权保护客体扩张至信息。[3]但是无论权利客体如何扩张，

---

[1] 参见陈智罡、王箭、宋新霞："全同态加密研究"，载《计算机应用研究》2014 年第 6 期。

[2] 孟小峰、慈祥："大数据管理：概念、技术与挑战"，载《计算机研究与发展》2013 年第 1 期。

[3] 徐明："大数据时代的隐私危机及其寻权法应对"，载《中国法学》2017 年第 1 期。

隐私权理论既不能解释本人主动将个人数据授予他人利用的现象，同时又难以为其他主体合理利用个人数据提供依据。[1]对个人隐私保护关键的理念是数据主体的知情权与选择权，意图使得数据主体在明确个人数据被收集的目的后，自由选择是否将数据交由收集者。但在数据收集者与数据主体的信息存在不平等的前提下，制度建构试图以数据主体自由选择是否将数据交由他人利用以防止隐私泄露并没有成功将理想中绘制的蓝图变成现实。

数据主体面对收集者提供说明的协议长达几百个甚至上千个字符。造成协议条款数量多的原因是针对直接从数据主体处收集信息现有的规范而制定，其中要求数据控制者说明自己的身份、联系方式、处理的目的、法律依据等收集信息和明示数据主体享有的各种权利及救济方式等信息[2]。数据主体会为了追求生活的便利而选择使用特定的软件，不可能每一个数据主体都逐一阅读数据授权使用的条文。即使数据主体秉持严谨的态度逐一阅读数据授权使用协议，数据主体也很有可能会迷失在专业的术语中，形式的阅读并不能使数据主体明白授权他人使用的含义。数据收集者在市场中占强势地位，数据主体即使对数据即将应用的场景有明确的认识，但只要其认为数据授权利用会威胁到个人隐私安全，不同意数据收集者收集使用自己的相关信息，相关的软件或者应用程序就不能够使用。在数据收集与移动设备连通后，使用者要么接受数据授权使用协议，要么选择离开。在信息化时代，生活在"信息孤岛"的社会个体的活动空间将极大地被压缩。在要么接受数据授权使用协议，要么离开该应用提供的服务的情形下，数据主体不接受数据授权使用协议等同于应用提供者拒绝提供相应的服务。

2. 无法被"遗忘"的个人数据

GDPR 设置了被遗忘权，针对已经被收集的个人数据提供数据主体保护自我隐私的权利，数据主体有权要求控制者及时删除其个人数据。[3]GDPR 力图使数据主体对数据收集的目的和事后相对绝对的数据删除进行

---

[1]　王德夫：《知识产权视野下的大数据》，社会科学文献出版社 2018 年版，第 19 页。

[2]　参见 GDPR 第 13 条。

[3]　参见 GDPR 第 17 条第 1 款。

对个人数据的完全控制知情来实现隐私权保护的目的，该条例强调个人数据的绝对保护，除了公共利益的限制，数据收集者针对数据主体要求的删除没有可以抗拒的理由。在个人数据范围不断扩张的情形下，意味着数据主体对可以完全控制的数据范围也在扩张，"数据主体却未必对数据本身的价值以及数据集和利用的价值进行清晰的评估，数据主体对对其影响不大的数据处理予以反对、撤回同意或者设置法律规定的合法障碍，对技术产业发展会产生严重的阻碍。"[1]被遗忘权的创设增加了企业的运行成本，会对创新起消极作用。[2]有的观点认为，"被遗忘权所针对的信息则是在合法的基础上收集、使用、加工、传输的已过时、不相干、有害和不准确的信息。"[3]权利针对的对象如果被限缩成一些已过时、不相干、有害和不准确的信息，虽然在一定程度上可以消解企业运行成本，但是与 GDPR 采取对个人数据绝对保护的态度存在差异，GDPR 没有限定数据主体行使被遗忘权所针对的个体数据的具体对象，更没有设定相对的标准区分个体数据的种类，已过时、不相干、有害和不准确的信息则只能针对数据主体的标准作为区分标准。大数据的运行建立在大型的数据库作为设备支撑的基础上，数据主体行使被遗忘权的通信效率成为通过制度架构保护个人隐私不得不面对的困境[4]。被遗忘权建构的预设前提是个人数据已经被授权使用，其行使的对象只能是个人数据，如果数据控制者控制的不是 GDPR 定义的个人数据，则相关数据被收集者没有权利要求被遗忘，"正在进行详细研究的数据库并不一定包含个人数据，但并不因此与预测目的无关"。[5]数据控制者使用数据是为了进行相关性分析，其运行逻辑并不是因果关系分析，所以即使没有个人数据，也可借助其他相关数据，预测特定主体的特定行为，侵犯个人隐私。

---

[1] 京东法律研究院：《欧盟数据宪章：〈一般数据保护条例〉GDPR 评述及实务指引》，法律出版社 2018 年版，第 69 页。

[2] 参见吴飞、傅正科："大数据与'被遗忘权'"，载《浙江大学学报（人文社会科学版）》2015 年第 2 期。

[3] 满洪杰："被遗忘权的解析与构建：作为网络时代信息价值纠偏机制的研究"，载《法制与社会发展》2018 年第 2 期。

[4] See Luigia Altieria, Gianmarco Cifaldib, "Big Data, Privacy and Information Security in the European Union", *Sociology and Social Work Review* 1（2018），p. 60.

[5] See Luigia Altieria, Gianmarco Cifaldib, "Big Data, Privacy and Information Security in the European Union", *Sociology and Social Work Review* 1（2018），p. 60.

（三） 规制对象面向客体——控制最大化的实现

GDPR 建立的个人数据保护框架都是以数据主体权利为中心试图扩张数据主体的权利范围实现个人数据的保护，但是如前所述，数据主体基于市场的经济地位、信息获取能力以及数据分析并不需要个人数据仍能对个体进行预测，以数据主体为中心建构的个人数据保护制度框架只能发挥极为有限的作用。以数据主体权利构筑的个人数据保护体系，相对地只能规制基于个人数据本身实施的侵害行为，而不能对进行关联分析后仍可实现预测目的的非个人数据进行相应的规制。在将大数据区分为个人数据与非个人数据的前提下，对大数据进行统一的赋权，将统合个人数据与非个人数据的保护数据主体的义务。对大数据进行赋权，以法律关系的客体作为规制对象以保护数据主体免于基于大数据预测带来的损害，可以避免区分个人数据与非个人数据的困难，也可以避免出现没有规范约束基于非个人数据进行预测的行为。在明确以数据主体为中心的制度架构通过影响数据主体与数据收集者行为并不能完全实现个人数据保护的前提下，应该将制度框架架构的重心转移至数据本身。

开明商业群体认为数据如同货币，自由流动才能创造最大的价值。个人数据的保护的关注点应该是数据的使用，而不是数据的收集。但正如消费者与隐私权倡导者所担忧的，限制数据使用不足以保护隐私。数据的相关性分析会使得预测的结果与实际行为出现偏差，出于研究目的购买油炸煎锅的购买记录，可能会预测购买者有不良的饮食习惯。[1]个人数据的保护不仅要面向数据的使用，也需要面向数据的收集。数据授权许可使用涉及特定的主体：数据主体、数据控制者以及数据处理者。法律并未明确数据的权利归属，权利的确定不仅意味着利益在法律上得到肯认，权利同时也被充当作补偿机制，在权利赋予的同时将具体的义务施加于权利享有者。通过大数据权利这一工具实现对数据控制者行为予以调整，调整的范围既包括数据的收集也保护数据的使用。只有以大数据本身作为规制的对象，才能连接数据主体、数据控制者、数据处理

---

〔1〕 ［美］史蒂夫·洛尔：《大数据主义》，胡小锐、朱胜超译，中信出版社2015年版，第287—288页。

者，同时实现数据收集与处理的规制。

对大数据赋权造成实质性障碍的是，个人数据的权利归属于数据主体具有直觉性的说服力。应当明确的是，个人数据并不是人身性的权利，其可以实现流转，只是基于其具有的标识作用，在数据被授权使用后，其仍然可以实现强力的控制。

四、大数据赋权避免了现行法下行为规制的局限性

数据赋权是数据流通的必要条件，也是个人隐私保护所需要的制度框架。单纯为了特定目的而进行赋权，更多的是基于政策上的考量。对大数据进行赋权的正当性证成应该回到大数据本身。

（一）大数据赋权的道德来源

大数据的基本处理流程可分为三个阶段：数据的抽取与集成、数据分析以及数据解释。数据的抽取与集成是开启数据处理的第一步，后续的分析以及解释都以数据这一对象为前提。大数据这一概念蕴含着数据本身多样性的特点，但是最终呈现的大数据的多样性比之未经处理的数据的多样性相对单一。最终被分析的大数据是被数据收集者清洗过的数据，原始数据是繁杂的，存在着大量的异构。原始数据是海水，没法直接成为人类可饮用的淡水。

从海水变成可饮用的蒸馏水，需要从数据源进行抽取与集成，进行数据清洗，同时处理大数据时代模式和数据的关系，从中提取关系和实体，经过关联和聚合之后采取统一定义的结构进行储存[1]。在数据抽取与集成中体现行为者选择自由的包括：①数据源的选择；②数据清洗颗粒度的选择；③大数据时代模型的选择；④关系和实体的选择；⑤关联和聚合的标准。选择体现了行为者的意志自由，在选择的过程中同时附着

---

〔1〕 孟小峰、慈祥：“大数据管理：概念、技术与挑战”，载《计算机研究与发展》2013年第1期。

着行为者的劳动，以数据清洗为例，面对数据源中大量的数据，其中大部分数据充斥着数据噪声，噪声的存在极大降低了数据的使用价值，无法对其进行分析。这时就需要对数据进行清洗，行为者需要选择数据清洗的粒度，对大量的异构数据进行选择，抽取出符合主观标准的数据。由于数据的繁杂，数据粒度的选择直接决定了数据的质量，信息粒度过细会导致真正有用的信息被过滤，粒度过粗则无法达到清洗的目的，导致抽取的信息中仍然会存在大量无用的信息。数据清洗体现了数据行为者在质与量方面取舍的智慧。在自然权利观的视域下，只要某人使某物脱离了自然状态，其就可以拥有它，劳动即是实现脱离自然状态的途径，它使得自然之物脱离共有的状态。[1]劳动不只是确权的工具，也是人作为目的延伸的必然含义，因为人对自我拥有所有权，劳动作为自我的延伸，自然对劳动所产生之物享有所有权。在区分个人数据与非个人数据的前提下，应该明确数据收集者对于收集的非个人数据享有产权。随着识别技术的发展，非个人数据也可能被重新识别，将权利赋予收集者，意味着数据收集者对于非识别数据具有控制的义务，有利于监管部门进行合规监督。

（二）行为规制无法提供普遍的控制

这种观念也深植在司法裁判者的理念之中，在大数据的相关案件中，法院认为："市场经济鼓励市场主体在信息的生产、搜集和使用等方面进行各种形式的自由竞争，但是这种竞争应当充分尊重竞争对手在信息的生产、搜集和使用过程中的辛勤付出，对涉及信息使用的市场竞争行为是否具有不正当性的判断应当综合考虑以下因素：……信息获取的难易程度和成本付出……"[2]法院承认信息的收集付出了劳动，也保护这种劳动换取来的利益，但是这种利益的保护法院是借助反不正当竞争予以保护的。

反不正当竞争是知识产权的附加保护，以行为作为规制对象，补充

---

[1] 参见易继明："评财产权劳动学说"，载《法学研究》2000 年第 3 期。
[2] 上海知识产权法院（2016）沪 73 民终 242 号民事判决书。

了以客体作为规制对象的知识产权法，形成了完备的知识产权保护。[1]
但是反不正当竞争法"能够给智力和工商业成果开发者带来的只是一种
有限的、相对的、几乎没有什么排他性质的利益。这是一种消极的、被动
的保护，只有在个案发生时经法院确认才能发挥效力。"[2]反不正当竞争
法是市场行为控制法，其规制的是具有竞争关系的市场行为。从法律关
系构成上看，行为是联系主体与客体的纽带，但是在立法模式中排他性
保护大都是以客体作为制度建构的基础，这是因为确定客体的存在不以
特定行为发生作为前提。

以反不正当竞争作为保护大数据权利的依据，意味着只有在大数据
侵犯后进入司法程序，确认大数据的未授权使用为违反市场诚信原则的
行为，才可以实现权利的保护。虽然以行为作为规制重点的制度在一定
程度上对某一利益进行一定的保护，只要实施了特定的行为即落入调整
范围，但对某一利益的保护以行为作为规制重点的制度建构，就存在试
图回避确认利益性质的问题，行为作为连接介质，只有通过个案才能提
供相对的保护，而可以不回答客体是什么的问题。

如果在法律上没有明确对数据享有的权利，则只能借助市场特定行
为规制数据的使用。在现行反不正当竞争法中对构成不正当竞争行为的
认定有严格的条件限制，只有存在竞争关系，才可能形成不正当竞争。
这是因为虽然不同学者对反不正当竞争保护的客体存在不同认识，但是
大多人认为反不正当竞争保护的是利益，不仅包括竞争者利益，还包括
公共利益、消费者利益，[3]而首要保护的还是竞争者利益，单纯从文义
解释上也可以明晰制度规制的对象。

在司法实践中，已经有观点认为在互联网环境下，应该从更宽泛的
角度理解竞争关系。"微信" APP 与 "抖音" APP 因为 "产品运营都是
以用户流量为基础，注重用户关系的培养、用户体验的优化及用户信息

[1] 参见郑成思："反不正当竞争——知识产权的附加保护"，载《知识产权》2003 年第 5 期。
[2] 韦之："论不正当竞争法与知识产权法的关系"，载《北京大学学报（哲学社会科学版）》1999 年第 6 期。
[3] 韦之："论不正当竞争法与知识产权法的关系"，载《北京大学学报（哲学社会科学版）》1999 年第 6 期。

的使用等，故可以认定两者之间存在竞争关系"[1]。"新浪微博"APP与"脉脉"APP之间的关系是："新浪微博不仅是向用户提供创作、分享和查询信息的社交媒体平台，还是向众多第三方应用提供接口的开放平台，而脉脉软件主要是一款职场社交应用，且新浪微博分别有网页版和移动客户端软件，脉脉软件仅为移动客户端软件，但这些外在形式的不同并不影响双方都提供网络社交服务的实质"[2]，在实践中以"用户流量"为基础或者注重社交关系培养的软件都可以认为存在竞争关系。虽然对"竞争关系"进行扩大解释可以实现对某些非授权使用行为的规制，但是在大数据应用场景逐渐丰富的时代背景下，被收集的数据就更有可能被其他非竞争者使用。数据的积极权能并未被法律制度确认，而法律制度只是从消极层面保护他人的基于竞争关系的使用行为。法院在处理数据纠纷时表现出一种矛盾：一方面，扩大了竞争关系的外延，尽可能禁止未经授权的使用行为；另一方面，肯定了平台对数据享有某种权益，却不肯明确评价这种权益的性质，也未明确权益的边界。这意味着数据的控制者在进入司法确认后，一般意义上无法实现对数据的控制。

（三）大数据赋权提供监管的实现机制

通过行为规制实现对数据所体现的利益进行保护，如前所述，权利的形成不仅要证成利益，还需要证成权利对应的义务赋予其他个体的正当性，如果无法完成义务正当性的证成，通过行为对实体负载的利益进行保护，也是一种妥协的可行进路。对大数据进行赋权，在现行法律体系下，只能在相对权和绝对权的选项中做出选择。相对权由于其特有的相对性构造，无法满足权利的保护需求，只能确定为绝对权或者类似绝对权的权利实现大数据的排他性，这就需要证成大数据控制者以外的社会个体基于什么理由有取得授权才可以使用的义务，或者负担消极的不作为义务。他人消极义务的证成在很大程度上归因于社会秩序稳定的客观需要，个人付出了劳动，使得事物脱离原初状态，意味着相应的物已经不是仅仅依靠个人劳动可以再次脱离原初状态的物，物承载着利益，

---

[1] 天津市滨海新区人民法院（2019）津 0116 民初 2091 号民事判决书。
[2] 北京知识产权法院（2016）京 73 民终 588 号民事判决书。

也承载着秩序实现的功能。

我们所处的环境对于我们的要求，或者是这些小环境所处的大环境对于我们的要求，最终会是社会对于我们的要求。"每一习惯都直接或间接对应于一种社会需要，所以，这些习惯全都结合在一起，它们形成某种牢固的整体。"[1]不仅是社会习惯构筑了共同体的生活，对于他人利益的正式承认、充分尊重他人享有的利益，经过权利的形式加以确认后，对于共同体的内部和谐也提供了强制力保障。

权利与义务的互相依存关系，不仅具有外部性特征，也具有内部性特征。权利赋予的同时也意味着权利主体同时负载着相应的义务。在个人信息安全成为数据应用实质性障碍的背景下，将数据的权利确定给付出劳动的数据收集者，将个人信息安全保障义务同时赋予数据控制者，在数据授权使用的流转过程中，以法律关系中客体作为制度建构基石，可以使得权利背后负载的利益不需要进入司法程序即可实现控制，自然也能实现对权利客体的控制，可以保障数据分析者的合规身份。大数据产权的拥有者同时负有增强技术研发、保证数据不被以非法方式窃取的义务。

监管虽然会带来合规成本阻碍创新的问题[2]，但仍被视为维护个人信息安全的必要措施。GDPR中也设置了超国家的监管机构。[3]产生数据歧视的原因有算法歧视，还有数据本身带有偏见或者歧视。将数据的权利确定给收集者，可以保证监管机构对数据收集主体进行相应的监管，增强了监管的现实性，在数据歧视方面可以保证被收集的数据本身不带有偏见。首先，设立市场准入机制，要求数据收集者在技术上能够保证信息安全保护义务的履行能力达到一般的行业标准；其次，明确要求大数据收集者将相关数据收集后向监管机构说明和解释数据收集的依据本身没有偏见，才可以进入市场进行流通。

监管带来的合规成本通过排他权的赋予得到相应的抵充，法律提供

---

[1] [法] 亨利·柏格森：《道德与宗教的两个来源》，王作虹、成穷译，译林出版社2014年版，第2页。

[2] See Rahul Telang, "A Privacy and Security Policy Infrastructure for Big Data", *A Journal of Law and Policy for the Information Society* 3 (2015), pp. 783-798.

[3] 参见 *GDPR* 第51条。

补偿机制才能促进大数据的创新。对大数据进行赋权，是实现监管的必要选择，以大数据相关行为作为规制的进路，虽然可以对以特定行为侵害个人信息安全的行为予以强规制，但是其不足与优势一样突出，即无法对超出特定行为以外的行为提供依据。技术的发展使得个人信息保护的措施不断加强，同时也使得侵害个人数据的行为变得更加隐蔽、多样。行为是一种对象性的实践活动，以客体作为规制对象，因为客体是"构成权利和义务内容或对象的行为及行为所指向、影响、作用的东西"[1]，所以其既可以指向权利人的相关行为，也可以指向对象的行为。个人信息安全保护所引发的担忧，有其深刻的社会现实，一系列个人信息安全危害事件表明对大数据应用进行强控制，是大数据生态良性发展的必要举措。

五、结论

大数据的收集体现了数据收集者的独立劳动，其将数据脱离原初状态，将数据变成利益实现的载体。权利的本质体现了法律对利益的肯定性评价。现有的大数据纠纷解决中以不正当竞争为理由实现对利益的保护，但是反不正当竞争法是行为规制法，只能在具体的行为中实现对大数据的个案控制，大数据收集者没法在一般情形中实现对利益的控制。大数据行业获取数据广泛使用的"爬虫"技术即可显现出对大数据确权失位带来的危害。对大数据赋权是市场正常数据流转的必要条件。

个人数据对于数据主体的利益大多是非物质性的利益，但是大数据应用必须要面对个人数据的安全，基于个人数据不正当使用进行的歧视行为导致社会发展所担忧的不平等现象在无形中加剧。传统的应对路径中技术专家习惯性地将政策与技术混同，相信通过技术手段的改进，可以实现个人数据的保护。以个人数据为目的建构的，也是目前个人数据保护制度建造的主流趋势——GDPR 以数据主体的系列权利为进路的保护

---

〔1〕 张文显：《法哲学范畴研究》（修订版），中国政法大学出版社 2001 年版，第 106 页。

模式，没有明确大数据的权利归属，似乎忽视了大数据中的个人数据与个人掌握的个人数据之间存在的差别，否定了数据收集者对数据收集过程中增加的劳动及选择自由。且其数据主体所享有的权利并不能真正实现个人数据的保护，知情同意、被遗忘权、携带权等权利忽视了在个人与平台之间存在着难以逾越的信息鸿沟。对大数据进行赋权，通过客体规制既可实现对权利人的行为控制，也可实现对权利人以外的社会个体行为的规制，从而构筑一个完备的体系实现对个人数据的保护。

（初审：丁建峰）

证据协商背景下的供述问题

——基于以 Q 市 K 区为样本的实证分析

提　要： 作为控辩协商的重要形式，证据协商的含义可以从意识、行为等方面界定，从而为研究供述问题提供了新的平台。而供述作为一种证据来源，有必要对其内容作出基础性解释，以厘清供述与 "认事" "认罪" "如实供述自己的罪行" "犯罪构成的客观要件" 等概念之间的关系，同时，在认罪认罚从宽制度语境下，理论界对供述内容理解的争议持续扩大，应坚持系统化的解释方法。通过理性审视司法实践与重新解读刑事政策，可以发现 "如实供述义务" 并不影响供述型协商的正当性证成。协商的本质是一种利益的交换，而利益交换机制的 "对价" 性要求可以从社会学、民法学等角度说明。在供述型协商中，控辩双方的利益需要进一步的微观分析，对于追诉机关来讲，具体利益包括完成定罪任务、收集量刑证据，对于被追诉人来讲，具体利益包括得到从宽处罚、缩短诉讼时间等，但各种诉讼风险的存在却降低了被追诉人的实际利益，致使双方的供述利益不对等，而通过对特定区域司法实务的观察发现，当前被追诉人的供述情况并不乐观，这与前者不无关系。为了完善供述型协商问题，应从减少追诉机关的 "不正当利益" 与增加被追诉人的利益两方面展开。

关键词： 认罪认罚从宽；证据协商；供述型协商；利益交换机制；"对价" 性要求

---

* 作者纪福和，男，四川自由贸易试验区人民法院法官助理，研究领域为诉讼法学、证据法学，E-mail：xzxsjfh@163.com.

一、证据协商的界定

现阶段，关于控辩协商问题的理论探讨，学界研究主要着眼于认罪认罚从宽制度的进阶构建，[1]但这种研究范式却可能存在一些遗漏或不足。首先，在宏观层面上，较少从实体、程序或证据等某一方面对我国既有的协商制度进行规范梳理或特点归纳；其次，在中观层面上，较少对控辩协商的利益交换机制进行专门的类别探究；最后，在微观层面上，也较少对控辩双方的协商程度进行详尽的动态考察。因此，本文更多地关注我国的现有制度与实践情况，以证据方面的协商问题为切入点，以被追诉人的供述为研究对象，以利益交换机制为核心，以具体案例为说明，尝试跳出单一认罪认罚从宽制度的桎梏，回归纯粹的控辩协商问题。

从字面意义上看，协商之"协"可表示为协调、协作，包括资源、技术、信息等多方面的合作，隐含着主体间在活动方向上的一致性。从本质上看，"协"描述了个体放弃对抗、走向配合的行为意识，有学者进而指出，司法协商就是诉讼各方"通过合作地寻求真理和达成共识的过程"，[2]此处的"合作"就是对"协"之理念指引作用的通俗表达。同时，作为从主体配合意识中抽象出来的概念，"协"本身也可以代表一种最简单的行为方式，即消除戒备、放弃抵抗、主动配合、自愿披露信息等，这在被追诉人的如实供述中体现得尤为明显。而协商之"商"本意为商量、讨论，偏重过程意义上的策略选择，是对"一言堂"模式的坚决反对。换言

〔1〕 参见王飞："论认罪认罚协商机制的构建——对认罪认罚从宽制度试点中的问题的检讨与反思"，载《政治与法律》2018年第9期；张吉喜："论认罪认罚协商机制的构建"，载《法治论坛》2018年第4期；樊崇义："认罪认罚从宽协商程序的独立地位与保障机制"，载《国家检察官学院学报》2018年第1期；刘方权："认罪认罚从宽制度的建设路径——基于刑事速裁程序试点经验的研究"，载《中国刑事法杂志》2017年第3期；闵春雷："认罪认罚案件中的有效辩护"，载《当代法学》2017年第4期；朱孝清："认罪认罚从宽制度的几个问题"，载《法治研究》2016年第5期；李麒、张沙沙："认罪认罚从宽信任机制的构建"，载《西部法学评论》2018年第5期；王喆："美国辩诉交易中的控辩协商——以'审判阴影模型'为视角的思考"，载《兰州大学学报（社会科学版）》2019年第2期。
〔2〕 李贵成："将协商引入司法——哈贝马斯法律商谈理论启示"，载《人民检察》2009年第7期。

之，"协商"一词实际具备了价值观、方法论上的双重含义。但需要注意的是，如果说协商的内涵是放弃对抗、走向配合，那么就意味着协商主体原本应具有选择对抗、不配合、不协商的自由，而根据选择说对法律权利、义务进行界定的观点，权利人拥有的选择是优于义务人的，并且这种选择中也包括了对行为与否的选择，至于义务主体则无这种选择自由，[1] 因此，带有义务性、强制性色彩的行为自然就不属于协商的范畴。

其实，曾有不少学者对刑事诉讼中的协商含义进行过界定，但对证据协商问题的专门讨论却寥寥无几，如"刑事诉讼中的协商，在广义上是指控辩双方就诉讼中的某些问题所达成的具有一定约束力的，旨在对诉讼过程或结果施加一定影响的共同的意思表示。包括刑事程序选择方面的协商、证据方面的协商、辩诉交易等"。[2] 在此基础上，根据前文对"协商"概念的文义解释，笔者认为，证据协商应该是指围绕刑事证据的收集和运用问题，控辩双方所形成的彼此配合、互相补充、达成合意之行为意识及其所从事的自愿披露信息、说明听取意见、平等充分商讨之诉讼活动。

同样，在证据协商中，如果证据的持有者本身就被科以向另一方展示、交换证据的义务，这种行为自然就不能被称为证据协商，例如，在审查起诉期间，检察机关有向辩方展示案卷信息的义务（辩方阅卷权），如果检察机关没有履行义务（包括限制阅卷次数、时间等），辩方可以向办案机关及其上一级机关申诉、控告，并可申请当地司法行政机关、律师协会协助调查核实，进而追究办案机关、承办人的责任，给予其惩罚性措施。[3] 因此，审查起诉期间检察机关向辩方展示案卷信息的行为就

---

〔1〕　张文显：《法哲学范畴研究》（修订版），中国政法大学出版社 2001 年版，第 300—305 页。

〔2〕　郭云忠：《刑事诉讼谦抑论》，北京大学出版社 2008 年版，第 106 页。

〔3〕　相关文本规定可见《人民检察院刑事诉讼规则》第 57—58 条、重庆市高级人民法院等《关于进一步保障律师执业权利的若干规定》第 52—54 条、《江西省关于依法保障律师办理刑事诉讼业务执业权利的实施细则》第 45 条。而在 Q 市 K 区人民检察院，从 2018 年开始，就已经建立了"维护律师执业权利检律联动工作机制暨开通律师投诉处理绿色通道"，律师既可来信，也可到 12309 检察服务中心实体大厅以来访的方式进行投诉，还可以通过 12309 检察服务热线、12309 网络服务平台（网站、APP、微信公众号）等渠道对妨碍其合法执业权利的行为进行投诉，系本省范围内的首例。而《K 区人民检察院控告、申诉首办责任制实施办法》第 2 条规定，对辖内的控告、举报、申诉案件处置不力，造成不良社会影响的，应当对首办责任部门和首办责任人予以批评教育，情节严重的，取消评先资格，按照有关规定给予党纪政纪处分。

被排除在证据协商的模式之外。

二、供述型协商的提出

（一）供述的内容解释

1. 证据来源中的供述

与追诉机关询问证人、勘查现场的工作相同，被追诉人的供述是一种证据来源，区别于"犯罪嫌疑人、被告人的供述与辩解"——法定证据种类，实际上，被追诉人的供述是一种带有证据色彩的诉讼行为。但供述的内容是什么？是在交代相关事实的基础上，承认自己所从事行为构成犯罪（以下简称"认罪"）？"如实供述自己的罪行"又怎么理解？供述是否仅仅意味着对犯罪构成客观要件的承认？对于这些问题，学界存在一些争议。

首先，以认罪认罚从宽制度试点工作实施为时间点，在此之前，曾有学者认为，认罪就是"被告人对指控的犯罪事实没有异议"，并进而指出此观点的两个特征：其一，认罪仅限在庭审阶段；其二，从认罪内容上看，被告人可以对行为性质提出异议，包括作无罪辩护。[1]在此之后，也有学者主张，认罪意味着对被指控犯罪事实的承认和叙述，并不当然包含对罪名的认同。[2]

从字面意义上来看，即使不讨论具体罪名的确认，认罪也必定包含承认自己的行为构成犯罪，不作无罪辩护，而上述观点毫无疑问地降低了认罪概念的界定标准，因此产生了与其他概念混同的可能，这种观点会破坏法官的主动性、影响被告人认罪的自愿性、阻碍辩护权的行使。[3]笔者认为，供述的内容应该与认罪严格区分。如上所述，作为一种证据来源，被追诉人供述的内容应该是用来证明实体法事实、程序法事实

---

〔1〕 张军主编：《新刑事诉讼法法官培训教材》，法律出版社 2012 年版，第 297—298 页。

〔2〕 魏晓娜："完善认罪认罚从宽制度：中国语境下的关键词展开"，载《法学研究》2016 年第 4 期。

〔3〕 谢登科："认罪案件诉讼程序研究"，吉林大学 2013 年博士学位论文。

（包括证据法事实）的证据，归根结底是一种证据收集手段，意味着被追诉人消除戒备心理，配合侦查取证工作，至于其行为是否构成犯罪以及具体罪名的确定，则更多涉及控辩双方对刑法理念、罪名内涵的价值判断，而认罪则是事实判断与价值判断的结合。为了便于理解，不妨将供述与被追诉人的自白（confess）进行类比，[1]我国台湾地区"刑事诉讼法"第 100、158 条之 2 就自白及其他不利之陈述作出了规定，自白是对自己之犯罪事实全部或主要部分为肯定供述之意，[2]与第 273 条之 1[3]所规定的"有罪之陈述"相区分，虽然两者都包括对全部或部分的犯罪事实予以承认，但后者必须是全无违法性阻却事由及责任阻却事由的抗辩。

其次，关于"如实供述自己的罪行"的理解问题，从文本梳理来看，1998 年《中华人民共和国刑法》第 67 条第 1 款将自首列为一项法定量刑情节，并明确了其一般形式："犯罪以后自动投案，如实供述自己的罪行"；1998 年出台的《最高人民法院关于处理自首和立功具体应用法律若干问题的解释》第 1 条第 1 款中规定"如实供述自己的罪行"应当是指"如实交代自己的主要犯罪事实"；2004 年出台的《最高人民法院关于被告人对行为性质的辩解是否影响自首成立问题的批复》规定："犯罪以后自动投案，如实供述自己的罪行的，是自首。被告人对行为性质的辩解不影响自首的成立"；2010 年最高人民法院印发的《关于处理自首和立功若干具体问题的意见》对何为"主要犯罪事实"作出了具体

---

[1] 根据是否认罪的区别，可将自白分类为狭义上的自白、广义上的自白，而笔者在此所使用的是广义上的自白概念。在美国，学界基本主张狭义上的自白概念，即被追诉人直接承认自己犯了罪，典型表述为"自白意味着被告人对其犯罪的全面承认"，参见 Jon R. Waltz, *Criminal Evidence*, Nelson-HaLL Company, 1974, p. 219. 即使在我国台湾地区，也有学者主张狭义的自白定义，典型表述为"被告人自白，乃指被告人对犯罪事实承认有罪"，参见黄东熊：《证据法论要》，中央警官学校 1980 年版，第 95 页。

[2] 吴灿："被告之自白与补强"，载《月旦法学教室》2018 年第 194 期。

[3] 我国台湾地区"刑事诉讼法"第 100 条规定：被告对于犯罪之自白及其他不利之陈述，并其所陈述有利之事实与指出证明之方法，应于笔录内记载明确。第 158 条之 2 规定：违背第 93 条之 1 第 2 项、第 100 条之 3 第 1 项之规定，所取得被告或犯罪嫌疑人之自白及其他不利之陈述，不得作为证据……第 273 条之 1 规定：除被告所犯为死刑、无期徒刑、最轻本刑为 3 年以上有期徒刑之罪或高等法院管辖第一审案件者外，于前条第 1 项程序进行中，被告先就被诉事实为有罪之陈述时……

规定〔1〕；2011 年出台的《中华人民共和国刑法修正案（八）》将"坦白"列为一项法定量刑情节，其基本内容为"如实供述自己罪行"。通过上述文本内容，不难发现，在'认罪"还是"不认罪"问题上，官方对"如实供述自己的罪行"之界定与本文所描述的"供述"并无二致——都是可以"不认罪"，同时作出案件性质上的主观辩解，只是在"供述"的量上提出了严格要求，亦即必须要达到"主要"案件事实的程度。这是因为，作为一种法定量刑情节，"如实供述自己的罪行"可以降低预防刑的裁量，而这必然排除了供述程度一般或较小的"普通"供述，转而要求供述程度很高的"坦白"，以反映了被追诉人真诚悔罪的态度与再犯可能性的降低，而作为一种证据来源的供述，则不需要在供述量上作出限定，少也是供述，多也是供述，并且可能构成"坦白"或"自首"情节，两者是包含与被包含的关系。

最后，供述与犯罪构成的客观要件关系如何呢？需要注意的是，这里的"犯罪构成的客观要件"包括了传统四要件犯罪构成理论中犯罪客体要件的范畴，根据陈兴良教授总结创设的犯罪论体系，又可称之为"罪体"、定罪的客观依据，具体包括行为、客体、因果关系等内容。〔2〕从前文的论述来看，"认事"似乎仅仅意味着对"罪体"的承认，举例来讲，在盗窃案件中，被追诉人可能供述自己确实从别人家里拿了钱的同时，作出了自己没有非法占有目的的主观抗辩。但从被追诉人供述与"认罪"概念相区分的角度看，应该还存在着另一种供述内容，即被追诉人在承认定罪客观依据的基础上，并不作相应的主观抗辩，而只是"单纯地"认为自己的行为不构成犯罪，举例来讲，在盗窃案件中，被追诉人可能供述自己确实是为了个人消费而从别人家里拿了钱，只是不认为这种行为是犯罪，而这两种情况都应该是供述的内容。并且，在第二种

---

〔1〕 《关于处理自首和立功若干具体问题的意见》第 2 条规定："……犯罪嫌疑人多次实施同种罪行的，应当综合考虑已交代的犯罪事实与未交代的犯罪事实的危害程度，决定是否认定为如实供述主要犯罪事实。虽然投案后没有交代全部犯罪事实，但如实交代的犯罪情节重于未交代的犯罪情节，或者如实交代的犯罪数额多于未交代的犯罪数额，一般应认定为如实供述自己的主要犯罪事实。无法区分已交代的与未交代的犯罪情节的严重程度，或者已交代的犯罪数额与未交代的犯罪数额相当，一般不认定为如实供述自己的主要犯罪事实……"

〔2〕 陈兴良：《陈兴良刑法学教科书之规范刑法学》，中国政法大学出版社 2003 年版，第 58 页。

供述情况中，明显存在着超越"罪体"的供述内容，而被纳入"罪责"（故意、过失、动机等）的范畴，因此，从理论上看，供述的内容并不止于犯罪构成的客观要件，而为了与"认罪"概念相区分，可将这两种情况统称为"认事"，共同组成了供述的主要内容。不难发现，第二种"认事"实际处于"认罪"与"不认罪"区别的临界点，尽管在司法实践中，第二种"认事"则与"认罪"产生了重叠，在刑事实体法已经为相关行为提供明晰价值判断标准的情况下，如果被追诉人作出了这种供述，往往意味着其已经"认罪"，但在理论上对二者进行区分依然十分必要。

2. 认罪认罚从宽制度中的供述

在认罪认罚从宽制度中，有学者认为，"如实供述自己的罪行"与"承认被指控的犯罪事实"在交代内容上没有区别，都表示对自己行为构成犯罪的认同，都属于认罪，只是在交代形式上有区别："如实供述自己的罪行"是指主动、积极交代；"承认被指控的犯罪事实"是指被动、消极交代[1]。也有学者认为，"如实供述自己的罪行"就是指自愿如实供述，而"承认被指控的犯罪事实"则是指被追诉人认可自己的行为构成犯罪（认可罪名），前者属于"认事"，后者属于"认罪"。[2]

第一种观点采取的是"平行划分"模式，第二种观点采取的是"阶层划分"模式。笔者认为，对认罪认罚从宽制度中的条文解释也应贯彻系统化的方法，实际上，2012 年《中华人民共和国刑事诉讼法》第 208 条第 1 款中规定，简易程序的适用条件包括"被告人承认自己所犯罪行，对指控的犯罪事实没有异议"，而 2012 年发布的《最高人民法院关于适用〈中华人民共和国刑事诉讼法〉的解释》（已失效）第 290 条中规定，不适用简易程序的条件之一是"部分被告人不认罪"，因此，"承认自己所犯罪行，对指控的犯罪事实没有异议"必定代表着"认罪"，而根据第一种观点，如果说"承认"代表着被动、消极，那么"没有异议"则完全没有体现出主动、积极之意，因此，这种观点有待商榷。相比之下，第二种观点采取"阶层划分"模式就显得合理得多。那么，本文所研究的"供述"应在认罪认罚从宽制度中处于什么位置呢？笔者认为，结合

---

〔1〕 周光权："论刑法与认罪认罚从宽制度的衔接"，载《清华法学》2019 年第 3 期。

〔2〕 闾召华："论认罪认罚自愿性及其保障"，载《人大法律评论》2018 年第 1 期。

第二种观点，本文所研究的"供述"应当是"自愿如实供述自己的罪行"
之基础，如果达到了一定的供述程度，两个概念就会重合。

其实，在 2003 年出台的《最高人民法院、最高人民检察院、司法部
关于适用普通程序审理"被告人认罪案件"的若干意见（试行）》（已
失效）中，官方就对"被指控的基本犯罪事实"与"认罪"的概念进行
了隐蔽区分[1]。只是在后来的简易程序乃至认罪认罚从宽制度中，这种
立法上的清晰划分不再，除了"当庭自愿认罪"的特殊情形外，在其他
条款中逐渐取消了"认罪"的明确表达，从而导致了理论界、实务界的
种种困惑。由此观之，从正面界定供述的内容实属不易，但只要坚持了
"认事"并不等同于"认罪"的基本观点，即使身处不同的犯罪论体系
中，也能就此问题产生殊途同归的见解。一言以蔽之，"认事"意味着被
追诉人并未就自己的行为构成犯罪形成没有争议的信念，也就是说，在
如实交代被指控事实的基础上，一方面，其仍然可以作出自己不构罪的
辩解或者单纯不认罪，另一方面，也可以继续单方面承认自己的行为确
实构成犯罪。

（二）供述型协商的正当性证成

按照笔者的观点，不同于追诉机关展示案卷信息被排除在证据协商
外的情况，与之相互"对称"的被追诉人供述行为却是证据协商的模式
之一——供述型协商，因此，实有必要针对该行为"入围"证据协商的
理由再次进行专门论述。

新修改的《中华人民共和国刑事诉讼法》第 120 条第 1 款中依然保
留了"犯罪嫌疑人对侦查人员的提问，应当如实回答"（以下简称"如实
回答"）的规定，这与 2012 年《中华人民共和国刑事诉讼法》第 50 条
增补的"不得强迫任何人证实自己有罪"的规定形成直接冲突，学界通
说认为这种冲突并不影响"如实供述"义务的顽固存在，[2]更有学者尖

---

〔1〕《最高人民法院、最高人民检察院、司法部关于适用普通程序审理"被告人认罪案件"的
若干意见（试行）》（已失效）第 1 条第 1 款规定："被告人对被指控的基本犯罪事实无
异议，并自愿认罪的第一审公诉案件，一般适用本意见审理。"
〔2〕李昌盛："错案的轨迹：以虚假供述为中心"，载《中国人民公安大学学报（社会科学
版）》2015 年第 6 期。

锐地指出如实回答规定是本次修法的最大漏洞。[1]笔者同意以上观点，但问题是在司法实践中，对被追诉人来说，如实回答真的是一项义务吗？实际上，如实回答作为犯罪嫌疑人诉讼权利义务告知书中的一项普通条款，似乎只是追诉机关为获取供述而经常使用的"合法威吓"手段，仍有相当比例的被追诉人没有依照法律规定那样如实回答，而是选择隐瞒、捏造事实等，并且立法机关也正在通过不断完善自首从宽、坦白从宽、认罪认罚从宽等制度鼓励被追诉人如实回答，这样看来，对被追诉人来说，单纯的应当如实回答似乎并不具有强烈的义务性。并且，也可以从对"抗拒从严"刑事政策的解读中得到一致结论："抗拒从严"并不是指不供述就要从严、从重甚至加重处理，[2]而是需要结合"坦白从宽"的刑事政策对此作出互通性认识——"抗拒"的结果只是"不从宽"，也就是相对的"从严"，[3]不具备表面上的处罚效果。当然，并不是说如实回答义务就完全不具有强制性，其实"对配合者给予优惠也属于间接强制的范围"[4]，只是相对比其他违反法定义务所产生的严重后果，如取保候审阶段违反规定可能会导致逮捕，这种相对的"从严"不免显得有些单薄，强制性也要弱得多。

此外，在侦查理念、方法、技术急需更新的今天，[5]被追诉人口供的作用愈发显著，"零口供定案"的难度很大，如果缺乏相应的口供，被追诉人很有可能会被作罪名降格处理甚至无罪释放，而与之相比，对如实回答给予从宽处理的吸引力便会陡然下降。这些因素综合影响了被追诉人的行为意识，急剧提高了被追诉人策略选择的自由度，并最终导致被追诉人的供述行为"升格"为一种证据协商。

————————————

[1]　孙长永："论刑事证据法规范体系及其合理构建——评刑事诉讼法修正案关于证据制度的修改"，载《政法论坛》2012 年第 5 期。
[2]　实际上，通过粗略地观察总结，笔者并未从我国现行的相关法律条文中找到不如实回答就要加重处罚的规定。而从比较法的角度看，我国台湾地区的"枪炮弹药刀械管制条例"对此问题有所涉及，该条例第 18 条规定：犯本条例之罪，于侦查或审判中自白，并供述全部枪炮、弹药、刀械之来源及去向，因而查获或因而防止重大危害治安事件之发生者，减轻或免除其刑。拒绝供述或供述不实者，得加重其刑至三分之一。
[3]　高一飞："刑事司法研究中的话语误解"，载《中国法律评论》2017 年第 2 期。
[4]　伊谷、李星：《80/20 法则：刑事诉讼法——禁忌的果实》（上册），新保成出版事业有限公司 2018 年版，第 46—47 页。
[5]　卞建林、张可："侦查权运行规律初探"，载《中国刑事法杂志》2017 年第 1 期。

三、供述型协商的现状调查

从古至今，为了尽可能多、尽可能快地获取供述，追诉机关几乎采取过各种手段，其中既包括"合法"的手段，如污点证人等，也包括"不合法"的手段，如刑讯逼供、威胁或者非法限制人身自由等。而《关于深化公安执法规范化建设的意见》《关于办理刑事案件严格排除非法证据若干问题的规定》等文件的出台对追诉机关的执法行为作出了进一步约束，要求追诉机关转变执法理念，从"注重结果"转向"注重过程"，从"权力本位"转向"权利本位"，将践行程序法治作为追诉机关执法规范化的目标之一。[1]同时，理论界对供述问题的研究重心也由传统的人权保障、非法证据排除向讯问合法性核查、重复性供述排除、行为科学技术等新兴问题转移。[2]但在我国刑事司法实践中，追诉机关的执法行为以及被追诉人的供述情况依然不容乐观，一方面，刑讯逼供屡禁不止，形式愈发多样，[3]另一方面，无论是案情相对简单的盗窃罪，[4]还是案情重大复杂的故意杀人罪[5]都存在被追诉人"拒不交代"的典型案例，而即使被追诉人不选择抵抗到底，其供述也往往是不完整、不充分的。

在此部分，笔者以 Q 市 K 区人民检察院公诉部某办案组 2019 年 3 月

〔1〕 卞建林："论公安刑事执法规范化'，载《东方法学》2019 年第 4 期。

〔2〕 王智："讯问研究的演进脉络与热点问题"，载《中国人民公安大学学报（社会科学版）》2019 年第 3 期。

〔3〕 有学者因此主张彻底废除供述证据的法律地位，从而完全凭借客观证据进行事实判断。笔者认为，这种观点忽视了供述证据的重要价值，有"因噎废食"之疑，囿于篇幅，在此不予赘述。参见梁剑兵、付黎明："论废除供述证据的必要性与可行性"，载《西部法学评论》2019 年第 2 期。

〔4〕 "盗窃犯拒不交代犯罪事实，'零口供'照样获刑！"，载凤凰新媒体，http://wemedia.ifeng.com/71869621/wemedia.shtml，最后访问日期：2019 年 8 月 2 日。

〔5〕 张剑锋、温委："男子为谋财约女友杀害碎尸 被抓后拒不交代事实获死刑"，载正义网，http://www.jcrb.com/legal/fzyc/201610/t20161028_1667365.html，最后访问日期：2019 年 8 月 2 日。

至 6 月办理的 82 起刑事案件〔1〕为分析样本，试图对该地区供述型协商的诉讼阶段、讯问次数、"认事"程度〔2〕、取供合法性问题、辩护情况、供述外主要证据情况、犯罪嫌疑人状态等问题作出简单的总结与归纳。

（一）　总体情况

1. 刑讯逼供问题基本得到解决

在侦查阶段和审查起诉阶段的讯问工作中，体罚的现象基本消失，据统计，仅有 1 起案件涉及侦查阶段的疲劳审讯问题，有 2 起案件涉及侦查阶段的引诱、威胁问题，案件比例为 3.66%，且都为成年人案件。

2. 侦查机关取证能力提升

在犯罪嫌疑人供述之外取得特殊书证（如微信聊天截图）、视听资料的案件比例提高，据统计，共有 33 起案件收集到了证明力很高的客观证据，案件比例为 40.24%，其中，在盗窃案件中收集到视听资料（如街道、商店监控录像）的比例达到了 64.29%。

3. 审查起诉阶段翻供的数量较少

据统计，共有 5 人在审查起诉阶段的讯问中翻供，人数比例为 4.95%，绝大多数的被追诉人在审查起诉阶段的讯问中保持与侦查阶段相同的供述，人数比例为 95.05%。

4. "不完全认事"〔3〕的被追诉人占据一定比例

据统计，在认罪与不认罪案件中，共有 35 人选择"不完全认事"，人数比例为 34.65%。具体来看，在认罪的 82 人中，共有 64 人"完全认事"，人数比例为 78.05%，有 18 人"不完全认事"，人数比例为 21.95%；在不认罪的 19 人中，共有 17 人"不完全认事"，人数比例为

---

〔1〕 Q 市位于我国东部沿海 Z 省，属于传统的经济发达地区，K 区属于 Q 市的政治中心、文化中心。需要说明的是，本次统计仅以被追诉人在审前阶段的最终供述情况为分析对象，并没有包括审判阶段的供述情况。在统计的 82 起案件中，成年人案件为 59 件，未成年人案件为 23 件，总人数共计 101 人，其中，成年犯罪嫌疑人为 75 人，未成年犯罪嫌疑人为 26 人。

〔2〕 下文所提及的"完全认事"是指对犯罪构成的客观要件进行完整供述的情况；"不完全认事"是指对犯罪构成的客观要件进行隐瞒、编造或者拒绝供述的情况。

〔3〕 包括隐瞒、编造、不认事等情形，至于各种"不完全认事"的具体含义及案例说明将会在下文中专门介绍。

89.47%，只有 2 人"完全认事"，人数比例为 10.53%（见图 1）。

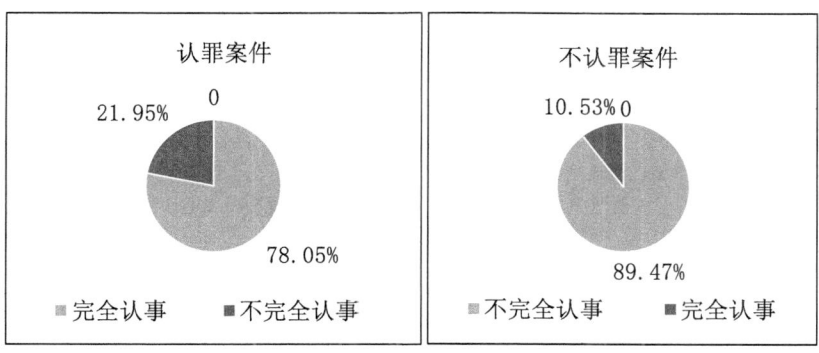

图 1

5. 逮捕案件供述情况优于取保候审案件

据统计，在被逮捕的 27 人中，共有 6 人选择"不完全认事"，21 人选择"完全认事"，"完全认事"的人数比例为 77.78%；在被取保候审的 73 人中，共有 28 人选择"不完全认事"，45 人选择"完全认事"，"完全认事"的人数比例为 61.64%（见图 2）。

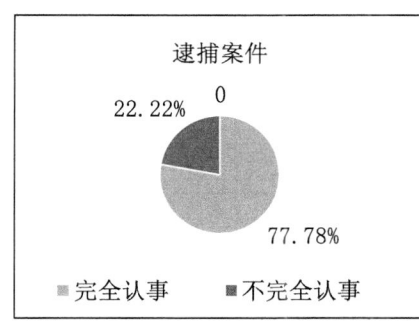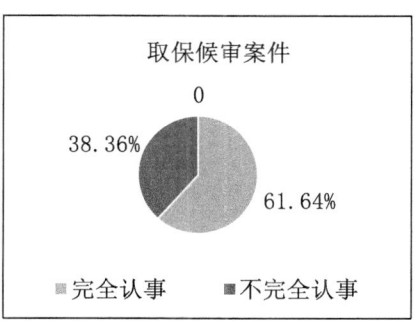

图 2

6. 未成年人案件供述情况优于成年人案件

据统计，在未成年人案件中，共有 23 人选择"完全认事"，涉及 21 起案件，"完全认事"的人数比例为 88.46%，案件比例为 91.3%。而在成年人案件中，共有 43 人选择"完全认事"，涉及 40 起案件，"完全认事"的人数比例为 57.33%，案件比例为 67.8%（见图 3）。

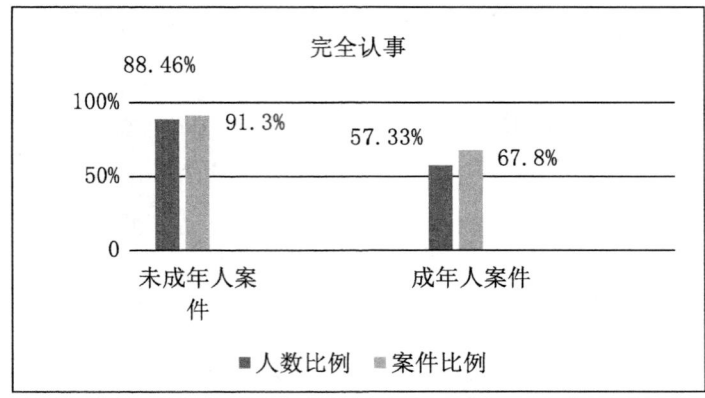

图 3

7. 辩护情况不佳

据统计，在所有案件中，共 42 名犯罪嫌疑人获得辩护律师帮助（包括法律援助辩护），涉及 35 起案件，人数比例为 41.58%，案件比例为 42.68%。而在成年人案件中，共 14 名犯罪嫌疑人获得辩护律师帮助（包括法律援助辩护），涉及 13 起案件，人数比例为 18.67%，案件比例为 22.03%（见图 4）。

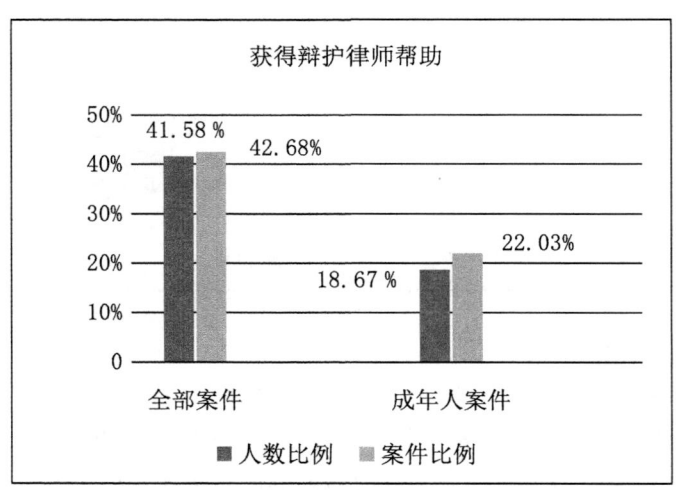

图 4

(二) 具体情况

1. 追诉机关采取以获取被追诉人"认罪"为目的的讯问方式

据统计，以侦查阶段为准，在所有案件中，"认罪"的人数为76人，平均讯问次数为3.86次，"不认罪"的人数为25人，平均讯问次数为5.32次。在成年人案件中，"认罪"的人数为51人，平均讯问次数为3.73次，"不认罪"的人数为24人，平均讯问次数为5.34次（见表1）。另外，侦查人员经常采用"你将你涉嫌×××罪的事情经过讲一下""你是怎样×××的"等讯问引导语，带有强烈的主观归罪色彩。

表1

	"认罪"平均讯问次数	"不认罪"平均讯问次数
所有案件	3.86 次/人	5.32 次/人
成年人案件	3.73 次/人	5.34 次/人

2. 被追诉人采取多种供述型协商策略

在统计82起刑事案件中，绝对"不认事"的案件比例极少（仅有1起），而被追诉人"认事"的形式也不统一。在第一层面上，存在"完全认事"与"不完全认事"的区分；在第二层面上，"不完全认事"又存在多种类别。下文会对各种供述型协商的形式作出简单介绍。

（1）完整、如实交代被指控的事实

在付某某、田某某等3人诈骗案中，被追诉人完整、如实交代了自己的相关行为，对案件的关键细节也毫不避讳，并未单纯地辩解自己的行为不构成犯罪（而该案最终的审查结果为绝对不起诉）。对付某某的第二次讯问笔录摘录如下：

问：你们公司与客户之间的业务关系是怎样的？

答：客户与综合会员单位之间确实是存在双方交易关系的，综合会员一买一卖收取客户手续费，无条件接受客户买卖。也就是说，会员单位对客户买进卖出的交易均被动接受，与客户之间存在"对赌"关系，并且，我们会员单位还收取客户双向交易的手续费。

（2）由于记忆模糊、紧张等，遗漏部分被指控的事实

在徐某某盗窃案中，第一次讯问时其供述偷了 3 次，第二次讯问及以后其供述偷了 4 次，对其第二次讯问笔录摘录如下：

"因为我也有点忘记了，昨天我好好想了一下，确实是偷了 4 次。"

在巫某某盗窃案中，其供述由于天黑，自己并不是十分清楚抽了多少升货车油箱里的柴油，只说是一桶左右。后经过侦查实验，结合其供述的盗窃持续时间与偷油软管尺寸等计算出精确的偷油数量。

（3）出于害怕、侥幸心理，隐瞒、编造部分被指控的事实

第一种情况是隐瞒部分案件事实，是指围绕某些事实，被追诉人故意躲避"认事"。而隐瞒部分案件事实又可再分为沉默型隐瞒、技术型隐瞒两种情形。

其一，沉默型隐瞒是指对于案件事实，被追诉人选择沉默不语，不发表任何意见，这种情况往往通过侦查机关的情态笔录体现出来。如在朱某某聚众斗殴案中，对其第一次讯问笔录摘录如下：

问：余某某当晚为什么叫你到××夜总会门口？
答：（低头，沉默不语）

其二，技术型隐瞒是指将真实的案件事实弱化为"显而易见"的低阶事实，这种行为虽然有"认事"的形式，但对有关定罪量刑事实的承认起不到任何作用。如在江某某贩卖毒品案中，对其第一次讯问笔录摘录如下：

问：你卖给丰某某的是什么东西？
答：我贩卖的是我联系淘宝卖家后买来的一种白色晶体。

第二种情况是编造部分案件事实，是指虽然被追诉人"认事"，但其交代的内容中包含被自己不正常加工、歪曲过的事实，与其真实所知的事实存在巨大差别。如在陈某等生产、销售伪劣产品案中，对陈某的第三次讯问笔录摘录如下：

问：你把油库的经营情况说一下。

答：钱收到以后我都是通过微信转账或者提现到银行卡里给叶某某的，至于叶某某再怎么分配钱的事我就都不清楚了，都是叶某某获得利润分配的，我没有经手过账本。

……

问：可是我们在油库里发现的账本上有你的签名，你到底是否有参加油库盈利的分配？

答：我之前说的都是假的，我们只是通过叶某某的微信二维码接收油款，他本人并不参与利润分配，而我确实是参与分配的。

第三种情况是在隐瞒部分案件事实的基础上，编造部分案件事实，也就是前两种情况的结合体，这在司法实践中非常普遍。如在邹某某侵犯公民个人信息案中，对其前三次讯问笔录摘录如下：

第一次讯问：

问：邹某某，你是否做过违法犯罪的行为？

答：我没有的。

问：从你家里搜出的身份证、银行卡、手机卡都是谁的？

答：都是我朋友放在这里保存的。

问：哪些朋友？

答：我不清楚名字，反正就是我朋友给我保存的。

第二次讯问：

问：银行卡、手机卡是谁放在这里保存的？

答：刘哥。

问：刘哥叫什么？

答：我不清楚。

问：一个连名字都叫不清楚的人，为什么要把东西放在你这里？

答：我叫得来名字，叫作刘×。

问：你刚才说叫不来，现在又叫得来名字，是什么意思？

答：我刚才特别紧张、害怕。

第三次讯问：

问：（政策教育 30 分钟）你要如实回答自己的事情。

答：我听清楚了。

问：你是否做过违法犯罪的行为？

答：有的，我假冒别人身份办过银行卡。

问：身份证证件是否是真实有效的？

答：是真的。

问：总共涉及多少张别人的身份证？

答：大概有 40 张。

……

在上述三种供述型协商的具体形式中，第一、二种情况均是被追诉人"知无不言"，两者的区别是在第二种情况下，被追诉人因为不可控的客观原因（如案发时间较为久远、案发现场可视度低），无法准确地交代所有细节，但依然可以从其"不完整"的供述活动中发现其努力协商、积极配合的行为意识，因此，这两种情况都属于供述型协商中的"完全认事"。反观第三种情况，出于畏罪心理等原因，被追诉人采取消极抵抗、不予配合的态度，或缄口不言，或顾左右而言其他，或颠倒黑白，这些情况属于供述型协商中的"不完全认事"。

四、供述型协商中的利益交换机制之分析

协商本质上是一种条件之交换，也可称之为利益之交换，当事人皆有其自己之考量。就检察官而言，其重在国家刑罚之能否实现。就被告而言，则意在犯罪后如何量刑。而法院则是以中立之立场，依据卷证，审核协商之内容，如果合法、合理，即为之协商判决，使"明案速判"，减轻法院案件负荷，并求被告尽早脱离讼累、复归社会，以符诉讼经济原则，[1] 控辩双方也正是在协商过程中得到了自己需要的资源或结果。需要注意的是，在利益交换机制中，有一个"附带"要求——这种彼此

---

〔1〕 完整论述可参见我国台湾地区"最高法院"103 年度台非字第 102 号裁判原文。

之间的利益交换应当是大致"对价"的，也就是说，控辩双方应当确有互利，从而最终达到"双赢"的效果。通俗地讲，就是"如果有人为我做了点好事，我就必须也为他做大致相当的一点事作为回报。"[1]若从参与协商的某一方之角度解读"对价"性要求，就是指自己所获得的利益也应当是合理的。

（一）利益交换机制的"对价"性要求之论证

第一，可以从社会学的角度论证利益交换机制的"对价"性要求。运用霍曼斯（George Casper Homans）的行为交换理论（Behavioral Exchange Theory），将成功、刺激、价值、剥夺与满足、侵犯与赞许（也可称为攻击与赞同）5个命题作为分析工具，进而可以解释个体间的行为交换过程。[2]以成功命题为例，个体的特定行为与获得利益之间的关系越紧密，其就更愿意从事这种行为，如准时上下班、辛勤工作是为了足额的薪水与丰厚的奖金，专心听课、认真复习是为了通过考试与得到可观的成绩，被追诉人放弃抵抗、积极配合取供是为了得到合理的利益，因此强调了利益交换的公平原则。同时，霍曼斯指出，只有在强权主义背景下，现实世界中的行为交换才有可能是不对称的，但其同时论证了利益交换最终将会走向平等的趋势。

随后，以布劳（Peter Blau）为代表的社会学家对霍曼斯的理论进行了理性批评与重新解释。在谈到公正交换的问题时，布劳认为，随着人类社会的持续发展，明显的"对价"行为交换并不多见，此时就需要一种得到社会公众认可的替代交换媒介——共同价值观（shared values）对其进行调节。共同价值观既规定个体在获得利益之后必须给予对方相应回报，也对这种回报是否公平提供了判断标准。[3]这种观点继续巩固了利益交换的"对价"性要求，具有浓重的辩证哲学意味，将双方所得利益是否"对价"的标准转化为一种"共同价值观"的内涵，因此具有更强的适用性。

---

〔1〕 桑本谦："隐性的契约与隐性的交易"，载《博览群书》2006年第5期。
〔2〕 黄晓京："霍曼斯及其行为交换理论"，载《国外社会科学》1983年第5期。
〔3〕 谈谷铮："霍曼斯和布劳的社会交换论"，载《社会科学》1986年第10期。

　　反观我国的刑事诉讼程序，在 2012 年《中华人民共和国刑事诉讼法》修改之前，我国刑事司法的第一选择只能是控制犯罪，[1]从而折射出追诉机关的极端强势地位。但随着"尊重和保障人权"写入 2012 年《中华人民共和国刑事诉讼法》的基本原则，简易程序、坦白从宽、刑事和解、非法证据排除、认罪认罚从宽等一系列制度不断出台与完善，被追诉人的合法利益得到越来越多的重视，彰显了国家对追诉机关强权地位进行纠偏的极大决心，这也为控辩双方利益交换的"对价"性要求奠定了坚实的政治基础。而以共同价值观作为交换媒介的理念又赋予"对价"交换以动态意义，展现了交换利益"对价"标准的弹性与张力。

　　第二，可以从民法学的角度论证利益交换机制的"对价"性要求。梅因在其著作《古代法》中宣称"所有推动社会进步的行为，到目前为止，都是'从身份到契约'的行为"，[2]尤其是在民事诉讼法领域，契约精神的生命力不断蔓延。实际上，由于诉讼谦抑观、成本控制观等刑事诉讼观念的更新，公法领域也呼吁着契约精神的渗透，如实体问题中的刑事和解、程序问题中的简易程序等。[3]契约精神的内涵十分丰富，且每种精神都有特定的文本表达：首先，契约精神提倡平等。契约精神不仅要求双方地位上的彼此尊重，更要求主体实现在交换价值上的均等，[4]这也是平等双方欲实现各自目的所必须经过的途径。其次，契约精神提倡互利。主体间进行"交换的动力来自于交换双方通过等价交换"，[5]从而各得所需，实现彼此行为的价值，保持双方利益关系的均衡。最后，契约精神提倡诚实信用。刑事诉讼中的诚实信用原则旨在约束控辩双方滥用权力或权利，要求追诉机关的诉讼活动应当公正、诚实和善意，[6]如果追诉机关因为被追诉人的行为获得了利益，就应当真诚地给予被追诉人回报，不能轻许承诺，也不能弄虚作假，从而保障了利益交换机制的"对价"性要求。

〔1〕 李建明："权利保障：现代刑事诉讼法制的追求——兼论我国新刑事诉讼法对公民权利保障的强化"，载《江苏社会科学》1997 年第 1 期。
〔2〕 [英] 梅因：《古代法》，沈景一译，商务印书馆 1959 年版，第 112 页。
〔3〕 詹建红："论契约精神在刑事诉讼中的引入"，载《中外法学》2010 年第 6 期。
〔4〕 王春梅："现代契约精神的异化与回归"，载《江汉论坛》2014 年第 1 期。
〔5〕 李璐君："契约精神与司法文明"，载《法学论坛》2018 年第 6 期。
〔6〕 孙记："论诚实信用原则在我国刑事诉讼中的确立"，载《兰州学刊》2017 年第 1 期。

(二) 供述型协商中的利益交换机制之微观考察

在供述型协商过程中，控辩双方的确可能因此分别获利，但不容忽视的是，各种诉讼隐患的存在降低了预设利益的实际获取效果，这在很大程度上影响了双方利益量的相对均衡，从而致使利益交换活动最终达不到"对价"性要求。

1. 供述型协商对于追诉机关的利益统计

(1) 完成严格业务考评工作的利益本质

从表面上看，相比于被告人可能面临财产、自由、名誉等各方面的损失，追诉机关可谓无所畏惧（do not face any such losses）。[1]但实际上，在各国的刑事司法中，追诉机关同样面临自己职业生存、发展上的挑战，以检察官为例：在美国，即使是通过辩诉交易（降低指控的罪名或犯罪事实）这种途径，检察官依然将"胜诉率"作为其职业前景的保障。[2]在中国，检察官也受到烦琐的业务考评标准之约束，与前者相比，我国检察官在业务活动中不仅要煞费苦心谋求"有功"，还要千方百计力求"无过"。

以 Q 市 K 区人民检察院所在的 Z 省为例，2018 年，Z 省人民检察院发布了《Z 省人民检察院对各市检察工作效绩评价办法（征求意见稿）》（以下简称《效绩评价办法》），《效绩评价办法》规定，评价结果不仅仅是案件对承办人办案质量的判断标准、区人民检察院整体工作考评的组成部分，还是对市人民检察院创新评优、检察院领导班子和领导干部评价的主要依据，[3]不难发现，检察一体的结构特点已经对检察官的业务考评工作产生了严重的反噬作用，业务考评不单单是评个体，更多的

---

[1] H. Mitchell Caldwell, "Coercive Plea Bargaining: The Unrecognized Scourge of the Justice System", 61 *Catholic University Law Review* 1 (2013), p. 74.

[2] Margaret Tarkington, "Lost in the Compromise: Free Speech, Criminal Justice, and Attorney Pretrial Publicity", 66 *Florida Law Review* 5 (2014), p. 1908.

[3] 《效绩评价办法》第三章"效绩评价结果的产生和运用"第 18 条规定：评价结果不仅仅是对承办人办案质量的判断标准，还是对市检察院创新评优、检察院领导班子和领导干部评价的主要依据。省检察院将对全省各市检察院的整体工作效绩和单向工作效绩进行排名。整体工作效绩排名前三位的，可增加年度"全省检察工作成绩突出的基层检察院"推荐指标。

是评单位、评部门，以至于检察系统内部，尤其是基层办案人员承担着十分沉重的考评压力。

再回到具体的办案质量考评标准，以侦查监督工作为例，《效绩评价办法》规定，捕后判轻刑和捕后撤案、绝对不诉、判无罪都会被扣除相应分数，并且，对于捕后判轻刑的情况，《效绩评价办法》还设置了一定的容忍限度，而对于捕后撤案、绝对不诉、判无罪的情况，《效绩评价办法》则采取了逐件处罚的严厉做法，[1]而这种单纯以后一阶段的处理结果作为前一阶段办案质量考评依据的做法被部分学者称为"验证式考评指标"。其实这种考评办法本身具有一定合理性，毕竟检察机关不能对办案结果完全放任不管，并且为了减弱功利色彩，上述规定还对处罚的例外情形进行了列举，但问题是，现行考评机制缺乏对检察官业务能力的主观标准（如学识、自律、廉洁、耐心等专项内容），基本上是以办案结果的客观标准（包括办案量）为主体，这就使检察机关的业务活动产生了一种"稳定优先"的心理偏好——"就算规定了几种例外情形，但其具体类型尚不明晰，因此捕后判轻刑、捕后撤案、绝对不诉、判无罪的情况还是很有可能会被扣分。例外情形的评判程序也不清楚怎么进行，谁知道这种情况最终会不会被认定为例外情形呢？还是稳妥一点，继续追求定罪、判处实刑吧！"换言之，除非情节显著轻微，否则追诉机关对犯罪嫌疑人的追诉传统不会改变，这也是供述型协商对追诉机关利益来源的本质。

（2）解决"案多且难"的现实困境

第一，刑事案件数量激增。在我国大陆地区，刑事案件的数量基本呈现逐年递增的大致趋势（见图 5）；[2]从世界范围来看，即使是在社会福

---

[1] 《效绩评价办法》"侦查监督工作"评价项目中规定：以生效判决为准，捕后判拘役、管制、单处罚金或免予刑事处罚的为轻刑。（捕后判轻刑率低于或等于 4% 的院得满分 10 分，其他高于 4% 的院以 4 分为扣分权重的满分基准法计算该项最终扣分，从 10 分中扣除后的得分为该项权重分。捕后判轻刑率=捕后判轻刑人数/捕后判决人数。）捕后撤案、绝对不诉、判无罪（以生效判决为准）案件每人扣 3 分（由上级院批捕的，该项数据统计在上级院），如曾经办过延押的，报请及同意延押的院再均各扣 1 分。如有下列情形的，可上报省院侦监处审核后不扣分：一是事实证据或法律发生变化，二是省院批复、支持、协调的，三是犯罪嫌疑人死亡后不诉或逃跑后侦查机关撤回。（扣分采取直接累计法，以权重分为限。）

[2] 我国大陆地区数据来源于最高人民法院历年的工作报告。

利程度较高的北欧各国，犯罪率上升也是无法避免的情况（见图6）。[1]

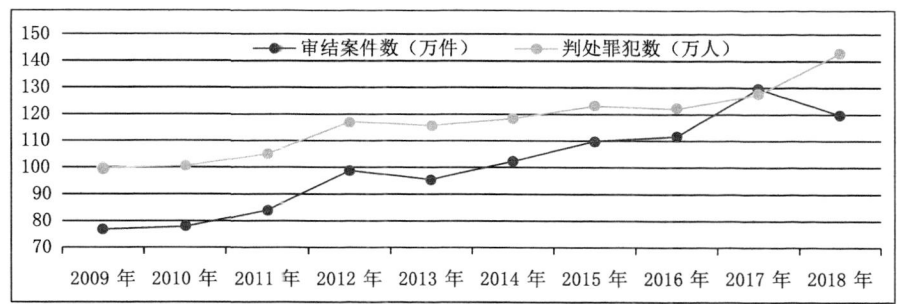

图5 2009—2018年全国各级人民法院一审刑事案件

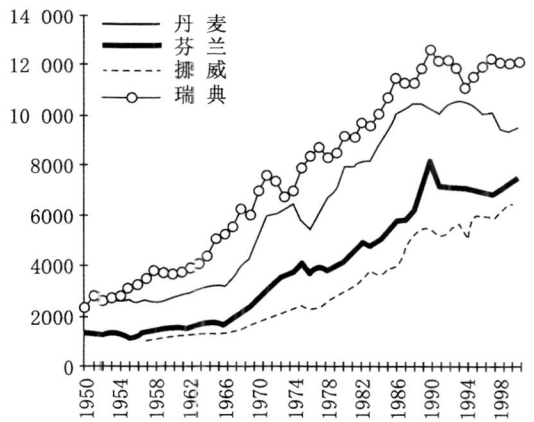

图6 1950—1998年北欧部分国家犯罪率（以每十万人口为比例）

第二，刑事案件难度增大。实际上，刑事案件的办案难度很难衡量，我们不能轻易地认为"科技含量高"的金融犯罪（如证券类犯罪）就一定比常见的盗窃罪、故意伤害罪难办。但如果一定要找到某个相对客观的判断标准，刑事案件的处理时间应该可以起到一定的参考作用，如在某省，无论是一般刑事案件，还是重大刑事案件，办案人员的平均处理时间都在逐年递增，这也从侧面反映出刑事案件的处理难度不断升高。

"后有追兵（考评工作严），前有堵截（案件数量多、难度大）"应

〔1〕 Bondeson U. V., *Crime and Justice in Scandinavia*, Narayana Press, 2005, p. 50.

该是对追诉机关业务活动的最佳写照。"作为探知过去的唯一路径,证据永远是司法证明中的稀缺资源",[1]而为了完成考评工作、提升诉讼效率,追诉机关有对被追诉人供述的天然期待。对于追诉机关来说,被追诉人的供述作为一种证据来源,除了可能形成一种重要的法定证据类型——犯罪嫌疑人、被告人的供述和辩解外,还是发现、收集其他证据的重要线索,对其追诉工作的最终完成十分关键,具有非比寻常的重要利益,下文将展开具体分析。

(3)具体利益形式的类别总结

第一部分:完成定罪任务。

第一,证明主观方面的直接证据基本被犯罪嫌疑人、被告人垄断,而通过分析其他证据来推断目的、动机或罪过,在证明难度上显然要大很多。当然,被追诉人可能不会直接供述自己的主观方面信息,从而给检察机关的工作带来极大困难。

在王某某、张某诈骗案中,尽管张某系解回再审,且有过租车抵押骗取财物的前科,但本次行为却是发生在判决行为之前,因此无法顺理成章地推断出张某本次的租车抵押行为是出于非法占有目的,而张某在侦查阶段、审查起诉阶段共六次讯问中均否认自己本次行为是出于非法占有目的,最终检察机关经过两次补充侦查、检察官联席会议讨论、检委会讨论,对其作出了证据不足不起诉的决定。

第二,当犯罪未被当场发现,或者发现者无法辨认行为人的身份及外貌,又无其他全面反映犯罪经过的客观证据(如作案现场监控视频)可供调取时,要证实某些犯罪行为系由在案犯罪嫌疑人、被告人实施是比较困难的,而只能依靠被追诉人自己的供述做出判断。

在余某某寻衅滋事案中,与其一起的人都是先在饭店饮酒,又在夜总会大量饮酒,处于记忆短缺的状态,在讯问或询问工作中都无法辨认出余某某是否确实参与了打架。尽管在案发现场有街道视频监控录像,但是由于距离过于遥远、夜晚可视度低,视听资料十分模糊,根本无法辨认余某某的迹象,余某某本人也始终声称自己喝多了,什么都不记得,在缺乏其他有力证据的情况下,检察机关最终对其作出了证据不足不起

---

〔1〕 栗峥:"印证的证明原理与理论塑造",载《中国法学》2019 年第 1 期。

诉的决定。

第三，当所犯罪行对数额、数量或者次数等情节具有要求时，如赌博罪中抽头渔利的数额、贩卖毒品罪中毒品交易的数量等，如果犯罪被持续或者多次实施，涉及的相对方人数较多时，这种情节就会显得非常零碎，也就难以做到全面、准确认定。又比如，当犯罪嫌疑人、被告人供述与被害人陈述就影响定罪量刑的情节发生分歧，且暂时无其他证据予以证明时。此时，如果要采信被害人陈述，需要进一步侦查，会面临较高的成本。这时就需要被追诉人的供述来起到梳理、澄清的作用。

在江某某强奸案中，在侦查阶段对其进行的前三次讯问中，其都是声称自己和陈某之前关系就很暧昧，案发时发生性行为也是得到对方同意的，而被害人陈某始终说自己和江某某不熟，江某某和自己发生性行为是违背自己意志的，在是否构罪方面，两者存在重大分歧。但在第四次及以后的讯问中，江某某如实交代其之前的供述是出于自己一厢情愿的假象，真实情况是自己只是单方面追求陈某，发生性行为确实是违背了受害人陈某的意志，陈某也曾经挥舞手臂阻止自己的行为，从而最终对江某某顺利定罪。

第四，对于共同犯罪，为逃避或者减轻刑法制裁，共同犯罪人之间可能在犯罪前或案发前实施串供，以至于作出"相互印证"的供述。除非串供被揭发，否则，要推翻这些供述将会相当困难，这从反面说明了被追诉人供述的影响力。

在余某某诈骗案中，余某某等人被茶馆老板曹某召集在一起，在曹某的茶馆里与被害人李某进行赌博，而余某某等人的盈亏均由曹某接收或承担，事后由曹某向他们发放红利，案发当晚，被害人李某就输掉了5万多元。在对余某某的第一次讯问中，其只承认自己赌博每盘封顶为几十元，但在后来的讯问中，其最终承认了伙同他人出老千诈骗被害人李某5万多元的事实，并坦言之前的供述内容是茶馆老板曹某事先和他讲好的。

第五，在审查起诉阶段，被追诉人的供述有助于指引检察机关进行补充侦查。在最高人民检察院于2018年12月27日颁布的《2018—2022年检察改革工作规划》中，"建立人民检察院退回补充侦查引导和说理机制，明确补充侦查方向标准和要求"被列为当前检察改革工作的主要任务之一。反观目前审查起诉阶段的退回补充侦查机制运作情况，除了检察机关为争取办案时间，将案件"形式化"退回补充侦查的个例之外，许多退补案件中的补充侦查引导提纲都是依据已有侦查卷宗来制作的，如在未成年人案件中，有时被追诉人亲属关于被追诉人年龄的证言与常住人口信息单的相关内容存在矛盾，就需要将案件退回给侦查机关，并建议其收集其他证人证言或者被追诉人的出生证明来巩固证据。其实，相比于已有的侦查卷宗，审查起诉期间的讯问工作更是进行补充侦查的重要抓手，在阅卷基础上，检察官通过对被追诉人的针对性讯问，很有可能获得有利于案件事实查明的隐蔽性信息，从而充实补充侦查提纲的制作。

在付某某、田某某等 3 人诈骗案中，审查起诉阶段，检察人员对付某某等进行了详细讯问，在本次讯问中，付某某补充交代了仅为"业内人士"所知的×××公司用于对外宣传、吸引顾客的特殊公众号与多个微博账号，而这些信息都是侦查卷宗中未有提及的，于是在随后的补充侦查提纲中，检察机关便建议侦查机关针对该公众号、微博账号是否就对赌盈利内容从事过扩大宣传等进行补充侦查。

第六，在审查起诉阶段，被追诉人的供述有助于检察机关确定适格罪名。对于部分客观形式上类似的罪名，如容留卖淫罪与组织卖淫罪、非法吸收公众存款罪与集资诈骗罪，在审查起诉阶段的证据审查时，此罪与彼罪的界限有时很难划分，这就需要检察机关再次向被追诉人核实相关犯罪中的重要情节，从而实现准确定罪。

在倪某组织卖淫案中，原本侦查机关移送审查起诉的罪名是容留卖淫罪，但是在审查起诉阶段的讯问中，经过检察人员的政策宣讲、形势说明等工作，倪某最终承认其不仅知道有人在其经营的酒店里从事卖淫活动，还安排专门的服务人员、会计人员来引导客人以及记录嫖资收入等，最终帮助检察机关改变罪名。

第七，在审查起诉阶段，被追诉人的供述有助于检察机关补充、追加起诉。从心理学上看，"证实性偏差"是指个体在判断自己假设时，通常会寻找与自己假设或信念相符的信息和解释，[1]再加上律师介入不足、

---

[1] 吴修良等："判断与决策中的证实性偏差"，载《心理科学进展》2012 年第 7 期。

侦查时间有限、办案压力大，在立案之后的正式侦查工作中，民警通常会以立案决定书所确定的罪名为目标来收集证据，这就导致其可能会遗漏犯罪嫌疑人的部分犯罪事实。而检察机关拥有理论上的审前主导权，作为刑事案件"侦查质量的评价主体"，[1] 自有权利与义务通过审查逮捕、审查起诉工作来弥补侦查工作的缺失。相对于侦查卷宗的制作过程的"偏差性"，检察机关的讯问工作更具有先天的独立性、客观性，有助于其补充、追加起诉。

在胡某某信用卡诈骗、侵犯公民个人信息案中，原本侦查机关移送审查起诉的罪名仅是信用卡诈骗罪，但是在审查起诉阶段的讯问中，检察机关发现，胡某某是先使用他人的身份证，冒用他人身份开通银行卡后，再进行相关信用卡诈骗行为的，因此补充起诉了胡某某的侵犯公民个人信息罪。

第二部分：收集量刑证据。

对被追诉人进行处罚的依据，也就是量刑的依据可大致分为与犯罪构成要件有关的事实（如犯罪预备）、法定量刑情节（如自首）、酌定量刑情节（如以往性格），[2] 而"量刑证据是证明与被定罪人有关的各种量刑情节是否存在的证据"，[3] 在上述三种量刑依据中，酌定量刑情节的范围最为宽泛，如初犯、偶犯、特殊人才、特殊贡献、主动接受财产刑等都可以成为酌定量刑情节。[4]

2008 年前后，最高人民法院开始在地方法院进行量刑规范化改革试点工作，而伴随着 2010 年《人民法院量刑指导意见（试行）》（已失效）、《关于规范量刑程序若干问题的意见（试行）》（已失效）等文件的出台，量刑问题的规范化改革也不断走向深入。如推进"以审判为中心"的诉讼制度改革，关键是要实现庭审实质化，庭审的关键是要实现质证实质化，而质证的对象不仅包括定罪证据，还包括量刑证据，《2018—2022 年检察改革工作规划》将"完善认罪认罚案件量刑建议标准"作为检察工作的重要使命等，这些改革措施无不彰显了司法机关对量刑问题

---

〔1〕 李奋飞："论检察机关的审前主导权"，载《法学评论》2018 年第 6 期。
〔2〕 汪海燕："论刑事庭审实质化"，载《中国社会科学》2015 年第 2 期。
〔3〕 张吉喜：《量刑证据与证明问题研究》，中国人民公安大学出版社 2015 年版，第 3 页。
〔4〕 贺小军：《量刑证据：基础理论与实证研究》，法律出版社 2016 年版，第 16 页。

的关注。

面对复杂的理论探讨、精密的改革目标，司法实践中却未形成良好的反馈，追诉机关尚未将量刑证据与定罪证据进行合理划分，自然也就无法系统化地收集量刑证据，各种量刑证据的格式要求也不明确。其中既有量刑证据意识薄弱的主观原因，也有侦查时间、人力有限的客观原因，两者最终导致量刑证据的"运用"无力。事实上，对于部分量刑依据，尤其是酌定量刑情节，如被害人的过错问题、犯罪动机问题、共同犯罪中主从犯的日常关系问题等，如果抛开被追诉人的供述，追诉机关可能根本无法准确收集，诚然对被害人的询问、审前社会调查报告可能会对这些问题有所涉及，但被害人与犯罪行为本就具有利益关联性，[1]可能影响其陈述的可信度，而社会调查报告制度又尚未得到规范，无论是制作主体还是制作内容都比较混乱。这就导致了追诉机关，尤其是检察机关的量刑困境：一方面，准备庭审环节量刑证据的质证、提出精准化的量刑建议、作出是否起诉的审查决定势必需要充足的量刑信息；另一方面，司法资源有限，而其他的量刑证据收集途径又"难堪重任"，不能提供足量的酌定量刑情节。因此，在量刑证据理论与实践的渐进发展过程中，被追诉人的供述应当是追诉机关收集量刑证据的补充途径，甚至是关键途径。

如在王某某故意伤害案中，王某某系小区内保安，因与前来小区运送垃圾的被害人韩某发生争执并将其摔伤而被侦查机关移送审查起诉。在审查起诉期间的讯问中，检察人员发现王某某已经在该小区工作将近10年，平时为人低调，不太像是愿意惹是生非的人，经过进一步讯问，王某某交代，在案发前，被害人曾经多次违反规定到小区放置垃圾，王某某也曾经与被害人多次交流，但被害人依然我行我素，导致小区居民对此意见很大，甚至投诉王某某。最终王某某在沟通无果的情况下，一时着急将被害人韩某摔倒在地，造成轻伤的结果。在了解到这些新情况之后，结合犯罪的严重程度，检察机关最终对王某某作出了相对不起诉的处理决定。

---

〔1〕　王新清、袁小刚："论刑事案件中的被害人过错"，载《中国刑事法杂志》2008 年第 2 期。

2. 供述型协商对于被追诉人的利益统计

（1）得到从宽处罚

追求从宽处罚，包括不起诉决定的作出应该是被追诉人供述的直接原因。笔者认为，应该明确对被追诉人从宽处罚的依据，从实体法角度看，传统的特殊预防理论为我们提供了良好基础：被追诉人的供述反映了其再犯可能性的降低，因而得以降低预防刑的裁量。但从比较法的角度看，被追诉人主动配合追诉机关侦破案件，提高司法效率似乎也是对其从宽处罚的依据之一，例如，在英国，侦查机关不会考量悔罪等情节，而只是强调节约司法资源的根本目的是否实现，亦即对认罪的被告人进行减刑是为了鼓励更多的被告人尽早认罪，从而为警察、皇家检控署（CPS）、法律援助机构等节约司法资源，允许他们有更多的时间、资源（more time and resources）来调查和处理其他案件。[1]在美国，辩诉交易也是为了节约审判费用（save the costs of trial）而给予从宽处罚，从而达到近似审判的效果。[2]那么，在我国的刑事诉讼中，提高司法效率究竟能否成为对被追诉人从宽处罚的依据呢？对此，笔者认为，一方面，"提高司法效率"确实可以成为降低被追诉人行为罪责的具体形式，另一方面，"提高司法效率"也可能成为被追诉人为逃避罪责有意为之的"投机行为"，而控制第二种情形的关键就是"悔罪"标准的引入，实际上，悔罪才是对被追诉人从宽处罚的根本依据，悔罪有两个位阶上的含义：作为酌定的量刑情节、作为再犯罪可能性降低的判断标准。[3]因此，在悔罪心态的影响下，被追诉人如实供述，帮助追诉机关提高司法效率，反映出再犯可能性的降低，进而对其从宽处罚，应该是较为完整的量刑思路。

但从实践运行上看，如实供述的被追诉人却无法及时获得从宽处罚。其一，有学者指出，可能被判处缓刑的案件需要提供社区矫正调查报告，而在审查起诉阶段，检察官可能会因为事务繁忙无法及时完成制作，从而

---

[1] 参见英国 2017 年《认罪案件减刑指南》（*Reduction in Sentence for a Guilty Plea Guideline*）。

[2] Stephanos Bibas, "Plea Bargaining Outside the Shadow of Trial", 117 *Harvard Law Review* 8 (2004), p.2464.

[3] 张明楷："论犯罪后的态度对量刑的影响"，载《法学杂志》2015 年第 2 期。

无法提出缓刑的量刑建议，导致一部分被追诉人被判处实刑；[1]其二，被追诉人的"认事"往往存在反复等情况，在畏惧、侥幸的心理作用下，被追诉人很可能无法在前几次讯问中作出完整供述，但这并不代表其不予配合的全部心态，作为人之常情，这种状况本身情有可原，随着诉讼过程的推进，被追诉人便会自然地"打开心扉"，但部分追诉机关一方面"拼图式"地使用被追诉人的供述，另一方面却认为这种"渐进式"的供述是一种"悔罪态度"不好的表现，进而不给予其从宽处罚，有损被追诉人的正当权益；其三，法律规定仅为供述"可以"从宽处罚，被追诉人供述后仍有可能得不到相应处理。

（2）缩短诉讼时间

尽快脱离刑事诉讼过程应是被追诉人供述的一种重要利益，被追诉人在冗长的诉讼程序中被指控为犯罪人，会产生心理上的严重焦虑，不仅影响自己的名誉，亲人和朋友也会受到波及，而快速审判可以减轻被追诉人的痛苦。[2]有时被追诉人认罪并不是因为害怕受到严厉惩罚，而是因为审判过程是如此烦琐、难以理解和耗时。[3]依据我国台湾地区"刑事诉讼法"的规定，只要被追诉人在侦查阶段自白（广义上的自白，不要求认罪）就可以申请简易程序，[4]反观我国大陆地区的现行规定，简易程序、速裁程序的适用条件之一就是被追诉人"认罪"，换言之，如果被追诉人只是"认事"不"认罪"，或者被追诉人承认的罪名与起诉书指控的罪名不一致，则完全不可能对其适用简易程序、速裁程序。当然，并不是说实践中不存在对"认事"的被追诉人适用普通程序后从快处理的案例，但在法律明文规定简易程序、速裁程序适用较短审理期限以及普通程序当庭宣判率低的大背景下，完全依靠普通程序处理所有的被追诉人"认事"案件，确实可能存在拖延被追诉人诉讼时限的极大隐患。

[1] 曾亚："认罪认罚从宽制度中的控辩平衡问题研究"，载《中国刑事法杂志》2018 年第 3 期。

[2] United States v. Marion, 404 US 307 (1971).

[3] Malcolm M. Feeley, *Process is the Punishment, The: Handling Cases in a Lower Criminal Court*, Russell Sage Foundation, 1979, p.230.

[4] 当然，这种文本规定在我国台湾地区学界存在争议，参见陈运财："刑事诉讼之简易判决程序"，载《台湾法学杂志》2000 年第 17 期；张天一："现行'简易判决处刑'制度之改进方向——与日本'略式命令'之比较"，载《月旦法学教室》2018 年第 194 期。

（3）适用"较轻"的强制措施

与逮捕措施相比，适用取保候审等"较轻"的强制措施也是被追诉人供述的另一种重要利益。而在逮捕措施的适用条件中，与被追诉人供述问题关系最近的就是逮捕必要性（社会危险性）审查，Q市K区人民检察院曾制作过犯罪嫌疑人适用逮捕措施必要性评估表范本（见表2），用于规范逮捕措施的准确适用。但实践中，追诉机关基本不会适用该评估表，被追诉人逮捕必要性仍然由检察官通过阅卷自由裁量。因此，被追诉人的逮捕必要性仍未得到追诉机关的完整审查，逮捕率依然偏高，而这与批捕时限较短等不无关系。

表2

风险因素	低风险	分值1分	中风险	分值2分	高风险	分值3分，并可酌情加1—2分
……	……		……		……	
认罪悔罪	认罪态度和悔罪表现好		认罪态度和悔罪表现好		认罪态度和悔罪表现一般	
处罚情节	具有法定、酌定从轻或减轻情节		没有法定、酌定从轻或减轻情节		具有法定从重情节	
……	……		……		……	

合计分值 低风险（15分以下） 中风险（16—26分） 高风险（27分以上）		风险度	加分理由说明
综合评估理由			
承办人意见	承办人签名：　　　年　月　日		
负责人意见	负责人签名：　　　年　月　日		

（4）独特利益

德国证据法学家密特麦尔（Mittermaier）认为，对于某些被追诉人来讲，在实施犯罪行为之后，其内心深受折磨，只有如实供述才能获得精神上的解脱。[1]司法实践中也不乏这样的案例，被追诉人无法忍受内心的煎熬，从而选择自首或者坦白。[2]但从整体上看，存在这种"独特利益"的被追诉人仍属少数，许多被追诉人的第一选择仍然是不自首或者不供述。

3. 追诉机关、被追诉人的利益对比

通过前文对两者利益的简要梳理，不难发现，供述的被追诉人本可以得到一定的利益，但因为各种诉讼隐患的存在，被追诉人供述后所获得的实际利益明显小于追诉机关，具体来看，被追诉人可能最终无法得到从宽处罚、缩短诉讼时间、适用"较轻"的强制措施，从而没有达到供述型协商利益交换机制的"对价"性要求，导致被追诉人不愿意"认事"、不愿意"完全认事"，而这反过来又降低了追诉机关的利益。

五、供述型协商的完善

笔者认为，从总体上看，供述型协商的完善路径有两个大的方向：其一，对追诉机关来讲，应减少其"不正当"利益；其二，对被追诉人来讲，应消除可能的诉讼隐患，适当增加其供述利益，从而鼓励被追诉人"认事"以及"完全认事"。

（一）减少追诉机关"不正当"利益

对追诉机关来讲，减少其"不正当"利益的根本途径就是增加业务

---

[1] 施鹏鹏："跨时代的智者——密特麦尔证据法学思想述评"，载《政法论坛》2015 年第 5 期。

[2] 参见闪电新闻 APP："背负命案潜逃 28 年后自首 临沂男子坦言受够担惊受怕的日子"，载新浪网，http://k.sina.com.cn/article_6166805925_16f91fda502000hbjp.html？from=news&subch=onews，最后访问日期：2019 年 5 月 27 日；"90 后男子连续盗窃 寻求心理解脱决定投案自首"，载人民网，http://sn.people.com.cn/n2/2017/0811/c378345-30599249.html，最后访问日期：2019 年 5 月 27 日。

考评的主观内容，需要注意的是，这并不意味着放弃对案件办理质量的监督，只是在原有基础上充实考评内容，或者说降低纯客观考评内容的比例。而关于主观内容的具体范围、考评程序可由相关机关不断探索试点，最终形成规范性文件，从而减少追诉机关对于案件办理结果的过分关注、对于被追诉人口供的过分依赖。举例来讲，2019 年 5 月 30 日，Z 省发布了《关于建立律师与法官互评机制的实施办法（试行）》，其中第 2 条中规定："由承办该案的律师和法官根据自愿、实名、实事求是的原则，针对对方的司法礼仪、纪律作风、业务能力、履职尽责等内容，以在线勾选等方式进行相互评价"。尽管该规定并未直接涉及追诉机关的履职情况考评，但从宏观设计上看，该办法对完善追诉机关的业务考评工作无疑具有重要的借鉴意义。

（二）增加被追诉人的利益

1. 切实得到从宽处罚

第一，完善社会调查制度。不仅仅是缓刑建议需要制作社区矫正调查报告，在审查起诉阶段，不起诉决定的作出同样需要社会调查报告提供信息支持。关于社会调查报告制度的适用问题，学界讨论已久，在其应包含的调查内容方面争议不大。当前的主要困难是该制度的实践运行，当前的突出问题是派出所、检察院、区司法局、乡司法所在制作社会调查报告方面各有职权，不分彼此，效力一致，已经严重干扰了社会调查报告的质量。同时，作为理论上最适合进行社会调查的乡司法所人力、财力保障不足，"一人所"、司法行政人员身兼数职等情况常见，不能有效进行社会调查。随着 2019 年《中华人民共和国社区矫正法》《司法所条例（征求意见稿）》等文件的出台，社会调查报告的法定制作主体、制作程序应得到统一规范，从而真正完善社会调查报告制度。

第二，客观履行职责。对于追诉机关来讲，在审查起诉时，应当综合案件情况，包括被追诉人的既往经历等，对被追诉人的供述情况作出客观、完整、动态的综合评价，不能以偏概全、先入为主，应将被追诉人经引导、教育后所作出的如实供述与其他毫无悔意的被追诉人在讯问后期对犯罪事实的无奈认同区别开。同时，"可以"从宽处罚的规定并不意味着追诉机关可以完全自由裁量，在被追诉人真诚悔罪、再犯可能性降低的情况下，应当对其从宽处罚。

第三，增强司法救助。被追诉人供述后没有获得从宽处罚的另一个容易被人忽略的原因就是被害人的要求或意愿没有得到满足，尤其是在造成被害人经济损害的案件中，出于被害人申诉、上访的压力，没有足量赔偿的被追诉人往往不会得到从宽处罚。[1] 这就需要追诉机关及时对没有获得民事赔偿的被害人进行司法救助，免除被害人、追诉机关、被追诉人的"后顾之忧"，从而顺利对被追诉人进行从宽处罚。

2. 探索缩短诉讼时间

从比较法的角度看，在我国台湾地区的司法实践中，即使被追诉人已经"认事"，但由于"刑事诉讼法"第 455 条之 1 限制了简易程序中被追诉人的上诉权，出于保护被追诉人权益的目的，检察官也不会轻易地申请适用简易程序，这也导致相比于我国大陆地区，我国台湾地区简易程序的实际适用率并不是很高。与之形成对比的是，在日本的"略式命令"中，只要被追诉人选择"认事"，案件往往就会真正进入简易程序，并且，如果被追诉人在此程序中有任何"不满意"，案件便会回复到通常程序中，从而呈现出一种"宽进宽出"的情形。[2] 而依据现行规定，我国二审程序是采用全面的事实审与法律审，也就是说，我国简易程序同样具有"宽广"的救济途径，因此，未来尝试进行"认事"案件的程序简化并非毫无可能。

3. 准确适用"较轻"的强制措施

从目前的实际情况来看，追诉机关已经比较注重社会危险性的审查，只是侦查机关往往忽略收集、归纳证明社会危险性的证据，再加上检察机关批捕时限较短，无法在有限时间内全面评价被追诉人的社会危险性，从而导致被追诉人的羁押率偏高。

其实，在侦查阶段，被追诉人通过供述型协商表明了悔罪之意，也在一定程度上表明了社会危险性的降低，而作为经历了整个讯问过程的

---

〔1〕　陈瑞华："司法过程中的对抗与合作——一种新的刑事诉讼模式理论"，载《法学研究》2007 年第 3 期。

〔2〕　曾有田等："刑事简易程序之检讨（上）"，载《月旦法学教室》2018 年第 194 期。

主办民警，除了履行法定的记录任务外，可以尝试在每次讯问后对被追诉人的供述情况作一个简要的整体评价（不仅仅是说明最终供述与否，更应包括从第几次讯问开始供述、供述的程度如何等内容，最终呈现出一种"折线图式"的厉时介绍），并且由于职务亲历性的天然优势，这个评价应该具有很强的参考作用，辅助检察机关在有限的时间内准确评价被追诉人的社会危险性。

六、可能的其他路径——代结语

（一）增强外部引导

首先，与未成年人案件相比，成年人案件的"认事"程度不高，笔者认为，这与未成年人案件的特殊制度有关，如合适的成年人在场或者亲情会见制度，近亲属在场会对被追诉人的供述产生极大的感化、推进作用，从而提高"认事"程度。实际上，有关机关已经着手制定规范，如 2017 年《中华人民共和国看守所法（公开征求意见稿）》第 91 条规定在押的被追诉人可以与近亲属、监护人当面或者视频会见。其次，可以联系人大代表等处理特殊案件。在杨某某等人盗窃案中，杨某某等人起初并不"认事"，而通过追诉机关联系人大代表与村民及杨某某交流沟通，杨某某等人最终承认罪行，并得到了不起诉的处理结果。[1]

（二）探索由对抗最终走向非对抗的讯问模式

与成年人案件相比，未成年人案件的讯问模式更趋近于非对抗的讯问模式，如讯问工作在圆桌进行，讯问房间内配置有书籍、沙盘、绿色植物等，并不是普通讯问室的标准配置。但从总体上来说，我国的讯问模式仍然属于对抗的讯问模式，首先，从讯问理念上看，即使是在未成年人刑事案件中，许多追诉机关也往往把未成年人视为"小大人"或者

---

[1] 贾宇主编：《新时代"枫桥经验"检察实践案例精选》，浙江人民出版社 2018 年版，第 93—96 页。

"其父母的小翻版"（small version of their parents）。其次，从具体的讯问程序上看，追诉机关讯问前最重要的一步就是通过彻底调查犯罪并排除所有其他可能性来建立一个强有力的犯罪嫌疑人，而这与美国讯问工作中的 Reid 模式（the reid technique）——标准的对抗讯问模式如出一辙。

　　在 Reid 模式中，讯问的第一步就是调查员告诉嫌疑犯已经存在证据表明此人有罪，并且如果调查人员认为此人有罪，那么陈述应该是明确的。[1]从被告人进入讯问室的那一刻起，警察在物理布局方面提高他们的不舒适感和无力感，比如将讯问室设置为只放置两三张椅子、一张桌子，墙上没有悬挂任何装饰物的隔音小屋子，这会使被告人产生一种陌生、暴露、孤立的感觉，让他们无时无刻不产生一种"让我离开这里"的感觉，[2]这也是在现有体制下供述型协商的最大障碍。而作为与这种对抗讯问模式相对的非对抗讯问模式——PEACE 模式对完善供述型协商具有重大的理论意义。PEACE 模式主要包括"准备和计划"（preparation and planning）、"建立融洽关系和解释"（engage and explain）、"描述"（account）、"总结"（closure）和"评估"（evaluate）等步骤。[3]此外，在这种模式下，警察不被允许欺骗犯罪嫌疑人，这种讯问模式值得我国理论界与实务界更多的关注，从而实现供述型协商"釜底抽薪式"的变革，最大程度地解决被追诉人的供述问题。[4]

　　供述型协商问题的明确与完善关乎刑事诉讼控制犯罪、保障人权双重目的的顺利实现，而利益交换机制的提出则将这一过程从幕后推向台前，从形式推向实质。供述问题的理论研究硕果丰盛，不过分地讲，本文提到的控辩双方利益统计、完善路径等内容之前有过许多文章涉及，

---

[1]　James Orlando,"Interrogation Techniques", available at https://www.cga.ct.gov/2014/rpt/ 2014-R-0071.htm, last visited on 2019-5-27.

[2]　Fred E. Inbau et al., *Criminal Interrogation and Confessions*, Fifth Edition, Jones & Bartlett Learning, 2013, pp. 280-472.

[3]　College of Policing, "Investigative Interviewing", available at https://www.a2013, pp. 280- 472. pp. college.police.uk/app-content/investigations/investigative-interviewing/#peace-framework., last visited on 2019-5-27.

[4]　理论界已有部分学者关注此问题，反思 Reid 讯问模式对无罪推定原则、供述的自愿性、真实性的损害，并提倡借鉴 PEACE 模式的某些理念，引入非对抗性因素，但尚未论述具体的完善途径。参见孟婕："论虚假供述的诱发及遏制——以美国 Reid 讯问法为研究视角"，载《证据科学》2018 年第 6 期。

由此观之，本文更多的是在证据协商的背景下对相关内容的再提倡、再宣示，但也可能因此赋予了各种观点新的活力。至于利益交换机制的"对价"性要求，则应秉持动态平衡的观点，随着刑事理念、诉讼制度、具体技术的发展不断赋予其新的内涵，如对 PEACE 模式的对比、借鉴，从而实现真正的供述型协商。

（初审：谢进杰）

股权被冻结条件下股东除名的实效与反思

申长慧[*]

提　要： 当有限责任公司的股东名下股权被法院冻结时，公司能否依法解除该股东的股东资格？司法适用不一。这一问题看似是公司自治权与司法强制权之间的冲突与拉力，实际背后潜存着重要的价值错位及利益冲突——被除名股东出资金额与其所持股权市场价值的错位以及被除名股东财产权益或被除名股东债权人的期待权与公司利益之间的冲突。同时，这反映了我国法律对股东除名规定过于简单，仅从民法角度考虑权利义务一致原则，而未能考虑公司法作为典型商法对股东投资权益的保护。应当对拟被除名股东的股权进行价值评估，平衡股东债权人对股东股权市场价值的期待权与公司对股东出资金额期待权。

关键词： 股权被冻结；股东除名；价值评估；利益平衡

一、问题的提出

《最高人民法院关于适用〈中华人民共和国公司法〉若干问题的规定（三）》（2014 修正，以下简称《公司法解释三》）第 17 条规定股东除名需具备两个限制条件、经过两个法定程序，并产生两种法律后果。其中两个限制条件为：其一，有限责任公司的股东；[1]其二，未履行出资

---

[*]　作者申长慧，女，中山大学马克思主义学院助理教授，研究领域为侵权法、人格权法、公司法，E-mail：253998029@ qq. com.

[1]　股东除名制度有很多争议，是否只在有限责任公司适用，股份有限公司能否适用股东除名制度尚有争论。根据法律解释中的文义解释和体系解释方法，公司法解释本身是对整部公司法中的某些问题进行的司法解释，而《公司法解释三》第 18 条第 1 款明确陈述了"有限

义务或抽逃全部出资。[1]两个法定程序为：其一，公司催告在合理期间内缴纳或返还；其二，作出解除股东资格的股东会决议。产生的两种法律后果为：其一，办理法定减资程序；其二，第三人缴纳相应出资。那么，当拟被除名股东[2]的股权被冻结时，公司能否依据作出的合法有效的股东会决议对股东进行除名呢？司法适用不一。

在秦皇岛东岸科艺工业设计有限公司与罗某杰执行异议纠纷案中，多某滨系公司的股东但未能按期履行出资义务。2016 年 11 月 16 日，因与罗某杰民间借贷纠纷，多某滨的股权被法院依法冻结，2018 年 10 月 31 日，法院裁定继续冻结该股权。2017 年 4 月 24 日，公司以书面形式通知多某滨履行出资义务，2017 年 8 月 3 日，公司再次催缴。2017 年 10 月 2 日，公司召开股东会决议，决定解除多某滨的股东资格。公司于 2019 年 1 月 8 日提起执行异议之诉，要求停止执行多某滨名下的股权，依法解除查封。法院认为应重点审查案外人对执行标的是否享有足以排除强制执行的民事权益。多某滨未履行出资义务，公司已召开股东会议，解除了多某滨的股东资格，多某滨不再具有公司的股东资格，因此公司对案涉股权享有足以排除强制执行的民事权益，判决不得执行多某滨在公司的股权。[3]

而在四川红宇白云新材料有限公司与中国农业银行股份有限公司攀枝花仁和支行、攀枝花市白云铸造有限责任公司案外人执行异议之诉中，案情与上述案件完全相同，法院总结的争议焦点均是案外人是否享有足以

（接上页）责任公司"，该种规定似乎表明股东除名制度只限于有限责任，但反之，这种规定并没有将股份有限公司排除在外。有学者从有限责任公司的人合性与股份有限公司的资格性差异方面认为股东除名只适用于有限责任公司，参见赵磊："公司自治的限度——以有限公司股东资格取得与丧失为视角"，载《法学杂志》2014 年第 10 期。也有学者认为股东除名制度不仅在人合公司有其建立和适用的必要性，也应在资合公司加以建立和适用。参见刘德学："股东除名权法律问题研究——以大陆法系国家的公司法为基础"，中国政法大学 2008 年博士学位论文。

[1] 抽逃出资实质上也是未履行出资义务的一种，因此以下统称为"未履行出资义务"。

[2] 本文为一致适用并方便区分，将拟被除名股东或被除名股东称之为"股东"，拟被除名股东或被除名股东债权人称之为"股东债权人"，拟被除名股东或被除名股东名下的股权称之为"案涉股权"，将公司其他股东称之为"其他股东"。

[3] 河北省迁安市人民法院（2019）冀 0283 民初 356 号民事判决书。类似的还有冷某与四川省眉山艺精芒硝有限公司、四川省金硕泓能源投资有限公司民间借贷纠纷案，眉山市东坡区人民法院（2017）川 1402 执异 56 号执行裁定书。

排除对执行标的执行的民事权益、是否停止执行案涉股权，并解除对上述股权的查封。但法院最终以"本院于 2017 年 2 月 20 日查封、冻结了被告在原告的股权，而原告在同年 10 月 30 日才解除被告的股东资格，故本院查封、冻结案涉股权在原告股东会决议前。虽然原告通过临时股东会决议解除了被告的股东资格是合法的，但是该决议系公司内部行为也不能对抗法院的查封冻结"为由驳回了原告的诉讼请求。[1]

在上述两案案情完全一致的情况下，法院却作出了截然相反的判决。股权被冻结条件下，公司究竟能否以股东会决议的方式解除被冻结股权的股东资格呢？

二、股权被冻结条件下所涉三方主体的权利样态

在股权被冻结条件下，公司进行股东除名涉及了三方主体：公司、股东、股东债权人。三方主体分别享有不同的权利。其中公司的权利应当以时间进行区分，即公司作出除名的有效股东会决议前，公司对股东享有出资请求权，在认缴制下则称为出资期待权。而在公司作出股东除名的有效决议后，公司、其他股东或第三人对案涉股权享有确认权利归属的请求权。股东对股权享有的经济权利为转让权，而股东债权人对案涉股权享有权益市场价值变现期待权。[2]

（一）公司对股东或案涉股权的权益及性质

公司对股东或案涉股权的权益以作出有效的股东会除名决议为时间

---

[1]　四川省攀枝花市仁和区人民法院（2018）川 0411 民初 372 号民事判决书。

[2]　股东债权人对案涉股权享有的权益分为两种：金钱债权的债权人对案涉股权享有市场价值变现期待权、非金钱债权的债权人对案涉股权享有继续履行协议确认案涉股权归属的权利。股东的非金钱债权人指该债权人与股东涉及的非以金钱为标的的争议，该债权人起诉股东并冻结股权的目的不是为了获得该股权的变现价值。如当股东对外转让股权但未办理股权变更登记手续时，债权人对股东享有继续履行请求权，要求将案涉股权变更到债权人名下。此时债权人冻结股权的目的是为了防止股东将股权二卖，保证该股权能够最终变更到自己名下。本文不涉及非金钱债权的股权查封问题，本文所论及的股东债权人均指与被除名股东存在金钱纠纷的债权人。

节点进行划分是由公司除名权的性质决定的。

在德国，对股东进行除名是公司享有的一项法定权利，可以约定在公司章程中，但公司章程不能对这一权利进行限制或排除。[1]在我国，根据《公司法解释三》第17条的规定，对股东进行除名是公司享有的一项法定权利，而且在该股东会决议未被法院认定为无效之前，均为合法有效的决议，该决议能够产生导致公司与股东之间的民事法律关系发生变动的法律效果，因此公司的股东除名权属于一种形成权。所谓形成权是指"依权利者一方之意思表示，得使权利发生、变更、消灭或生其他法律上效果之权利也"。[2]进一步说，该种权利具有解除被除名股东与公司之间法律关系的效力，因而是一种消灭性的形成权。[3]

作为形成权的股东除名权，在公司作出有效的除名决议后，即便尚未办理案涉股权的工商变更登记，股东也不再享有股东地位。因此，在公司尚未作出有效的除名决议之前，公司对股东享有要求股东履行出资义务的请求权，这种请求权属于债权，是一种金钱债权请求权。而当公司作出有效的除名决议之后，从实然层面，登记在股东名下的股权不再归该股东所有。若公司减资，则公司有权主张案涉股权实质归公司；若其他股东或第三人缴纳相应出资，则案涉股权归其他股东或第三人。换而言之，公司、其他股东或第三人对案涉股权享有权利。

（二）股东对案涉股权享有的财产权：转让权或变现权

《公司法解释三》关于股东除名的规定存在一个重大缺陷——忽视了股东对案涉股权享有的财产权利。从《公司法解释三》第17条第1款的规定，我们可以得出：股东未履行出资义务或抽逃全部出资后，一旦公司作出合法的除名决议，股东对其名下的股权当然不再享有任何权利。

---

[1] See Adolf Baumbach, Alfred Hueck, *Gmbh-Gesetz* 362 (14th ed. 1985), from Hugh T. Jr. Scogin, "Withdrawal and Expulsion in Germany: A Comparative Perspective on the Close Corporation Problem", 15 *Michigan Journal of International Law* 127 (1993), p. 157.

[2] 史尚宽：《民法总论》，中国政法大学出版社2000年版，第25页。

[3] Caroina Cunha, "A exclusao de socios（em particular, nas sociedades por quotas）", p. 203. 转引自刘德学："股东除名权法律问题研究——以大陆法系国家的公司法为基础"，中国政法大学2008年博士学位论文。

究其根源，立法者认为股东是以其认缴出资并达成公司设立协议，依据该协议办理工商注册后才获取股东的身份及地位，基于权利义务一致原则，股东未出资或抽逃全部出资后，经过法定除名程序，股东对其名下的股权当然不再享有任何权利，包括经济权利或称财产权利。这种理解扭曲了股东权利的性质。

股权究竟是何种权利众说纷纭，难以纳入任何一种"正常法律范畴"[1]内。关于股东权利的性质比较有影响力的观点有四个：股权所有权说、股权债权说、股权社员权说、股权独立民事权利说。股权所有权说指股权是物权中的所有权；[2]股权债权说指股权实质上是一种债权，股东对公司的唯一权利是收益，即领取股息和红利；[3]股权社员权说指股权是社员权，是股东因出资创办社团法人，成为该法人成员并在法人内部拥有的权利和义务的总称；[4]股权独立民事权利说指股权是一种独立的民事权利，兼具目的性和手段性、兼有请求权和支配权的属性，具有资本性和流转性。[5]

各国公司法都规定股东享有多种权利，如领取股息或分红的权利、转让权、剩余财产分配权、对公司账簿进行查阅的知情权、投票权、选举董事的权利等。这些权利可以概括为四种权利：财产权、控制权、信息权、诉讼权。财产权包括领取红利的权利、股权以市场价值为基础的资本性和流转性即转让权、公司解散或清算时对剩余财产的分配权；控制权指股东的投票权和选举公司董事的权利；信息权指股东对公司事务的知情权；诉讼权指股东有能力在特定情况下寻求司法救济的权利。[6]根据股东的权利内容，股东权利并不是一种单一的权利，我国通说认为

---

[1] Paul Davies, L. C. B. Gower, *Gower's Principles of Modern Company Law*, Sweet & Maxwell（6th ed., 1997），p. 299, p. 321. See Paddy Ireland, "Company Law and the Myth of Shareholder Ownership", 62 *Modern Law Review* 32（1999），p. 33.

[2] 参见王利明："论股份制企业所有权的二重结构——与郭锋同志商榷"，载《中国法学》1989 年第 1 期。

[3] 参见郭锋："股份制企业所有权问题的探讨"，载《中国法学》1988 年第 3 期。

[4] 参见储育明："论股权性质及其对我国企业产权理论的影响"，载《安徽大学学报》1989 年第 3 期。

[5] 参见江平、孔祥俊："论股权"，载《中国法学》1994 年第 1 期。

[6] Julian Velasco, *The Fundamental Rights of the Shareholder*, University of California, Davis（2006），pp. 413-424.

股权是一种复合型权利，兼具财产权和非财产权、请求权和支配权的性质。[1]

股权是股东的一种财产权，随着公司利润的增加，股权价值也随之增加，为出售股权的股东创造了潜在的利润。[2]虽然股东的转让权受到制定法或非制定法上的各种限制，但这些限制都不能阻止股东以合理的市场价值转让他们的股权。转让权是股东最基本的权利，也是最重要的权利，应当得到足够的尊重和保护。[3]股权兼具社员权这一非财产权的性质，而解除股东资格应当仅指将股东驱逐出公司，使之不再属于公司股东，不再具有股东身份和地位，这也是为何我国学者将"解除股东资格"简称为"股东除名"。顾名思义，除名是将该股东从股东名册中除去，其解决的是股东的身份或资格的问题，而不是完全消除股东对其名下股权享有的所有权利，尤其是财产权利。[4]无论是大陆法系还是英美法系中的股东除名制度都规定了股东必须获得他们所持股份的价值。[5]

（三）股东债权人对股权享有的权利

股东的金钱债权人是指该债权人与股东之间涉及以金钱为标的的争议，该债权人起诉股东并冻结案涉股权的目的是为了获得其本应获得的金钱，因此金钱债权人对案涉股权的权利是股权市场价值的变现请求权。该权利与股东自身对案涉股权的权利类似，但并不完全相同。在股权未

---

[1] 参见张民安、丘志乔主编：《民法总论》（第5版），中山大学出版社2017年版，第333页。

[2] See William Klein, John Coffee Jr. and Frank Partnoy, *Business Organization and Finance: Legal and Economic Principles*, Foundation Press (9th ed. 2004), pp. 286-288.

[3] Julian Velasco, *The Fundamental Rights of the Shareholder*, University of California, Davis (2006), p. 407.

[4] 参见杨君仁："论有限公司之退股与除名及其法政策上之建议"，载《中原财经法学》1998年第4期。

[5] See, E. G., Judgment of Feb. 17, 1955, BGH, 16 BGHZ 317 (F. R. G.); See Hugh T. Jr. Scogin, "Withdrawal and Expulsion in Germany: A Comparative Perspective on the Close Corporation Problem", 15 *Michigan Journal of International Law* 127 (1993), p. 158; Thomas E. Rutledge, "It's Not Me, It's You: Planning for Expulsion of Members from LLCs", 19 *Journal of Passthrough Entities* 43 (2016), p. 45.

被冻结之前，股东有权以自己乐意的价格转让其股权，该价格可以低于股权的市场价格。当股权被冻结之后，股东债权人部分或完全取代了股东对案涉股权的财产权益，股东债权人的取代程度取决于案涉股权的价值是否足以覆盖债权人的债权。

三、股权被冻结条件下股东除名的权利冲突

文初两个案子对股权被查封后股东除名的效果认定并不一致。在罗某杰案中，法院从实质层面考虑被查封股权的归属问题，认为股东除名的股东会决议合法有效，股东已不再对案涉股权享有任何权利。而在四川红宇白云新材料有限公司案中，法院并没有深究并确认股权的归属，而是认为公司的内部行为不能对抗法院的查封冻结。上述两个案子都存在一个冲突：公司的内部行为与法院强制措施的效力优位问题，即公司自治权与法院强制力的冲突。而这一冲突背后还有一个更深层次的冲突：股东债权人对股权享有的权利与公司除名权这一自治权之间的冲突。

（一）公司自治权与法院强制力的冲突

与德国、英美国家的股东除名制度由公司和法院裁决两种路径不同，我国股东除名制度通过公司内部达成除名决议并自行办理工商变更登记即可完成。因此我国学者普遍将股东除名权视为公司的一种自治权。[1]司法实践中，法院更是以"被除名股东没有提起股东会决议无效或撤销之诉的，人民法院不应当干预本属于公司自治范围内的事务"为由认为公司或其他股东起诉要求确认公司作出的除名决议有效不具备诉的利益，主体不适格，据此驳回起诉。[2]

---

[1] 参见赵磊："公司自治的限度——以有限公司股东资格取得与丧失为视角"，载《法学杂志》2014 年第 10 期；雷鑫："股权冻结条件下股东除名决议的效力及其利益平衡"，载《政治与法律》2019 年第 5 期。
[2] 如陈某某与重庆市铜梁区同禄建材有限公司决议效力确认纠纷案，重庆市第一中级人民法院 2018 渝 01 民终 5703 号民事裁定书；陈某辉、厦门华龙兴业房地产开发有限公司与叶思源公司决议纠纷案，金华市婺城区人民法院（2017）浙 0702 民初 18138 号民事裁定书。

而法院对股权的冻结属于法院执行工作中的强制措施，法院强制措施一个最主要的效果和目的就是为了避免权利人或登记权利人隐藏、转移、变卖、毁损查封标的物，保持查封标的物在查封期限内权属不变的状态，保证查封申请人对查封标的物享有控制权，剥夺权利人对查封标的物的处分或负担行为，从而实现查封申请人的诉求在得到法院支持后能够执行到位。执行公开是法院执行工作的基本原则，[1] 这一原则有三方面的意义：从法院角度而言，法院执行工作公开是为了增强执行工作的透明度，加强社会公众对法院执行工作的监督，确保执行公开；从被执行人的角度而言，法院执行工作公开是为了保障被执行人的知情权，确保被执行人的救济权，同时告知被执行人不得对查封标的物进行处分或设置负担；从其他社会公众的角度而言，法院执行工作公开是为了保障其他社会公众的知情权、监督权，确保其他社会公众不会因不知晓而受让已被查封的财产，保护其民事权益不受损。法院执行工作公开也是检验其他社会公众在受让被查封财产时是否善意的一个客观标准，即对受让被人民法院查封财产的买受人，原则上不适用善意取得制度。[2] 因为受让人知道或应当知道其受让的标的已被法院采取强制措施，其同意购买的行为表明其自愿将其权益放置于危险的境地，对买受人的自愿处分行为或自愿涉险的行为法院不宜予以特殊保护。

有学者从法律未禁止解除股权被冻结的股东之资格、解除股东的资格与股权转让有着本质的不同、公司解除股东资格不属于转移被法院冻结的财产、股东除名属于公司自治措施，有利于平衡股东与债权人之间的利益四个方面阐述股权被冻结条件下，公司作出的股东除名决议合法有效。同时其认为仅以股权被冻结为由否定公司的除名决议是对公司自治权的侵蚀。[3] 纵观目前所有的司法案例和学者学说，没有任何司法案例或学者认为股权被冻结条件下，公司依据公司法关于股东会决议召开

---

[1] 参见《最高人民法院关于人民法院执行流程公开的若干意见》（法发〔2014〕18 号；《最高人民法院关于人民法院执行公开的若干规定》（法发〔2006〕35 号）。

[2] 参见《最高人民法院关于人民法院查封的财产被转卖是否保护善意取得人利益问题的复函》（〔1999〕执他字第 21 号）。

[3] 雷鑫："股权冻结条件下股东除名决议的效力及其利益平衡"，载《政治与法律》2019 年第 5 期。

的程序作出的股东除名决议无效。即股权被冻结条件下，产生争议的棘手问题是公司股东除名的决议能否产生股东除名的法律效果，而非公司股东除名决议本身是否合法有效的问题。

文初两案同案不同判是法院在公司自治权与法院强制力发生冲突时进行了不同的价值选择。在罗某杰案中，法院更为注重公司的自治权，认为公司作出合法有效的除名决议后，案涉股权不再属于股东个人财产，则法院执行措施所指向的对象——股东的个人财产发生错误，因此判决不得执行案涉股权。而在四川红宇白云新材料有限公司案中，法院并没有过多探究股权的实质归属，更为注重法院查封行为的强制效力，认为即便公司作出了合法有效的除名决议，该决议发生在法院查封行为之后，不能对抗法院的强制力，因此判决驳回原告的诉讼请求。两个案子虽然都进行了一定的价值选择，但并未对案中所涉的所有权益进行分析，也未解释为何应当优先保护另一种权益，整个说理部分羸弱，无法令人信服。

（二）股东债权人对股权享有的权利与公司自治权之间的冲突

正如上文所述，股权被查封条件下进行股东除名存在三方法律主体：公司、股东、股东债权人。法院强制力是股东债权人的权利在法律层面的彰显和权能外扩，属于股东债权人对股权享有权利的形式载体。股东对股权享有的分红权、转让权、公司剩余财产分配权这三项财产权利在公司作出股东除名的决议后，仅享有转让权，或称为获取股权价值的权利，更为精确地说是获取股权价值高出出资金额的溢价的权利。金钱债权的债权人对股权享有的权利是股权市场价值的变现期待权，这一期待权与股东被除名后对股权所享有的财产权利发生部分重叠。

公司自治权与法院强制力之间的冲突实质上是公司自治权与股东债权人对股权享有权利之间的冲突。而股东债权人对股权享有的权利来源于股东对股权的权利。《公司法解释三》的规定消除了公司作出合法除名决议后，被除名股东对股权享有的所有权利，这是股权被冻结条件下，公司进行股东除名最根源、最重要的权利冲突。

四、权利冲突类型及利益平衡

在回答股权冻结条件下股东除名的实效之前，先对股权被冻结条件下股东除名的类型进行一个总结梳理，再分别对这些类型进行利益平衡。

依据公司作出股东除名的股东会决议的时间在股权被冻结的前后，可分为两种情形：股权被冻结前，公司作出股东除名的股东会决议；股权被冻结后，公司作出股东除名的股东会决议。这种分类的法律意义在于，股东被冻结的前后顺序，会影响公司作出的除名决议的法律后果，且公司权益所指向的客体发生变化。

结合股权被冻结条件下不同当事人的权利样态及冲突，对上述两种情形股东除名的效果进行分析。根据现有规定，在处理不同主体之间的权利争议时，法院处理所依据的侧重有所不同。如在处理实质权利人和登记权利人或称名义权利人的权利归属纠纷时，因其不涉及利害第三人利益的保护，法律一般只考究的是权利实质归属状态。而在处理实质权利人、登记权利人与第三人的权利争议时，法律不仅考究权利的实质状态，同样倚重的是权利的外观公示状态和第三人的善意程度。[1] 无论法律侧重于何种规则，其最终的立脚点是在发生利益冲突时，考虑各方当事人的利益，然后判断哪个当事人拥有更重要的利益，从而判决支持这一方当事人的利益，实现利益的平衡。[2]

同样，股权被冻结条件下进行股东除名一般需要考虑三方面的因素：股权的实际归属、外观公示公信问题、当事人的善意程度。

---

[1] 如不动产和动产的善意取得制度；《中华人民共和国企业破产法》第38条中规定的"人民法院受理破产申请后，债务人占有的不属于债务人的财产，该财产的权利人可以通过管理人取回"；第39条中规定的"人民法院受理破产申请时，出卖人已将买卖标的物向作为买受人的债务人发运，债务人尚未收到且未付清全部价款的，出卖人可以取回在运途中的标的物。"

[2] Vincent Luizzi, "Balancing of Interests in Courts", 20 *Jurimetrics Journal* 373 (1980), p. 374.

(一) 因金钱纠纷股权被冻结前，公司作出除名决议

这种纠纷的发生是因为公司在股权被冻结前作出了合法有效的股东除名决议，但尚未进行工商变更登记。在这种情况下，因为公司的股东除名权系一种消灭性的形成权，一经作出，股东便不再具有公司的股东资格。即便尚未进行工商变更登记，也不能改变股东不再享有其名下股权的事实。

股东债权人虽基于对工商登记部门公示的股权归属状态申请法院对案涉股权进行查封，但其在查封之时，案涉股权已不再归股东所有，权利的实质归属已经发生变化。若公司减资，则该股权由公司进行处理；若其他股东或第三人愿意缴纳相应出资，则案涉股权归其他股东或第三人享有。此时，由于股权被冻结是对股权的一种强制措施，在没有法院等有权机关介入之前，公司仅凭其自治权无法进行股东除名之后的工商变更，无法恢复公司内在权利状态和外观公示状态的一致。此时需要解决的问题是如何使权利的外观状态与实质归属状态一致。公司、其他股东或第三人有权提起诉讼要求确认案涉股权的归属，或直接向执行法院提出执行异议或提起异议之诉，排除法院对案涉股权的执行。[1]换言之，因金钱纠纷股权被冻结前，公司作出除名决议应当能够发生解除股东资格的法律效果。

(二) 因金钱债权股权被冻结后，公司作出除名决议

这种纠纷发生在股东债权人申请法院冻结案涉股权后，公司作出合法有效的股东除名决议，公司是否知晓案涉股权被查封在所不问。与第一种情形不同，股权被查封之时，由于公司尚未作出合法有效的除名决议，案涉股权仍属股东所有，法院查封时所指向的对象——股东个人财产并不存在错误。基于法院执行行为的公开性，公司在作出股东除名决议之前应当能够知晓股权的状态。此时若允许公司通过作出除名决议解

---

[1] 参见《最高人民法院关于人民法院办理执行异议和复议案件若干问题的规定》(法释〔2020〕21 号) 第 24—26 条。

除股东的股东资格，改变案涉股权的权属状态，将导致法院查封的强制力被消解。同时，也将增加公司与股东（尤其是大股东或控股股东）之间恶意串通的机会成本，使股东隐藏或转移其私人财产，规避执行。

这一情形是最常见、最棘手的问题。由于我国股东除名制度存在的商事缺陷，磨灭被除名股东对案涉股权享有的财产权利，或者出现法院以公司自治权不能对抗法院强制力为由不予认可股东除名决议能够产生股东除名的效果，如文初第二个案例，公司的股东除名权这一自治权无适用余地或无适用实效，或者出现法院依据股东除名规定认定案涉股权非股东个人财产，不得对案涉股权强制执行，如文初第一个案例，使股东债权人对股权的市场价值变现期待权完全落空。对一方利益的保护完全建立在抛弃或漠视另一方利益的基础之上，无法实现利益的互赢或平衡。

人们运用法律努力协调相互冲突的各种利益，但法律不仅是处理相互利益冲突的一种手段，法律更普遍的目的是最大限度地满足不同主体的利益、最大限度地满足人类的各种需要。[1]此时，如何最大限度地满足公司股东除名自治权以及股东债权人对股权享有的变现期待呢？德国和美国的法律体系都在寻求保护被除名股东的财产权利及其价值，认为案涉股权的价格是平衡公司或其他股东与被除名股东之间利益冲突的关键问题。[2]而我国关于股东除名的规定借鉴的是德国法上的股东除名制度，[3]却未能借鉴德国在司法实践中对股东除名制度的充实和完善——股东获取其股权财产价值的权利。

股东获取其股权财产价值的权利是股东进行商业投资行为的根本目的，也是公平原则的体现。股东被除名本身就是对未出资股东的一种惩罚行为，股东被强制性、单方面地解除其与公司或其他股东的法律关系，将公司的无形财产及未来的持续经营等的潜在利益留给其他股东继续经营，这本身就是对股东最严酷的惩罚。这是《德国有限责任公司法》将

---

[1] See Roscoe Pound, "A Survey of Social Interests", 57 *Harvard Law Review* 1 (1943).

[2] Hugh T. Jr. Scogin, "Withdrawal and Exclusion in Germany: A Comparative Perspective on the Close Corporation Problem", 15 *Michigan Journal of International Law* 127 (1993), p. 159.

[3] 最高人民法院民事审判第二庭编著：《最高人民法院关于公司法解释（三）、清算纪要理解与适用》（注释版，第 2 版），人民法院出版社 2016 年版，第 271 页。

股东除名（宣布失权）制度规定在第二章"公司与股东的法律关系"第21—25 条的原因。[1]股东除名制度在司法实践中最终得以确立并上升到法律层面的一个基础原因也是股东与股东、股东与公司之间的法律关系责任理论，即任何一个人都不应被羁束在一段无法忍受的商业关系中。[2]公司作出合法有效的除名决议之后，股东丧失股东资格，其丧失对公司的控制权、丧失对公司未来持续经营利益的分配权，其出资设立公司的目的无法实现，如若再剥夺股东在公司持续经营下对股权市场价值与出资额之间溢价部分的财产权，不仅有违公平原则，同时也会鼓励不当得利行为。因为根据《公司法解释三》第 17 条第 2 款的规定，其他股东或第三人只需缴纳相应的出资，而非股权的市场价值，就可以获得案涉股权，当股权出现溢价时，其他股东或第三人明显存在额外获益。

应当赋予股东对案涉股权剩余价值的财产权。德国司法实践中，通常是对案涉股权的完全价值（full worth）进行评估，完全价值一词颇为模糊，无法提供明确的指导，最为普遍的标准是能够反映公司持续经营能力的市场价值。[3]美国的股东除名制度与股东的股权评估权（appraisal rights）密切相关，[4]美国司法实践中一般有三种方式确定案涉股权的价值：拍卖程序、第三方专家确定、由法官裁决（一般依赖于专家证言）。[5]

因金钱债权股权被冻结后，公司依据其享有的股东除名权这一消灭性的形成权的权利性质，可以通过作出合法有效的除名决议产生解除股

---

〔1〕 1892 年 4 月 20 日制定的《德国有限责任公司法》历经几次修订，最近一次修订时间为 2017 年 7 月 17 日，均未对股东除名制度进行修改。Gesetz betreffend die Gesellschaften mit beschränkter Haftung（GmbHG），Zuletzt geändert durch Art. 10 G v. 17. 7. 2017 I 2446.

〔2〕 Hugh T. Jr. Scogin, "Withdrawal and Expulsion in Germany: A Comparative Perspective on the Close Corporation Problem", 15 *Michigan Journal of International Law* 127（1993），p. 154.

〔3〕 Hugh T. Jr. Scogin, "Withdrawal and Expulsion in Germany: A Comparative Perspective on the Close Corporation Problem", 15 *Michigan Journal of International Law* 127（1993），p. 159. 根据《德国有限责任公司法》第 23 条和第 24 条的规定，当前权利人不能缴纳欠缴出资时，公司可以通过公开拍卖的方式出售该营业份额，出售所得的款项先行抵偿欠缴的出资款。GmbHG，§ 23，§ 24.

〔4〕 Richard P. Wolfe, "Minority Shares under the Louisiana Business Corporation Act: Expulsion, Oppression, and Fiduciary Duty", 64 *Loyola Law Review* 25（2018），p. 56.

〔5〕 See Harry J. Haynsworth, "Valuation of Business Interests", 33 *Mercer Law Review* 457（1982），列举了确定股权价值的多种方式和具体存在的问题。

东资格的法律效果，但不能产生由公司回购减资的效果，其他股东或第三人也不能单纯地通过缴纳相应出资获得案涉股权。因为股权冻结在前，股东债权人对案涉股权的价值变现期待权不能落空。此时，若其他股东或第三人有意出价购买，则需股东债权人同意，由股东债权人参与案涉股权的价值评估过程；若无其他股东或第三人出价，则应当走法院评估拍卖程序，确定案涉股权的价值并进行司法拍卖，拍卖所得款项应按照法院查封顺序清偿股东债权人的债权。由此股东债权人的利益得到保护。

同时，为了保护公司的利益，公司对被除名股东享有要求其继续履行出资义务的请求权和损害赔偿请求权。股权转让与股东除名有着本质的不同，也有着密切的联系。股权转让是转让股东与受让人自愿协商一致的股权变更行为；在非公司回购减资情况下的股东除名系将被除名股东名下股权强制性、单方面地变更为其他股东或第三人所有的行为，都涉及股权变更的行为。参照《公司法解释三》第 18 条第 1 款的规定，股东未尽出资义务即转让股权，转让股东的出资义务不得因股权转让而解除，公司仍有权请求转让股东继续履行出资义务。[1] 举重以明轻，在股权被冻结条件下，股权变现款清偿股东债权人的债权，而不能用于抵偿股东的出资款，公司未能获得并保有案涉股权对应的出资，公司资本仍处于"空洞"状态，公司有权要求被除名股东继续履行出资义务。且公司可能在行使股东除名权时遭受了损失，其有权要求被除名股东对公司因此遭受的损失承担赔偿责任。[2]

五、结语

股权市场价值与出资金额之间的错位并非只存在股权被冻结情况中，还存在于股东除名这一制度本身。只是股权被冻结条件下，法院强制力

---

[1] 最高人民法院民事审判第二庭编著：《最高人民法院关于公司法解释（三）、清算纪要理解与适用》（注释版，第 2 版），人民法院出版社 2016 年版，第 289 页。

[2] 《德国有限责任公司法》第 21 条关于股东除名（宣布失权）第 3 款规定：公司因欠缴金额或嗣后催缴的基本出资金额而遭受的损失，被除名的股东仍对公司承担责任。GmbHG，§23，参见胡晓静、杨代雄译：《德国商事公司法》，法律出版社 2014 年版，第 35 页。

使这一问题更为突出不可忽视，股东债权人取代了股东对案涉股权享有的财产权利，使得原为公司与股东之间的法律关系扩张为包括股东债权人在内的法律关系，不能简单以对失信股东的惩罚或放弃而磨灭股东对股权享有的财产权利。同时，股权被冻结条件下，股东可能已经出现资不抵债的情形，其并非不愿意履行出资义务，而是没有能力履行。即股权被冻结条件下，股东不履行出资义务的主观故意较小。纵观各国规定，不论是违约赔偿责任还是侵权责任，大多都会考虑当事人的过错程度。

再者，从人的经济理性角度而言，只有当公司具备持续经营能力和未来潜在盈利能力时，其他股东才有动机要求解除未履行出资义务的股东资格，而非要求解散公司，这也是相比解散公司而言，股东除名制度的最大优势——保留公司这一经济实体的继续经营，实现设立公司的经济目的——盈利。此外，股东回购请求权是股东尤其是小股东在公司能够作出有效股东决议，但其利益受到影响的情况下要求公司回购其股权从而退出公司经营的制度。这一制度使得受到伤害的股东不得不放弃其与公司的法律关系，把公司留给那些导致问题产生使他们不满的股东，当与公司的持续关系对股东个人具有重要意义时，股东会遭受精神损失。[1]与之相比，股东除名制度更为遵循的内在原则是权利义务一致原则，守约股东将失信或违约股东驱逐出公司，这一后果是被除名股东自身原因导致的。也正是上述优势，使得股东除名制度在历经公司解散制度、股权回购制度之后最终得到司法采纳并上升到法律层面。

公司法及几部司法解释对股东未履行出资义务规定了三个层面的民事责任：补足出资即继续履行责任、违约责任、解除股东资格，惩罚意味和程度愈发严重。股东除名制度中已对公司、其他股东甚至是公司债权人提供了充分的保护，在未履行出资义务的股东被股东会决议除名之后，在公司办理法定减资或其他股东或第三人缴纳相应的出资之前，对内被除名股东已不再享有股东资格，但对外，公司债权人仍有权要求被除名股东在其认缴出资本息范围内对公司债务不能清偿的部分承担补充

---

〔1〕 Judgment of Apr. 1, 1953, 9 BGHZ at 159-60, 转引自 Hugh T. Jr. Scogin, "Withdrawal and Expulsion in Germany: A Comparative Perspective on the Close Corporation Problem", 15 *Michigan Journal of International Law* 127（1993）, p. 135.

赔偿责任。表面看来，这一期间，被除名股东的权利义务严重失衡，被除名股东对其认缴出资所占的股权不享有股东权利，却仍要在该范围内对公司债权人承担补充赔偿责任。事实上，这一结果是股东除名对内和对外效力的平衡：对内按照事实情况对根本违约股东的资格进行剥夺，对外对相信外观公示的公司债权人的利益加以保护。

股东除名是一种消除股东资格的彻底性举措，"是对股东最严厉的一种处罚，是对失信股东的放弃"。[1]股东被强制除名，已经是对股东最严厉的处罚，如若再剥夺股东对案涉股权的溢价请求权将有违公平和诚信原则。因此，我国也应借鉴德国和英美国家股东除名制度中赋予被除名股东对股权溢价的请求权，平衡公司持续经营利益和被除名股东自身财产权利益及其债权人的利益。

（初审：董淳锷）

---

〔1〕 倪某与广东国华新能源投资有限公司瓷源行政管理再审复查与审判监督民事裁定书，广东省高级人民法院（2013）粤高法民二申字第 662 号民事裁定书。

从 2019 年《海牙判决公约》的声明机制
看国际立法协调

——以诉讼费用问题为例

提　要： 海牙国际私法会议制定 2019 年判决公约的过程漫长而又艰难，通过考察公约关于声明机制的制定过程，尤其包括 2013 年"判决项目"重启以来历次工作组与特委会会议的谈判情况以及主要国家或国际组织的提案，并以谈判中的争议焦点之一即诉讼费用问题为例，可以反映海牙国际私法会议在国际条约制定中所发挥的立法协调作用。

关键词： 声明机制；2019 年《海牙判决公约》；国际条约；立法协调

一、引言

海牙国际私法会议（the Hague Conference on Private International Law，HCCH）是从事国际私法规则国际统一最重要的政府间国际组织。自成立至今的百余年里，海牙国际私法会议通过谈判和制定国际私法方面的国际公约，始终致力于促进国际私法规则的国际统一。自 1951 年以来，海牙国际私法会议已经在一些特殊领域制定了一系列涉及管辖权或承认和执行判决问题的公约，如 1971 年《关于承认与执行外国民事和商事判决

---

* 作者罗剑雯，女，中山大学法学院教授、博士生导师，研究领域为国际法，E-mail：13302273805@189.cn. 本文是国家社科基金项目"海牙《国际民商事判决承认与执行公约》研究"的阶段性成果。

的公约》（*Convention of 1 February 1971 on the Recognition and Enforcement of Foreign Judgments in Civil and Commercial Matters*）等，但 2019 年制定的《外国民商事判决承认与执行公约》（以下简称 "2019 年《海牙判决公约》"）最为重要，是首个全面确立民商事判决国际流通统一规则的国际条约，系统规定了承认和执行外国民商事判决的范围和条件等，成为国际民商事司法合作的新起点，必将产生深远影响。

2019 年《海牙判决公约》是海牙国际私法会议在统一国际民商事诉讼领域十余年努力的最新成果，充分考虑到了不同法系的差异和各国迫切需要统一国际民事诉讼法的现实，它对各国利益进行充分平衡和协调，是一个非常折中而又有实质意义的公约。回顾该公约的制定过程，可谓漫长而又艰难，其中在声明机制方面的立法协调上可见一斑。

二、2019 年《海牙判决公约》声明机制的由来

不同国际组织对声明和保留的实践不同，海牙国际私法会议常设局于 2016 年曾作出解释性说明，考虑在 2019 年《海牙判决公约》中列入一项声明和保留机制。

（一）声明和保留的区别

常设局认为声明和保留的区别主要有两个方面：一是声明和保留的效果，二是声明和保留的时机。[1]

关于第一方面，声明和保留的效果，常设局分析了解释性声明和保留的区别，认为它们区别在于是否具有改变或排除适用条约条款的效力。虽然一项保留事实上改变或排除了所涉用语的适用，但一项声明只能澄清国家对该用语的理解或解释。[2]诚然，解释性声明与保留相比，解释

---

[1] *Explanatory Note Providing Background on the Proposed Draft Text and Identifying Outstanding Issues*, drawn up by the Permanent Bureau Preliminary Document No. 2 of April 2016, para 228–229.

[2] *Explanatory Note Providing Background on the Proposed Draft Text and Identifying Outstanding Issues*, drawn up by the Permanent Bureau Preliminary Document No. 2 of April 2016, para 229.

性声明没有签署、接受、批准等时间要素，以及没有"排除或更改"的表述。即解释性声明意在说明或澄清某些条款的含义或范围，而不是排除或更改某些条款的适用。"当《公约》某一条款的某种含义对一国维护其国家利益至关重要时，该国往往发表解释性声明，向国际社会明确或强调这种含义。"[1]不过常设局并没有明确声明和保留的效果的区别。常设局只是承认，2005 年《选择法院协议公约》（以下简称"2005 年《公约》"）第 19—22 条明确表示为"声明"，然而，根据这些条款可以作出的声明可能与保留有相似之处。这种声明在实质上具有在某些情况下改变或排除适用公约条款的效力。[2]

至于第二方面，声明和保留的时机。常设局认为声明和保留之间的另一个区别涉及何时必须作出单方面声明——保留必须"在签署、批准、接受、核准或加入条约时"作出。相反，条约往往规定，在签署、批准、接受、核准或加入条约后，可以随时作出声明。[3]常设局认为，声明在作出时间上灵活度更高。即使在签署或批准公约之后，一国也可以作出这种"声明"，正如 2005 年《公约》第 32 条所述，"第 19、20、21、22 和 26 条所指的声明可以在签署、批准、接受、核准或加入时或者此后的任何时间作出……"。这为各国在改变公约某些条款的适用方面提供了最大的灵活性。相比之下，2007 年《儿童抚养公约》对声明和保留作了更为标准的区分。它规定，声明"可在签署、批准、接受、核准或加入时或其后任何时候作出，并可随时加以修改或撤回"（第 63 条）。而只有在"不迟于批准、接受、核准或加入时，或在根据第 61 条作出声明时"才可提出保留（第 62 条）。[4]

然而，作出声明的时机未必比保留更灵活。在 1969 年《维也纳条

---

[1] 赵建文："《公民权利和政治权利国际公约》的保留和解释性声明"，载《法学研究》2004 年第 5 期。

[2] *Explanatory Note Providing Background on the Proposed Draft Text and Identifying Outstanding Issues*, drawn up by the Permanent Bureau Preliminary Document No. 2 of April 2016, para 230.

[3] *Explanatory Note Providing Background on the Proposed Draft Text and Identifying Outstanding Issues*, drawn up by the Permanent Bureau Preliminary Document No. 2 of April 2016, para 229.

[4] *Explanatory Note Providing Background on the Proposed Draft Text and Identifying Outstanding Issues*, drawn up by the Permanent Bureau Preliminary Document No. 2 of April 2016, para 230-231.

约法公约》规则体系下，条约一旦对本国正式生效之后，一国则不能再作出保留。《维也纳条约法公约》第2条规定了提出保留的时机共有五项，即签署、批准、接受、核准或加入时。但是，实践中提出条约保留的时机包括但不限于此五项。条约保留可以在一国作出任何表示接受条约约束的行为时作出，而且一般情况下，一国在签署时作出的条约保留，最终需要得到其国家议会等权力机关的最终批准确认。同时一国可以在条约签署时作出保留，在批准条约时可以补充其他保留。此外，更值得注意的是，《条约保留实践指南》在其第二章第三节的新规定中增加了一个提具条约保留的时机，即"过时保留"。"过时保留"是相对于"即时保留"而言的，国际法委员会根据实践中生效的实践案例确认了这一类特殊的"过时保留"的合理性。[1]例如，我国政府于2006年对《联合国海洋法公约》第十五部分的争端解决条款所作的保留。我国于1996年已经批准该公约，此条约保留为条约批准后作出的新的保留，即"过时保留"。[2]可见实践中，保留的作出时间上灵活性也很高，因此，常设局认为按照作出声明和保留的时机区分二者的特点并不可取。

（二）2019年《海牙判决公约》选择了声明而非保留

2019年《海牙判决公约》草案和最终文本规定了若干声明机制，而没有提到保留的相关内容。这体现了公约的协调作用：

第一，保持与2005年《公约》相同的做法。以前的海牙公约也明确规定不得提出保留。例如：2006年《海牙关于中间人持有证券特定权利的法律适用公约》第21条；2007年《扶养义务法律适用议定书》第27条。但是，2005年《公约》对保留问题保持沉默。同为解决国际民商事判决承认与执行问题的公约，判决公约从始至终都以2005年《公约》为起点。

第二，保留制度极其复杂。谈判中，虽然有国家提出在公约中明确

---

〔1〕 金崇强："我国的条约保留实践研究"，浙江工商大学2018年硕士学位论文。

〔2〕 参见联合国海洋事务和海洋法处，http://www.un.org/Depts/los/convention_ agreements/ convention_ declarations.htm#China%20after%20ratification。

规定保留问题，如外交大会期间，欧盟代表团提议新增条文，规定不得对本公约提出保留。而我国相反地建议，公约明确规定允许保留。[1]但这些提案最终没有获得通过，这是由于保留制度的复杂，公约不愿意增加谈判难度。

第三，调和公约普遍性和公约完整适用之间的矛盾。公约的保留有利于实现公约的普遍性，但与公约的完整适用相矛盾，影响公约的充分目的和宗旨的实施。一方面，公约规定声明机制而不是保留机制，这使得支持保留的国家可以通过声明实现保留的目的，而反对保留的国家，在声明机制的语境下，也会大大降低对保留的警惕。"公约不鼓励任何保留，对是否允许保留保持沉默，这似乎有意避免将声明解释为保留。"[2]这可以最大程度地吸引更多国家加入公约。另一方面，作为重要国际司法协助条约的判决公约，显然不希望出现太多的保留，但也难以禁止保留。因此，公约对此进行灵活化处理——对保留保持沉默。虽然对保留进行沉默处理意味着允许保留，但是如果有缔约国作出保留，必须遵守习惯国际法的规则，不得与公约目的和宗旨相冲突[3]。而且相比于直接规定保留，缔约国在声明机制以外再进行保留的可能性大大降低。

总之，公约仅规定声明机制，从效果上看，这些声明机制实际上起到了保留的效果。这种机制可被视为排除在范围之外的一种替代办法，或是扩大与某些事项有关的范围的一种手段。[4]2005 年《公约》也规定了相似的声明机制，有学者指出"这也符合条约保留的当代实践，因为上述条款中的声明制度本质上就属于条约的保留，是对条约保留的发展"。[5]

---

[1] WORK. DOC. No 12 E, Distribution: 17 May 2019, Proposal of the Delegation of the European U-nion; WORK. DOC. No 81 E, Distribution: 27 June 2019, Proposal of the Delegation of the People's Republic of China.

[2] 叶斌、李良林："2005 年海牙《选择法院协议公约》适用范围之评析"，载《华中农业大学学报（社会科学版）》2006 年第 2 期。

[3] 如 1969 年《维也纳条约法公约》第 2 条第 1 款第 4 项和第 19—23 条等国际规则。See *Judgments Convention: Revised Draft Explanatory Report*, No. 1 of December 2018, para 447.

[4] *Explanatory Note Providing Background on the Proposed Draft Text and Identifying Outstanding Issues*, drawn up by the Permanent Bureau Preliminary Document No. 2 of April 2016. para 228.

[5] 王吉文：《2005 年海牙〈选择法院协议公约〉研究》，东南大学出版社 2008 年版，第 76 页。

三、2019 年《海牙判决公约》声明机制的主要内容

（一）2019 年《海牙判决公约》的相关条文规定

2019 年《海牙判决公约》中声明机制的相关的条款包括：①第 14 条诉讼费用第 3 款，允许缔约国选择退出该条第 1 款的诉讼费用无担保制度。②第 17 条，缔约国可以拒绝承认或执行另一缔约国法院对居住在被请求国且与争议有关的所有其他要素仅与被请求国有关的当事方作出的判决。也就是说，在案件与原审国没有实际联系的情况下，缔约国可以声明免除承认或执行此类判决的义务。③第 18 条，缔约国可以通过声明排除对其"有重大利益"的"特定事项"。④第 19 条，缔约国可以作出声明，将因该缔约国作为诉讼程序的一方当事人而产生的判决排除在公约适用范围之外，即便这些判决涉及民事或商事事务。⑤应当指出，根据第 25 条非单一法律制度的声明，如果一国包括具有不同法律制度的领土单位，也可作出声明，但此类声明影响地理范围，而不是实质性范围。⑥公约谈判中的共同法院条款也涉及声明机制。

其中，第 17 条限制承认与执行的声明、第 18 条特定事项的声明与 2005 年《公约》规定基本一致，在谈判中争议不大，而第 14 条诉讼费用、第 19 条与国家相关判决的声明以及公约草案中的共同法院条款则成为谈判中的焦点问题。

（二）2019 年《海牙判决公约》的声明机制建立在互惠的基础上

2019 年《海牙判决公约》中的声明机制是建立在互惠的基础上的，公约的缔约国可以自行决定是否作出声明，一旦缔约国作出声明，在声明范围内，声明国不能通过公约获得利益，这与国际社会以双边公约和互惠原则为据的主流实践是一致的。

著名法学家萨维尼在《现代罗马法体系》第 8 卷中提出："总的来说，所有民族和个人的共同利益决定了各国在处理法律关系时最好采取互惠原则以及由此而产生的在判决中平等对待本国人和外国人的原则。"

他相信："这一原则的充分采纳不仅会使外国人在每一国家都跟其本国国民一样，而且，在发生法律冲突时，无论案件在此国或彼国判决，都能得到相同的判决结果。"[1]互惠原则是国际法上的一项基本原则，强调受惠国与施惠国之间利益或义务之等价性，即通过赋予彼此相当的权利或承担义务来维持待遇平衡的基本规则，其原则的建立取决于双方之间的相互态度。国家在民事法律交往中与其他每一个国家都处在平等的地位，并基于这种平等地位判决才有了互换的可能性。

四、2019 年《海牙判决公约》声明机制涉及的诉讼费用问题

（一）诉讼费用问题在历次特委会中的争议

2019 年《海牙判决公约》第 14 条涉及为保证支付诉讼费用而可能需要的担保，包括承认、声明可执行性或注册的强制执行，以及判决的执行。该规定反映了折中办法。一些国家支持"无担保规则"，其他国家则倾向于将此问题留给国家法律解决。[2]该条第 1 款和第 2 款是两个相互关联的段落，其逻辑简单明了：原诉讼程序中的债权人在另一缔约国申请执行判决的，免除其提供担保的义务，但作为回报，如果债权人在执行程序中败诉，原始程序中的债务人可以执行诉讼费用支付令。诉讼费用问题是公约谈判的争议焦点之一。对于 2019 年《海牙判决公约》第 14 条诉讼费用问题，主要是欧盟和以色列之间的争论，主要包括两方面内容。

1. 第 1 款的诉讼费用无担保规则

诉讼费用担保制度，是指外国人或者在内国无住所、惯常居所的人提起民事诉讼，为防止原告滥用其诉讼权利，或防止其败诉后不支付诉讼费用，而由内国法院责令原告提供担保的制度。诉讼费用担保制度来源于英国，因为在普通法系国家，律师费和专家证人费等诉讼费用往往很高。第 14 条第 1 款规定，禁止仅以国籍、住所/居住地为由要求提供担

---

〔1〕 Savigny, *System des heutigen Rmischen Rechts*, VIII, 1849, S.6-27. 转引自杜涛："国际私法的政治哲学"，载《华东政法大学学报》2013 年第 3 期。

〔2〕 See *Judgments Convention: Revised Draft Explanatory Report*, No.1 of December 2018, para 362.

保，该担保是保证支付承认和执行判决程序中发生的费用。该款只涉及承认和执行程序中的担保，不包括诉讼中因实体案情需要而要求提供担保的可能性。它反映了一种传统观点，即申请人不能仅仅因为他或她是另一国国民，或在另一国拥有惯常住所或住所，而被要求提供担保、抵押或质押。只有这一理由被禁止的时候才能提担保要求。从而允许基于其他理由提出担保要求，如判决债权人在被请求国没有资产。本条款适用于自然人和法人，不论他们是否是另一缔约国或第三国的国民（也不论他们是否在另一缔约国或第三国拥有其居住地/住所）。[1]

诉讼费用无担保规则是第一次特委会上欧盟代表团建议的，被特委会采纳进入了 2016 年草案。[2]这一建议得到大多数同意，并且公约最终也予以了确定。[3]而主要反对的国家是以色列和加拿大。以色列一直都主张删除诉讼费用条款，因为与民事诉讼有关的费用问题已经由两项海牙公约规定，即 1954 年的《海牙民事诉讼程序公约》和 1980 年的《海牙国际司法救助公约》。在 2019 年《海牙判决公约》中复制这一条款可能会影响现有的前述两个公约的国内实施，同时也会导致"司法救助领域的混乱"。而且此款没有反映 2005 年《公约》的措辞。而就 2019 年《海牙判决公约》而言，潜在被告人的法律不确定性要高得多，这将导致对执行请求进行辩护而产生诉讼费用，公约没有理由在这方面偏离 2005 年《公约》的措辞。[4]

2. 第 2 款诉讼费用支付令的规定

2019 年《海牙判决公约》第 14 条第 2 款诉讼费用支付令的规定是第 1 款规定的"无担保规则"的推论。在拒绝承认或执行判决并向判

---

[1] See *Judgments Convention: Revised Draft Explanatory Report*, No. 1 of December 2018, para363.

[2] WORK. DOC. No 66 Proposal of the Delegation of European Union; WORK. DOC. No. 70 E REVISED DRAFT TEXT as of 8 June 2016; WORK. DOC. No. 76 E-REVISED DRAFT TEXT as of 9 June 2016.

[3] 挪威、巴西、加拿大、中国、韩国、美国、以色列、日本、俄罗斯和欧盟、乌拉圭和芬兰等国与会者参与了该小组的讨论。WORK. DOC. No 255（E）-Report of the Chair of Working Group Ⅲ-Cost of proceedings.

[4] WORK. DOC. No 121 Proposal of the Delegation of Israel, Working Document 181 from the Delegations of Canada and Israel; WORK. DOC. No. 252（E）Proposal of the Delegation of Israel. 2005 年《公约》对诉讼费用问题保持沉默。但是，该公约谈判过程中非正式工作组曾提出了一项"第 10 条诉讼费用"的条款。

决债权人发出支付费用或开支的命令时，它的作用就是保护判决的债务人。[1]

根据 2019 年《海牙判决公约》第 14 条第 2 款，这种命令属于公约的适用范围，可在任何其他国家强制执行。2019 年《海牙判决公约》规定这项例外是必需的，其目的是让诉讼费用裁决被视为公约下的判决。2019 年《海牙判决公约》第 14 条第 3 款（1）（b）规定了法院对诉讼费用或者支出的决定，只要此种决定与实质问题有关且可依本公约得到承认或者执行。然而，第 14 条第 2 款所指的诉讼费用命令是基于承认和执行判决的程序产生的，这一程序不涉及案件的实体问题，所以该诉讼费用命令不具有第 14 条第 3 款中"判决"资格。因此，如果没有第 14 条第 2 款的规定，公约缔约方可以自由决定是否承认和执行与承认和执行判决的程序有关的费用和开支的命令，这与公约的一般规则相悖。

诉讼费用支付令的规定，也来自于欧盟代表团的建议，第二次特委会期间，欧盟代表团建议增加第 14 条第 2 款诉讼费用支付令的承认与执行，[2]该提议被第二次特委会采纳。在第三次和第四次特委会上，以色列代表团分别和加拿大代表团联合提案及单独提案，建议扩大第 14 条第 2 款的范围，既包括有利于判决债权人的诉讼费用裁决，且涵盖公约规定的所有承认和执行案件中的诉讼费用裁决，而不仅仅是针对外国国民或不在寻求执行的国家居住的人的命令，主张将第 14 条第 2 款的表述修改为"支付诉讼费用命令，应在该支付令债权人的申请下，在任何其他缔约国承认并可予以强制执行"。[3]为讨论诉讼费用问题专门成立的非正式工作组一致认为，承认和执行判决的程序中发生的费用，法院关于费用作出的命令也应该获得流通，只是各国对具体案文规定没有达成一致意见。[4]比如，以色列代表团认为第 14 条第 2 款不应将其与第 1 款联系起来，应分别处理这两款的问题，即因为本条涉及提起强制执行程序的先

---

[1] See *Judgments Convention: Revised Draft Explanatory Report*, No. 1 of December 2018, para 364.

[2] WORK. DOC. No. 86 Proposal of the Delegation of the European Union.

[3] Working Document No. 232 from the Delegations of Canada and Israel; WORK. DOC. No. 257 Proposal of the Delegation of Israel.

[4] WORK. DOC. No. 255 (E)-Report of the Chair of Working Group III-Cost of Proceedings.

决条件和单独的费用担保问题。同时将原第 3 款上移并重新编号为第 2 款，因为其第 1 款和第 3 款规定密切相关。[1]

2019 年《海牙判决公约》第 14 条第 2 款的目的在于保护判决债务人，也就是说，第 2 款的范围仅限于不利于判决债权人的情况。若判决债权人寻求承认而被拒绝，被请求国裁定判决债权人需要支付诉讼费用或开支，则原判决债务人可以在缔约国（最典型的是在原被请求国）要求原判决债权人履行诉讼费用裁决。

此外，2019 年《海牙判决公约》第 14 条第 2 款针对的是第 1 款或诉讼地国法律所规定的免于提供担保、保证金或者押金要求的人。公约一开始仅规定"针对第 1 款"的，而没有"诉讼国法律规定"的措辞。在这种情况下，如果诉讼费用命令是针对因第 1 款而被免除担保的一方，则该裁决应予以流通。但在不存在根据第 1 款免除担保的情况下，即不仅以国籍/住所/居住地为理由对费用提供担保的缔约国的诉讼费用裁决将不会根据第 2 款的规定流通。一开始的这种规定造成了诉讼费用裁决政策不一致。[2]因此，在欧盟提议下，公约最终按照 1980 年《海牙国际司法救助公约》第 15 条的思路[3]，在"根据第 1 款"之后加上"或已开始诉讼的国家的法律"，从而确保不要求担保的缔约国也从 2019 年《海牙判决公约》第 14 条第 2 款下的秩序流通中获益。[4]而以色列代表团在欧盟代表团提案的基础上，提议进一步扩大这些诉讼费用支付令的范围，即是否要求提供担保由被请求国法院自由裁量，但被请求国法院没有要求担保的情况也包含在本款内。[5]不过，以色列的建议没有被采纳。

3. 第 3 款声明机制

2019 年《海牙判决公约》第 14 条的第 3 款规定了退出无担保规则

---

[1] WORK. DOC. No 257 Proposal of the Delegation of Israel , WORK. DOC. No. 30 E Proposal of the Delegation of Israel.

[2] Prel. Doc. No. 1 of December 2018 – Judgements Convention: Revised Draft Explanatory Report, footnote No. 257.

[3] 1980 年《海牙国际司法救助公约》第 15 条：在某一缔约国内作出的、针对根据第 14 条或者诉讼开始国的法律规定，免予提供担保、保证金、押金或支付款项的任何人的支付诉讼费用和开支的命令，如根据此命令享有权利的人提出申请，应可在任何其他缔约国内得到执行，并免收费用。

[4] WORK. DOC. No. 10 E Proposal of the Delegation of the European Union.

[5] WORK. DOC. No. 30 E Proposal of the Delegation of Israel.

(opt-out from the no-security rule) 的声明机制。缔约国可以声明不在其部分或全部法院适用第 1 款。因此，可以将第 1 款的适用范围排除在某些法院，例如排除联邦法院，而不排除州法院。

第 3 款的声明机制是为了平衡欧盟与以色列的分歧。如前所述，有些国家认为已有其他公约对诉讼费用无担保规则进行规定，第 1 款规定可能导致国内法适用产生冲突。因此乌拉圭在第三次特委会上提议增加声明条款作为第 3 款，即规定"当第 1 款的规定与国家程序性立法相抵触时，一国可声明该款不适用"。[1]第三次特委会会议上没有采纳上述的提案。而随后诉讼费用条款的非正式工作组对这个议题进行讨论，许多支持保留第 1 款的国家愿意将这一折中解决办法视为最后手段。不过，支持删除第 1 款的与会者没有表示支持这一提议。[2]

欧盟代表团同意增加第 3 款声明，而这样做的后果是，如果缔约国选择退出第 1 款，它将无法从第 2 款中受益。[3]诉讼费用非正式工作小组商议后也同意增加新的第 3 款，即"一国可以声明不适用第 1 款，或者通过声明制定该国法院不适用第 1 款"。这也成了公约的最终规定。

不过，第 3 款没有明确当一国作出声明时互惠原则是否适用以及如何适用。不过国际民商事司法合作中权利和义务应该是对等的而不是片面的，一国不能谋求凌驾于另一国之上的特权和待遇，一国不能只顾本国利益而要求另一国牺牲本国利益来为其服务。因此，如果原审国作出第 3 款的声明，则声明指定的法院作出的判决，不得受益于第 1 款中的无担保规则，被请求国可以拒绝承认与执行。在任何情况下，第 2 款不适用于作出声明的国家法院作出的支付令。[4]

（二）国际立法协调的体现

诉讼费用担保制度对申请判决承认与执行的当事人而言构成不公平和歧视待遇，随着国际民事诉讼领域的司法合作发展，免除外国人的诉

---

〔1〕　Working Document No. 233 from the Delegation of Uruguay.

〔2〕　WORK. DOC. No. 255 (E)-Report of the Chair of Working Group III-Cost of Proceedings.

〔3〕　WORK. DOC. No. 259 Proposal of the Delegation of the European Union.

〔4〕　See *Judgments Convention*: *Revised Draft Explanatory Report*, No. 1 of December 2018, para 366.

讼费用担保将是大势所趋。各国立法、相关国际公约都在逐步免除外国人诉讼费用担保义务。因此，在国际司法合作层面，保护外国人民事诉讼地位不仅是人权法的要求，也是展开国际合作的基础。从该公约中诉讼费用这一条款的谈判过程可以看出，为使意见相左的国家达成共识，公约运用了声明机制作为妥协的手段，以求达成最大程度的共识，保障公约的顺利通过。

五、结语

综上所述，2019 年《海牙判决公约》的声明机制尤其是诉讼费用问题反映出海牙国际私法会议在国际条约制定中发挥了立法协调作用。正如学者指出的 "第 30 条允许缔约国在公约实质性领域使用相当广泛的声明制度，提供了额外的灵活性"。[1] 声明机制使得各国可以通过这些灵活的制度避免法律冲突，为加入该公约扫清了障碍，获得加入公约的最大利益。需要注意的是，公约为了防止缔约国任意作出声明，从而片面地缩小公约的适用范围而减损公约的实际价值，不仅规定了声明制度的总体要求，还明确了其他一些防范措施。声明机制的实际作用发挥有待公约生效后进一步观察。

（初审：王承志）

---

[1] David P. Stewart: "The Hague Conference Adopts a New Convention on the Recognition and Enforcement of Foreign Judgments in Civil or Commercial Matters", 113 *American Journal of International Law* 772.

是妻抑妾：民国新会何氏告夫妨害婚姻
之诉中的众声喧哗

丁艳雅[*]

提　要： 民国时期于 1931 年颁布的民法、1935 年颁布的刑法与刑事诉讼法相继就配偶通奸妨害婚姻问题从法律上彻底颠覆了传统社会男尊女卑、一夫一妻多妾的婚姻制度，并赋予了女性配偶享有与男性配偶平等告奸的权利。然而，正如瞿同祖先生所说，法律条文的规定是一回事，其实施又是一回事。民国新会何氏告夫妨害婚姻案，如同一部司法戏剧，曲折离奇，历经三个回合的诉、侦、审、判与督的言说实践，始终围绕何氏是妻抑妾的身份，众声喧哗。该案以何氏用妻的身份提起告诉为开端，兜兜转转三个回合，最终透过广东高等法院的改判理由，何氏为妻的身份间接被法院确认，也即档案中呈现的诉讼结果，何氏仅仅是夺回了提起告诉的司法入场券，何氏的实质诉求几乎全部扑空。众声喧哗的背后，则是民国转型时期司法场域中观念的较量与多维权力的角力：以夫权为中心的传统婚姻观与男女平等的新型婚姻观的较量、民国法律上男女平等告奸背后事实上的不平等、新会司法官的权力与广东高等法院司法官的监督、何氏的权利意识与被告言说中的策略技术的角力。该案诉讼结果尽管令人哭笑不得，却开启了民国社会底层女性拿起法律武器积极维护婚姻权利的先声。

关键词： 是妻抑妾；妨害婚姻；平等告奸；众声喧哗；观念较量；权力角力

* 作者丁艳雅，女，中山大学法学院副教授，中山大学法学理论与法律实践研究中心研究员，中山大学法学博士，研究领域为法律史、比较法律文化、民国司法等，代表作有《美国联邦最高法院大法官任命过程中的政党因素》《民国妻告夫妨害婚姻诉状的文化解释——以广东新会档案为例》《民国诉讼文书中身份符号的文化解读——以广东新会刑事档案为例》等，E-mail：lpsdyy@ mail. sysu. edu. cn. 本文是在笔者博士学位论文中一节内容的基础上修改而成，特此感谢笔者的博士导师徐忠明教授对论文的悉心指导！

一、命题及其背景

众所周知，"夫为妻纲"是中国传统社会的核心伦常之一。"法律上夫之地位如尊长而妻的地位如卑幼""妻告夫亦为干名犯义""便是妻告夫与人通奸也不能例外"，而反过来"夫告妻是不成立干名犯义罪的"〔1〕。伴随西风东渐传统社会制度的瓦解，男女平等的观念历经启蒙也渐次深入人心。1931 年公布施行的《中华民国训政时期约法》第 6 条规定："中华民国国民无男女、种族、宗教、阶级之区别，在法律上一律平等"。自此，男女平等取代了男尊女卑，并成为民法和刑法修订的一项基本原则。此后中华民国颁布的民法、刑法与刑事诉讼法相继就配偶通奸问题发出了史上最强声音。

1931 年实施的《中华民国民法典》第 985 条规定："有配偶者，不得重婚。"第 1052 条将配偶通奸作为了裁判离婚的原因之一。这无异于宣告"有妻纳妾，即属与人通奸"〔2〕，因而从法律上彻底颠覆了传统社会男尊女卑、一夫一妻多妾的婚姻制度。

1935 年《中华民国刑法》第 239 条则在 1928 年《中华民国刑法》〔3〕的基础上明确规定："有配偶而与人通奸者，处一年以下有期徒刑。其相奸者亦同。"这条规定将有配偶与人通奸的行为，平等上升为犯罪行为，需判处刑罚。这是中国第一次在法律上明确规定了夫妻之间互负贞操的义务。

1935 年《中华民国刑法》第 245 条第 1 款规定："第 238 条、第 239 条之罪及第 240 条第 2 项之罪，须告诉乃论。"这是就诉讼方式进一步作出了规定，即通奸之诉必须向检察官提起告诉，由检察官进行侦查后作出是否提起公诉的处分，而不是直接向法官提起自诉。

---

〔1〕 瞿同祖：《中国法律与中国社会》，中华书局 1981 年版，第 105—106 页。

〔2〕 赵凤喈：《中国妇女在法律上之地位》，商务印书馆 1940 年版，第 126 页。

〔3〕 夫妻间贞操义务的不平等，在 1928 年的刑法中得以保留，该法第 256 条规定仅科有夫之妇与人通奸之罪，对于有妇之夫与人通奸，则不处罚。

　　1935 年《中华民国刑事诉讼法》第 213 条第 2 款规定:"《刑法》第
239 条之妨害婚姻及家庭罪,非配偶不得告诉。"这是对告诉的主体作出
的明确规定,即告奸之诉权,平等地赋予男女配偶双方,也即男女配偶
互有告奸之诉权,这是女性具有里程碑意义上的胜利。正如黄宗智先生
所说:"从理论上讲,与丈夫可以运用法律对付通奸的妻子一样,妻子也
可以运用法律对付通奸的丈夫。"[1]

　　1947 年的《中华民国宪法》第一次以宪法的名义明确重申了男女在
法律上一律平等。至此,中国女性在法律上的解放已取得了较为全面性
的胜利。

　　总之,依据上述系列法律的规定,女性配偶第一次获得了与男性配
偶同等的告奸之权。那么,民国配偶在法律上的平等权,在司法实践中
实施情形又如何呢?在笔者查阅的民国时期广东新会妻子控告丈夫通奸
或重婚的 16 个案卷中,最吸引笔者的是何氏告甄氏、翁氏案[2]。该案
提起诉讼的时间为 1947 年,案情其实比较简单:告诉人何氏,21 岁,无
职业;被告甄氏,何氏的丈夫,是一名商人;被告翁氏是甄氏在娶了何
氏之后所纳的妾。本案特殊之处是,被告甄氏在何氏之前还有个原配张
氏,已失踪多年,生死未卜。因此本案实际上涉及被告与三个女人的关
系,何氏告被告骗婚(重婚)、遗弃[3]与通奸等妨害婚姻与家庭罪。本
案案情虽然不是很复杂,但这个案件却经历了多次往返告诉与自诉的曲
折离奇过程,并有两次上诉到了广东高等法院,极具典型代表性,故笔
者选择本案进行个案分析与深描。为了便于全景式观看这部民国转型时
期的司法戏剧,本文依据整个诉讼进路,将其划分为三个回合:第一回
合:新会地方法院检察官对何氏妻的身份的认定。这一回合具体包括的
场景有:何氏向新会检察官以妻的身份告其夫重婚、遗弃、通奸;检察

[1]　黄宗智:《法典、习俗与司法实践:清代与民国的比较》,上海书店出版社 2003 年版,第
　　　184 页。
[2]　"骗婚遗弃——何氏告甄氏、翁氏案",1948 年,归档号 3621、3623,广东新会地方法院。
[3]　这里需要说明的是,该案归档案由为"妨害婚姻与家庭",何氏诉状中先后涉及重婚、遗
　　　弃与通奸罪,严格来讲,遗弃罪在刑法中属于第 25 章的大类罪名,妨害婚姻与家庭罪在
　　　刑法中属于第 17 章的大类罪名,包括重婚与通奸等,但因该案所诉几个罪是按被告犯罪
　　　时间顺序来排列且在同一诉状中提出,相互之间的关联度大,故本文也将遗弃罪一并纳入
　　　分析。

官认定其妻的身份，并认定被告犯有重婚罪，而因重婚罪刚好在民国发布的赦免范围之内，故免于起诉；检察官对于被告的通奸罪作出了不起诉处分；遗弃罪部分则没有涉及，告诉人不服向广东高等法院声请再议；广东高等法院检察处训令，就通奸部分，发回新会检察官继续侦查，遗弃部分，告诉人可以另行声请检察官续查。第二回合：新会地方法院法官对何氏为妻身份的否决。这一回合历经的场景有：新会检察官续查后，再度认定何氏为妻的身份，并对其夫的通奸行为提起了公诉；新会地方法院法官否决了何氏为妻的身份，判决"本件公诉不受理"；告诉人不服向广东高等法院声请上诉；新会地方法院法官作出了"原判当无不合，所请应毋庸议"的批语，上诉被阻。第三回合：广东高等法院对何氏为妾身份的否决。这一回合历经的场景有：何氏向新会地方法院就遗弃罪提起自诉；新会地方法院法官认定何氏为妾的身份，并判被告无罪，附带民诉也被驳回；自诉人不服再次上诉至广东高等法院；广东高等法院最后否定了何氏为妾的身份（也即认定何氏为妻），并作出了"撤销原判决"（即前述新会地方法院的判决）与"本件自诉不受理"两项判决[1]。从上述三个来回的诉讼过程不难看出，本案始终围绕的是何氏的身份是"妻"还是"妾"的问题，也即何氏是否有对其配偶提起告诉的资格或司法入场券。本文为了避免"倒放电影"，[2]力图从全景视角叙说三个回合的诉（告诉、上诉、自诉与相应的辩诉）、侦（检察官的侦查）、审（法官的审判）、判（新会地方法院检察官的裁决和法官的判决）与督（广东高等法院检察官的训令与法官的改判）等过程中众声喧哗的言说实践，进而探寻众声喧哗的背后"男人与女人之间的关系以及他们分别与法律及其权力之间的互动"。[3]

---

[1] 因为高等法院认定上诉人不是妾，而是妻。根据刑事诉讼法规定，配偶不能提起自诉，因而高等法院作出了自诉不受理的判决。

[2] 关于"倒放电影"的研究现象，详见罗志田："民国史研究的'倒放电影'倾向"，载《社会科学研究》1999年第4期。

[3] [美]约翰·M.康利、威廉·M.欧己尔：《法律、语言与权力》（第2版），法律出版社2007年版，第158页。

二、第一回合：新会地方法院检察官对何氏妻的身份的认定

（一）告诉人与被告对妻妾身份的反向言说

何氏以妻的身份提起了告诉。为了更好地还原其诉状的全貌、避免人为"切割"素材，这里先附上告诉人第一次诉状中的全部言说内容。

刑事告诉〔1〕

事由：为骗婚遗弃妨害家庭请予侦查起诉

本文：窃氏于民国三十五年五月凭媒正式嫁与甄氏为妻，讵入门之后常遭甄氏虐待，动加棒掠，始发现其有前妻，亦因被其虐待放逐，盖甄氏染有肺病，迷信与处女交合，可减轻病状，故不惜出诸骗婚，达成目的后便加遗弃，故而知他，氏与其结婚未及半载，即于同年十月间，再施故技，将氏驱逐返母家，断绝生活费供给，虽迭经哀求赡养，均被驱逐，直至本年农历闰二月初四日，被告甄氏公然纳被告翁氏为妾，实行将氏遗弃，似此一再摧残女性，任意凌虐，情何以甘，查被告所为实犯骗婚遗弃及妨害家庭等罪，为此具状告诉钧处查核，迅予传案侦查起诉论处，以伸法纪事，实为德便。

在上述诉状中，告诉人何氏一开始就亮明了其为妻的身份，即她是凭媒正式嫁与被告的，采用的是传统的婚姻仪式。1931 年实施的《中华民国民法典》第 982 条第 1 款规定："结婚，应有公开仪式及二人以上之证人。"这是法定的形式要件。那么告诉人采用的传统婚姻仪式与 1931 年法定的形式要件是否相契合？由于告诉状中只提到"凭媒"〔2〕"正式嫁与"，对具体的婚姻仪式没有说明，暂时无法判断其采用的结婚仪式是否符合民法规

---

〔1〕 "刑事告诉——何氏告甄氏、翁氏案"，1948 年，归档号 3621、3623，广东新会地方法院。

〔2〕 在中国传统社会，"父母之命，媒妁之言"，这是婚姻成立的必要条件。《诗经·南山》说："取妻如何？必告父母"，《礼记》也说："男女无媒不交"。1913 年，新会县知事沈秉仁曾发布告："严禁男女自由结婚"，并认为"灭绝礼义廉耻者，莫甚于自由结婚一事。"可见，在民国新会结婚，"明媒正娶"是婚姻成立的重要前提条件。参见新会县地方志编纂委员会编：《新会县志》，广东人民出版社 1995 年版，第 1054 页。

定的形式要件。接下来告诉状则多方面揭示被告的非道德性与犯罪行为：被告有前妻又娶她，实施了骗婚；几个月后，被告又另外纳翁氏为妾，则属于通奸；将其驱逐，断绝生活费，对其实施遗弃。如果确实是这样，那么被告就分别犯了重婚罪、通奸罪以及遗弃罪。这三个罪名在1935年《中华民国刑法》中有明确规定。因而告诉人诉状中兼采了传统礼法与民国法律作为其依据，充分体现了民国转型时期诉状的特色[1]。当然，这是告诉人单方面的说辞，仅从这份简单的诉状言说中，我们还不能完全了解其中的虚实，如被告是否骗婚或重婚？告诉人是否被殴打、驱逐、断绝生活费供给，起因是什么？被告有无纳翁氏为妾？下面看被告如何言说。

刑事辩诉[2]

为对于何氏告诉遗弃一案，谨依法答辩事。窃民原配偶张氏于民国三十三年间走货因遭敌寇骚扰，失踪多年仍无下落，遂于民国三十五年间娶纳何氏为妾（现年二十二岁），当时民曾声明有妻，生死未卜，因中匮乏人主持，商得原告人之母莫氏及原告同意，遂赋同居，讵原告入门之后，不守妇道，对民母时加虐待，或借故归宁，逾月不返，屡次劝告，亦置弗恤，当家庭为居停，视箫郎为陌路，民以其不受教诲，亦姑听之，讵料本年旧历正月十六日，竟挟带潜逃母家，事经两月劝亦不返，且有坚决离开家庭之表示，后闻彼与人相攸，意欲改适，民以事无佐证，但彼之行动甚为可虑，曾于本年三月二十日登报声明，并通知彼，如肯归来，亦当重收覆水，倘仍执迷不悟，亦当视为默认脱离家属关系，讵原告人并不以离合为解决，遽以骗婚遗弃砌词捏民染有肺病，骗其贞操，殊属无理，忆民娶彼时定情之夕，发觉已非完璧，询彼缘由则称为日军残暴所致，民以事非所愿，姑亦容忍，以保名誉，今诬民染有肺病，迷信与处女交合能减病状，迹其用意，无非彼以肺病之可能传染，借为掩饰其潜逃罪恶，以图狡卸同居之义务，姑无论彼是否处女，但民之有无骗婚或迷信减轻肺病夺其贞操而达成目的，纳翁氏为妾，全非事实，为此具状

---

〔1〕关于民国新会妻告夫妨害婚姻诉状的研究，可参见丁艳雅："民国妻告夫妨害婚姻诉状的文化解释——以广东新会档案为例"，载谢进杰主编：《中山大学法律评论》（第11卷第1辑），广西师范大学出版社2013年版，第3—40页。

〔2〕"刑事辩诉——何氏告甄氏、翁氏案"，1948年，归档号3621、3623，广东新会地方法院。

辩明恳请钧处鉴核，伏乞俯察下情，劝谕回家团聚，将案注销，实沾恩便。

透过答辩状，可看出其中的多数属于相反的言说：

第一，告诉人身份的反向言说。被告首先指出告诉人何氏的身份为其妾，因为其有原配，失踪多年，下落不明，所以与何氏只是同居关系。但被告没有说明其纳妾的方式。

第二，虐待的反向言说。被告声称告诉人"不守妇道"，对其母"时加虐待"。被告不仅没有承认其虐待一说，反而认为告诉人没有遵守妇德，这是传统社会夫权观念的体现。

第三，遗弃、骗婚与纳妾的反向言说。被告辩说告诉人"借故归宁，逾月不返"，这是对同居义务的不履行。与此同时，还指出告诉人"挟带潜逃"，[1]因而被告一方面否认了遗弃一说，另一方面，以传统观念与法律标准，辩称告诉人有违法之嫌疑。被告还采用了媒体登报的新型方式，在两个层面公开为其辩护：一是进一步坐实是告诉人自己出走娘家，不是被告遗弃；二是强调如果告诉人不返回同居，则视其为脱离家属关系，以此公开申明被告和告诉人之间不是夫妻关系，进而公开否认了对其遗弃与重婚罪的指控。答辩状最后进一步否认了骗婚与纳翁氏为妾，并请求劝谕告诉人撤诉"回家团聚"。

那为何被告敢于公然标榜其娶何氏为妾呢？根据前述 1931 年《中华民国民法典》与 1935 年《中华民国刑法》，实行一夫一妻和男女平等的原则，民法施行后有妻纳妾则属于通奸行为。前述 1935 年《中华民国刑事诉讼法》规定，只有配偶才有告奸的资格，妾不具有这个告诉权。因为"妾不再是有自己特殊权利和义务的法律实体，她不再是一个法律存在"。[2]这样一来，如果否认告诉人何氏为妻的身份，那么告诉人就没有资格提起告奸之诉了。唯一有资格告被告通奸的是其原配，然而原配已经失踪，暂时威胁不到被告。这说明诉状的撰写者对民国法律很是娴熟。

上述告诉状与答辩状的反向言说中，到底谁在说真话？被告如果真实的想法是和告诉人团聚，为何在答辩状的最后要对告诉人进行道德与

---

[1]《大清律例》将"背夫出逃"的行为规定为严重的刑事犯罪，其最高刑罚可达绞监候。1935 年《中华民国刑法》废除了"背夫出逃"这一罪名。

[2] [美] 白凯：《中国的妇女与财产：960—1949 年》，上海书店出版社 2003 年版，第 173 页。

法律的双重攻击？被告的目的是否企图推卸责任，以避免担负刑责？因为如果证据确凿，被告是要受到刑事法律的处罚的。

那么，真实情况究竟如何，且看侦查阶段的言说。

（二）告诉人与被告在侦讯言说中的反向角力

总体来说，本案在侦查中仍呈现出反向的言说。与民国新会其她女性提起妨害婚姻诉讼案有所不同的是，此案被告在侦查时，没有选择缺席，均能到案，因而，档案中保留有三次完整的侦查笔录。为了更直观地比较告诉人与被告在三次侦查过程中的言说详情，本文分别将三次笔录制作成三个表格。

表1　何氏告甄氏、翁氏案第一回合第一次侦查笔录统计表〔1〕

侦查时间	对告诉人何氏的侦查笔录	对被告甄氏的侦查笔录
第一次侦查笔录，1947年4月21日，检察官王庭有	问：尔诉甄氏等何事？ 答：氏于三十五年旧历五月二十四日凭媒妁嫁与被告甄氏为妻，不料入门后常遭被告虐待，并发现被告甄氏经有前妻亦因虐待不堪而遭驱使，而现在又将氏遗弃，另娶翁氏为妾，氏自去年九月起即被遗弃断绝米食，将氏驱逐，故氏不知其所为，故告甄氏遗弃及翁氏妨害婚姻等罪 问：甄氏何时娶翁氏为妾？ 答：于本年旧历二月初四日娶翁氏为妾 问：尔现在何处生活？ 答：由去年九月起在氏母处生活，于旧历二月十三日由氏母送氏返夫家，不料为甄氏所拒，横加夏楚，将氏殴打，并不许氏在家食饭 问：尔丈夫因何驱尔及打尔呢？ 答：因氏不胜家中操劳，故被驱逐及殴打 问：被告人谓在警局已愿复合和好如初，尔何不回家？ 答：他能驱去翁氏则氏必回家	问：告诉人何氏是尔妻否？ 答：系 问：翁氏何不到案？ 答：不知，但民并未娶到翁氏为妾 问：告诉人何氏诉尔遗弃，尔有何说？ 答：民系三十五年五月间娶原告人何氏为妻，并当面声明已有前妻，但在沦陷时经失踪，假使前妻回来，则置为侧室等语在前，而告诉人入门后常生疾病，不能工作，吾母间或有些言语，但告诉人即行返家，为其母引诱返乡不复返家，经诉警局劝解复合在前，实非民有遗弃所为，系伊不肯回家安聚尔

〔1〕　此表根据第一次侦查笔录制作而成，"侦查笔录——何氏告甄氏、翁氏案"，1948年，归档号3621、3623，广东新会地方法院。

　　从上述第一次侦查笔录中，我们获得了更多的信息：

　　第一，关于告诉人的身份。与答辩状不同的是，被告在侦查中明确认可告诉人为其妻。当然，被告也说明其有失踪前妻，如果前妻回来，那么何氏就要为"侧室"（也即妾）。

　　第二，关于被告纳妾问题。被告仍然否认了翁氏为妾的存在，告诉人则进一步指出了被告纳妾的具体时间。

　　第三，关于虐待与遗弃问题。告诉人说其婚后被驱打的原因是"不胜家中操劳"，被告的笔录中也提到告诉人"常生疾病，不能工作"。何氏与家婆之间的矛盾与冲突（"间或有些言语"），应该与此有关。侦查中关于遗弃的说法，告诉人与被告仍然是各说各话。被告笔录显示曾被诉到警局，再次提到曾督促告诉人回家，这一点从告诉人笔录中也能印证，但告诉人提出回家的条件是被告要"驱去翁氏"。笔者由此推测翁氏很可能存在，是被告隐瞒了纳妾事实。

表 2　何氏告甄氏、翁氏案第一回合第二次侦查笔录统计表[1]

侦查时间	对告诉人何氏的侦查笔录	对被告甄氏的侦查笔录
第二次侦查笔录，1947 年 6 月 14 日，检察官王庭有	问：谕知尔前诉甄氏等妨害婚姻家庭一案，本处正侦办间，旋据尔状称提起自诉，将案移送刑庭审理，兹因尔是甄氏之妻，于自诉法条相抵触，故再由本处侦查 答：遵谕 问：何以尔不依时到案？ 答：氏因不知情故迫至下午始投案 问：尔究竟何时嫁与甄氏为妻呢？ 答：三十五年旧历五月二十四日 问：尔嫁与甄氏时有无举行婚礼，有无三代帖，或有无婚媒及大红花轿等仪式？ 答：先由何某之妻介绍（现住仁寿路塞寨口处志记门牌）氏于婚时即央莫伯送代书三代帖给甄氏，但氏受甄氏之帖已遗失，他为三诗六礼、	问：尔究竟何时娶何氏为妻？ 答：系三十五年旧历五月间 问：行结婚礼时有无婚书、有无仪式或拜堂？ 答：当日与何氏结合时系讲明为妾侍，并向伊母说明已有妻室，经失踪，故除有媒介之外，其他一概礼式全无 问：何以何氏又谓结婚时有婚书、有仪式、一切礼式俱全呢？ 答：完全系伪言 问：究竟尔系有恶疾否？ 答：系告诉人糊混 问：何以上次经本处劝令尔等和好，尔不遵谕？ 答：系伊不遵耳 问：究竟尔系娶翁氏为妾否？

[1]　此表根据第二次侦查笔录制作而成，"侦查笔录——何氏告甄氏、翁氏案"，1948 年，归档号 3621、3623，广东新会地方法院。

续表

侦查时间	对告诉人何氏的侦查笔录	对被告甄氏的侦查笔录
	大红花轿等仪式一概俱全 问：据甄氏供谓娶尔之时系讲明娶为妾侍，亦无结婚礼式，尔有何说？ 答：当日系娶氏为正室，并非妾侍 问：前由本处侦查时经当庭谕知尔等和好如初，而甄氏亦当庭愿领尔回家团聚，尔何以不随他回去呢？ 答：不堪他及翁氏虐待，如被告能驱逐小婆翁氏，氏则愿即返家去 问：据被告甄氏供，并无娶有小婆翁氏，尔有何证明他有小婆翁氏呢？ 答：确系娶一小婆翁氏，系住在本城田心巷谢家祠内可以证明 问：被告供尔不愿返去，尔有何说？ 答：并非事实，且他时常将氏殴打，实在无法同居耳 问：有证人证明被告系娶翁氏为妾否？ 答：有何某之妻可证 问：谕知尔即返回甄氏家仍旧同居和好如初 答：氏不愿返去同居，只求责令被告给回赡养费	答：并无此事 问：伊现在何处？ 答：现与其母赴澳门 问：伊现已嫁人否？ 答：前经欲与人再婚，后为人查悉，故不娶伊 问：尔之前妻现已返回否？ 答：仍无踪迹 问：尔既无前妻，又不是娶翁氏，伊何以不返家去？ 答：系伊不愿返回，邻里皆知 问：尔是将何氏打聋双耳呢？ 答：如系打聋请派医一验便知，因痛聋与打聋是完全不同的 问：谕知尔即带伊回家团聚，和好如初便是 答：遵谕

从第二次笔录中，我们看到了一些不一样的言说要点：

第一，何氏在侦查期间不知何故提出了自诉。这是从检察官的言说中得知的一个插曲，也即告诉人何氏向检察官提起告诉后，在检察官侦办案件期间，告诉人又状称提起自诉，检察官依据程序将案件移到刑庭审理。但刑庭法官从案卷中发现何氏为被告之妻，根据刑事诉讼法规定，配偶不能提起自诉，于是案件又返回检察官处继续侦查。这里检察官和法官都遵守了法律的程序。这也解释了为何第二次侦查时间距第一次差不多有两个月之久。笔者有点纳闷的是，何氏为何中间突然要提出自诉？提出自诉，无异于认可其为妾的身份了，但原告自身一直是称自己为妻的。从何氏告诉状的言说来看，其应该是有请律师协助的，至少也是熟悉法律的专业人员帮忙撰写的。

何氏提出了更详细的结婚形式：有何某之妻为介绍人，有"三代帖"[1]"三诗六礼"[2]"大红花轿"等仪式。这些符号表明，何氏结婚采用了非常正式的传统婚姻形式。

第二，被告翻供，否认何氏为妻，只认何氏为妾侍。在结婚方式上，只承认有媒人，没有其他仪式，并继续否认娶翁氏为妾。告诉人则提出了被告有纳翁氏为妾，且提出有证人可以证明。

第三，何氏常遭被告殴打，从双方的言说中应该属实。"殴打"即属于虐待的一种情形。[3]

第四，诉讼双方基于检察官"仍旧同居""和好如初""回家团聚"劝谕的不同回应。告诉人的态度前后有所不同：开始表示"能驱逐小婆翁氏，氏则愿即返家去"，这个态度和前述一样，但告诉人最后表示，"不愿返去同居，只求责令被告给回赡养费"。这一方面表明何氏的反抗精神比较强，不愿意和另一个妾在一起同居。另一方面，笔者揣测何氏结婚时间很短，且因不胜家务，常遭被告殴打并被驱，外加被告另娶小妾，告诉人没有安全感，更谈不上有多少感情，此外，也没有孩子的羁绊，因此，何氏诉求的目的，也许是更希望获得赡养费而别居，因为回去同居的处境太恶劣。被告的回答则是"遵谕"。对被告来讲，告诉人"回家团聚"，笔者以为是利大于弊：一则，告诉人很可能就会撤诉，被告可以免于刑罚；二则可以有一妻一妾，尽管被告不承认其纳妾。

---

[1] "三代帖"，传统婚姻中的一道程序，即双方都把自己的曾祖父母、祖父母、父母的名字、籍贯用红帖写好，俗称"三代帖"。主要调查对方人品、才能与经济状况，看是否门当户对。参见新会县地方志编纂委员会编：《新会县志》，广东人民出版社1995年版，第1054页。

[2] "三诗"，应该是"三书"，是结婚过程中所用的文书，是古时保障婚姻有效的文字记录，分别指聘书，即定亲之文书；礼书，即在过大礼时所用的文书；迎书，即迎娶新娘之文书。"六礼"则是由求婚到完婚的六道程序，即纳采、问名、纳吉、纳征、请期、亲迎。

[3] 黄右昌：《民法亲属释义》，上海法学编译社1933年版，第133页。

表3   何氏告甄氏、翁氏案第一回合第三次侦查笔录统计表[1]

侦查时间	对告诉人何氏的侦查笔录	对被告甄氏的侦查笔录
第三次侦查笔录，1947年6月25日，检察官王庭有	问：尔当时嫁与甄氏时有三代帖，何以又无提出呢？ 答：系甄氏取去，请查当时写帖的是莫朝雄律师之父亲所写的 问：你告甄氏娶翁氏为妾，前庭说有何黄氏可以证明，现何黄氏到案供称不知其事，尔有何说？ 答：她因怕理事故不敢讲 问：尔谓家姑及丈夫虐待现何黄氏到案又说不知呢？ 答：氏也无对何黄氏计过	问：据何黄氏供，尔当时娶何氏为妻时有三诗六礼、大红花轿及拜祖先等，何以谓娶为妾呢？ 答：三诗六礼均没有的，只有拜祖先 问：尔所说并无三诗六礼有何反证？ 答：确无三诗六礼及大红花轿 问：尔娶翁氏为妾何以屡传不到呢？ 答：并无其人 问：据何氏供称尔娶翁氏为妾，系住本城田心巷谢家祠居住，何以尔说无其人呢？ 答：民娶何氏时系住谢家祠，自从何氏去后没有在此居住，且亦无娶翁氏为妾
	第三次传媒人作证证词： 对何黄氏（何黄氏即媒人，笔者注） 问：尔到案作证否？尔敢具结否？ 答：是的，敢具结 问：当时何氏嫁与甄氏是否尔做媒呢？ 答：是的 问：何氏何时嫁与甄氏，当时情形如何？ 答：系去年五月二十四日嫁与甄氏为正妻，当时有三诗六礼、大红花轿、饼二百个、氏的媒银一千五百元 问：其嫁与时有无拜祖先等？ 答：当日甄氏、何氏共拜祖先，请酒共一席 问：当时甄氏谓家有老婆，何以尔又介绍呢？ 答：因甄氏母亲谓其媳已死，着代其介绍，故为之 问：甄氏现娶有妾，尔知否？ 答：氏不知现在事情，只知当日为媒之事 问：尔所讲的话是真的吗？ 答：完全是真的	

第二次侦查11天后，检察官又进行了第三次侦查。这次进一步就婚

---

[1] 此表根据第三次侦查笔录制作而成，"侦查笔录——何氏告甄氏、翁氏案"，1948年，归档号3621、3623，广东新会地方法院。

姻仪式展开了调查：

第一，告诉人与被告就仪式问题仍各说各话。告诉人补充其三代帖是由莫朝雄律师[1]之父亲所写，以此证明三代帖是存在的，这也为检察官提供了查证的线索。被告则坚持娶何氏没有"三诗六礼及大红花轿""只有拜祖先"。其实，关于"拜祖先"程序，在传统婚姻形式中具有重要的地位。依据中国婚姻传统，男女婚姻不只是两个人的事情，男子结婚，既是为个人娶妻，更是为父母娶媳，也是为家族娶妇。所以，经过"婚姻六礼"，女性获得了"妻"的身份，而"媳"与"妇"的身份，则必须通过"妇见舅姑"（即"拜谒公婆"）和"庙见"（即"祭祀祖先"）这两个仪式（即成"媳"与成"妇"之礼）来完成，且只有正妻才采用这两个仪式。[2]从被告的言说中，可以推测其父应该已故，因而增加了"拜祖先"仪式。在民国转型时期，女性经历了"拜祖先"这一公开仪式，很自然就会被认可为正式之妻。因此，被告的辩解与当时新会司法场域的语境不相符。

第二，新的证人即媒人的证词。媒人肯定何氏是嫁为正妻，有"三诗六礼、大红花轿、饼二百个"，有"媒银一千五百元"，有"共拜祖先"，有"请酒共一席"。透过媒人的言说，这些仪式符号既可表明婚姻形式的公开性，也能体现婚礼的隆重，这些符号同时也是正妻身份的象征。

综上所述，在三次侦查笔录中，告诉人和被告主要围绕婚姻形式与告诉人身份特征进行了对决：

第一，告诉人的回答前后统一。何氏在三次笔录中的回答，都肯定了其为妻的身份，并对其结婚时采用的传统婚姻形式要件不断作了具体补充。

第二，被告甄氏对告诉人妻妾身份的回答前后矛盾。第一次认定何

---

[1]　莫朝雄是民国新会比较有名的律师，同时也是《民会日报》的社长。参见丁艳雅："民国权利诉讼的言说实践——以新会刑事档案为例"，中山大学 2011 年博士学位论文。

[2]　关于"妇见舅姑"和"庙见"的分析，可参见陈鹏：《中国婚姻史稿》，中华书局 2005 年版，第 214—228 页；祝瑞开主编：《中国婚姻家庭史》，学林出版社 1999 年版，第 378—383 页。我们今天的婚姻仪式仍然保留了传统婚姻仪式的痕迹，如"一拜天地，二拜高堂，夫妻对拜"，只是顺序不一样了。

氏为其妻，第二次立马翻供为娶何氏为妾侍。关于结婚形式，被告矢口否认有"三诗六礼及大红花轿"，只承认"有媒介""有拜祖先"，没有其他仪式。那么被告为何改口否认何氏为其妻？笔者在这里尝试做个推测：被告后来应该了解了民国法律，知道了何氏为妻的身份会对他严重不利，他很有可能要受到刑事处罚。另外，为了逃脱法律的惩罚，被告在三次侦查中，坚持否认娶翁氏为妾。与此同时，被告翁氏虽经屡传，但一直未到案。

此外，媒人的证词与何氏一致，列出了上述一系列传统结婚的形式要件。这些要件与仪式符号远远超越了民国民法对结婚形式（仪式公开与两个证人）的要求，且更隆重。因此，经过上述调查，笔者以为告诉人是被告正式妻子的身份是毫无疑问的。

（三）检察官在侦查中的角色扮演

在侦查过程中，检察官处于主导地位，讯问什么问题完全由检察官决定，当事人双方则处于相对被动的局面，也即当事人只能在检察官设定的问题中来回答。因此，检察官在侦查中的角色扮演尤为重要，关系到其后续能否作出公正性裁决。以下结合检察官在三次侦查中的讯问情况，尝试作进一步的解读。

首先，检察官侦查口讯问的主要问题是妻妾身份、结婚形式以及被告是否另娶妾与遗弃等问题。这里存在相互之间的逻辑关系：只有弄清妻或妾的身份，才能依据法律规定是否受理案件提起公诉。而判定是妻或妾的依据，就是结婚的形式要件。是否纳妾与遗弃，则将决定提起公诉的内容。因此，总体来说，检察官在三次侦查中的立场都比较中立，没有明显的偏向，所讯问的问题大都符合逻辑。

其次，检察官更多采用传统婚姻形式来判别告诉人是妻抑或妾。这集中体现在第二次和第三次的侦查讯问中。如第二次讯问何氏"有无三代帖，或有无婚媒及大红花轿等仪式"、讯问被告"行结婚礼时有无婚书、有无仪式或拜堂"。这个案子发生在 1947 年，对于检察官没有依照 1931 年《中华民国民法典》对结婚要件的规定来认定婚姻是否成立，而是以传统的婚姻形式为标准，笔者试图作以下分析：一是民国转型时期，当时新会民间的主要婚姻形式应该仍然是以传统婚姻形式为主,这体现了转型时期传统婚姻形式的惯性力量;二是说明传统婚姻形式与民国婚姻形式存在融通性,也即采用传统婚姻形式仍具有其合法性[1]。如前所述,《中华民国民法典》第 982 条第 1 款规定:"结婚,应有公开仪式及二人以上之证人。"因此,民法规定的结婚形式要件,在某种意义上是传统婚姻形式的简缩版,两种婚姻形式的共同要素是仪式公开、有证人。仪式公开与证人二者本来就存在逻辑关系,有公开的仪式,就必然会有证人。只是传统的婚姻六礼、拜见舅姑和拜祖先,其仪式的公开性更为隆重。那么,如何判断是否有"公开仪式"?民国司法院曾有解释:

> 关于仪式未规定以前,无论依旧俗或依新式,但使其结婚仪式,系属公然,一般不特定之人,均可共见,即为公开之仪式,至于证人,虽不必载明于婚书,但必须当时在场亲见,并愿负证明责任之人(二二年,二月十八日,院字第八五九号)[2]。

民国司法院的这个解释表明,不论旧俗还是新式(民国实行过新式"集团结婚"[3]),结婚仪式是公开的,不特定之人能共见,即为公开仪式。因此,从这个解释中也可看到,采用传统结婚仪式与民法的规定不会相悖。

再次,检察官对本案另一被告翁氏一直未到案的情况,没有积极作为。根据 1935 年《中华民国刑事诉讼法》第 75 条的规定:"被告经合法传唤无正当理由不到场者,得拘提之。"

最后,检察官在侦查中进行了多次劝说调解(前已述及)。在刑事诉讼法中,没有规定检察官对妨害婚姻与家庭案件必须要先行调解。笔者以为,或许是因为以告诉乃论的犯罪的特殊性,尤其是女性配偶第一次

---

[1] 关于传统婚姻形式的合法性,也即是否与 1931 年《中华民国民法典》规定的结婚形式相契合,笔者曾作过较为详细的分析。可参见丁艳雅:"民国妻告夫妨害婚姻诉状的文化解释——以广东新会档案为例",载谢进杰主编:《中山大学法律评论》(第 11 卷第 1 辑),广西师范大学出版社 2013 年版,第 16—20 页。

[2] 赵凤喈:《中国妇女在法律上之地位》,商务印书馆 1940 年版,第 50—51 页。

[3] 关于民国"集团结婚",可参见丁艳雅:"民国妻告夫妨害婚姻诉状的文化解释——以广东新会档案为例",载谢进杰主编:《中山大学法律评论》(第 11 卷第 1 辑),广西师范大学出版社 2013 年版,第 114—116 页。

获得与男性配偶同等告奸的权利，加上本案通奸的特殊性——纳妾，这在传统社会是合法存在的。所以，检察官试图通过调解，一方面可以缓和家庭矛盾；另一方面，如果调解成功，告诉人在侦查终结前，说不定会撤诉，这样一来就可以避免被告因纳妾而被判刑。笔者大胆推测，检察官对男性纳妾要定罪这个法律规定，也许并不是很认同。在笔者查阅到的民国新会妨害婚姻的 16 个案件中，就有 2 个案件后来选择了撤诉。或许检察官认为女性配偶就应该"回家团聚"，这从检察官不经意使用的"领""带""随"等劝说话语中就能体现出来。

总之，前述三轮侦查与质证表明，检察官主要都是在调查与本案相关的事实与证据，司法的形式化特色比较明显。

（四）检察官对何氏妻妾身份的认定与裁决

广东新会地方法院检察官基于前述三次侦查，下达了不起诉处分书。那么检察官不起诉理由为何？为了弄清检察官的逻辑论证，以下将裁决理由原文附上。

本件讯据被告甄氏直认既有前妻，再娶何氏为妻不讳，后查当时被告与何氏结婚情形，系有公开仪式，业经告诉人及媒人何黄氏到庭指供，历历如绘，核与前后笔录亦属相符，则被告成立重婚罪行已堪认定，惟按犯罪在中华民国三十五年十二月三十一日以前其最重本刑为有期徒刑以下之刑者，均赦免之，国民政府三十六年一月一日罪犯赦免减刑案甲项已有明定，查本件被告犯罪时期系在民国三十五年五月二十四日，而其最重本刑为有期徒刑以下之刑，核与上开法令相符，应免予置议，致被告翁氏通奸部分，告诉人尚无提出积极之证明，殊难采信，且告诉人经本处屡谕返家与夫团聚，始终不从，不外以此控诉为名，而请求被告据补赡养费为实，足证被告通奸部分犯罪嫌疑不足，亦难遽于论处，爰依罪犯赦免减刑案甲项刑事诉讼法第二百三十一条第三款为不起诉处分如左。[1]

民国三十六年七月二十一日

检察官王庭有

---

[1] "不起诉处分书——何氏告甄氏、翁氏案"，1948 年，归档号 3621、3623，广东新会地方法院。

在检察官不起诉理由部分，涉及以下几个方面内容：

第一，检察官认可了被告犯有重婚罪。换句话说，也即认可了告诉人为妻的身份。认定何氏为妻的理由是：有"公开仪式"，有告诉人和媒人的指供，并与笔录相符。从这里可以看出，检察官在正式的裁决书中所运用的理由，主要是依据上述 1931 年《中华民国民法典》第 982 条第 1 款规定来认定的，前述侦查阶段反复出现的传统婚姻仪式与符号，在裁决书中完全没有了踪影。这表明受过法律专业训练的检察官，在正式的司法文书中，还是遵从了民国法律的规定。

第二，被告的重婚罪被赦免。这是因为 1947 年 1 月 1 日，《中华民国宪法》颁布，为了"庆祝实施宪政"，国民政府在同日颁布了《罪犯赦免减刑令》，其中规定犯罪时间在 1946 年 12 月 31 日之前，其最重为有期徒刑以下之刑者，均予以赦免。根据《中华民国刑法》第 237 条的规定："有配偶而重为婚姻或同时与二人以上结婚者，处 5 年以下有期徒刑。相婚者亦同。"因此，被告所犯的重婚罪的处罚为有期徒刑以下，且其犯罪时间在 1946 年 12 月 31 日之前（上述何氏与被告结婚时间为 1946 年旧历五月二十四日），因而符合赦免条件，检察官故而依法对被告的重婚罪给予了赦免，这只能说被告的运气好，搭上了赦免便车。

第三，对于被告通奸部分，检察官却给予了不起诉处分。前面还显得公正的检察官，在被告是否通奸部分，感觉不是同一个检察官所为，说理部分很是牵强，主要剪裁采信了被告的说辞，明显偏向了被告。

首先，检察官认为被告通奸无积极的证明，这个说法不属实。检察官对于告诉人提出的娶妾时间、居住地点等明显没有采纳，而翁氏屡传不到庭，检察官没有采取拘提办法，未尽到侦查职责。

其次，检察官以告诉人经屡劝其回家团聚而不回家为由，以此证明其是"以此控诉为名，而请求被告据补赡养费为实"，这个推理不成立。一方面不符合女性结婚的基本逻辑。在传统社会，女性结婚出嫁是其主要目标。民国转型时期，在女性还没有取得独立经济能力的情况下，女性结婚依附家庭，这仍是常态。因此，告诉人不愿回家团聚，主要原因应该是不堪同居，因有被告殴打与虐待、与家婆不和，外加被告娶妾等因素。如果被告没有虐待行为，事后没有娶妾，笔者以为告诉人不应该不回家。另一方面，检察官以告诉人不回家的目的是想得到赡养费，进而推导出其丈夫"通奸部分犯罪嫌疑不足"，这个推理更是牵强，毫无逻辑关联。从常识来推断，应该反过来证明其夫更有通奸嫌疑，即正是由于被告和翁氏通奸，破坏了告诉人的婚姻家庭关系，告诉人才依据法律提起告诉，这才符合法律的逻辑。

因此，既然告诉人是妻子的身份，在与被告重婚关系未解除之前，被告就有赡养义务，如果因对方原因而导致分居的，应给予抚养费，如果因对方原因而导致离婚的，要给予赡养费，这是民法为了保障女性在离婚后的生活而设立的。因此，告诉人在其婚姻家庭受到破坏的前提下，可以选择回去团聚，也可以选择不回去团聚。检察官将"回家团聚"视为了唯一选择项，也显然不符合逻辑。我们也由此看到了女性配偶告夫通奸在司法实践的运作中，实属不易。

此外，如果何氏真如同前述检察官所说，是想获得赡养费，笔者最大的困惑是，在检察官对被告的通奸罪作出不起诉处分时，何氏为何没有提请法院撤销其与被告的婚姻？根据《中华民国民法典》第992条的规定，结婚违反第985条之规定者，利害关系人得向法院请求撤销之。如果撤销婚姻过了有效期，那为何没能在民事档案中看到何氏提起的离婚诉讼的案卷？根据《中华民国民法典》第1052条的规定，如果夫妻一方有重婚、与人通奸、令他方有不堪同居之虐待等情形之一，另一方得向法院请求离婚；第1056条第1款的规定："夫妻之一方，因判决离婚而受有损害者，得向有过失之他方，请求赔偿"；第1057条的规定："夫妻无过失之一方，因判决离婚而陷于生活困难者，他方纵无过失，亦应给与相当之赡养费。"反映了立法者对无独立经济能力的女性的一种保障。因此，何氏如果真的是为了赡养费，完全可以直接提起离婚之诉。那何氏为何没有提起离婚诉讼？

（五）告诉人对不起诉处分的不服依法声请了再议

基于检察官对被告的不起诉处分，告诉人不服的理由如下：

查声请人告诉之要点包括重婚、虐待遗弃、通奸三个罪名，处分书仅对重婚部分适合大赦条例免予置议外及武断通奸部分无积极证据外，对于虐待遗弃部分并未予以侦查，此应请再议者一；

查被告等相互通奸，双栖于本城田心巷谢家祠，并在其所营之天元堂书店公开共同生活，声请人被其共同殴打驱逐不下多次，曾于清明节前一日即四月四日因此互相纠缠至新会县警察局，经甄氏承认翁氏系其新娶之妾，有笔录在案，是即为被告之合法自白，足以采为罪证，惟声请人一再请求调取警局当日笔录及保甲户籍查证，均不蒙采纳，亦不传翁氏面质，仅亲信甄氏一面之词，畏罪狡饰……

虐待遗弃部分……声请人自被驱逐以后经戚属莫氏护送返夫家，百般劝解，被其拒绝收容，且被翁氏当面凌辱……街知巷闻……

声请人嫁被告为妻，有媒妁为凭，且仪式公开，显系正式婚姻，而被告迭次作证，均证声请人为妾，尤足为被告蓄意遗弃，以婢妾相虐待之明确证据，原处分忽视此点，尤欠公允……[1]

通过上述声请人再议的几点理由，一方面可以看到补充了被告纳妾的证据，如被告纳妾的居住地点与生活地点；声请人曾被被告和翁氏共同殴打多次，这说明声请人见过翁氏，并且曾纠缠到警局，在警局有被告承认纳妾的记录等。另一方面，声请人对于检察官的不作为，进行了揭露。其一，在证据不足的情况下，检察官单方面相信了被告，而被告却没有提出任何反证；其二，检察官在查处通奸罪上存在不作为。如果证据不足，检察官更应积极作为，很遗憾的是，告诉人提出的系列线索，如警局当日笔录和保甲户籍，以及翁氏居住地点等，检察官都没有积极履职。

那么检察官为何在通奸部分，似乎换了一副面孔？这里暂且搁置，下文再详述。

（六）广东高等法院检察处向新会首席检察官发布了驳回和续查指令

……重婚部分原处分尚无不当，经处分驳回外，其通奸部分，据声请人状称被告等双栖于本城田心巷谢家祠，并在其所营之天元堂书店公开共同生活，声请人被其共同殴打驱逐不下多次，曾于清明节前一日即四月四日因此互相纠缠至新会县警察局，经甄氏承认翁氏系其新娶之妾，

---

[1] "刑事声请——何氏告甄氏、翁氏案"，1948 年，归档号 3621、3623，广东新会地方法院。

有笔录在案云云，究竟所称是否属实，自应调取该警局之笔录查阅，并传集该管保甲长侦讯及调阅户籍册，自不难明白被告有无通奸行为，将案发还，续行侦查。[1]

笔者认为广东高等法院检察官的指令监督非常到位。首先，就检察官不起诉通奸罪部分，因为通奸证据很明显，所以发回检察官，继行侦查；其次，就虐待遗弃部分，广东高等法院认为，"原检察官既未处分，声请人自可请求继续侦查，无再议之可言"。[2]也即既然新会检察官没有对此侦查，声请人可直接请求继续侦查，因而不属于再议（也即再议得先有新会检察官的先议前提）范围，故被驳回。

三、第二回合：新会地方法院法官对何氏为妻身份的否决

依托于上述广东高等法院检察处指令及检察官处分书，在第二回合，该案同时有两条进路。

（一）告诉人何氏向检察官对虐待遗弃部分提起告诉

查被告对氏叠次殴打驱逐，断绝给养，复娶翁氏为妾，其触犯虐待遗弃之罪，事实俱在，无可推逃，而被告新纳之妾翁氏近亦为被告母子虐待后迫投塘自杀获救，亦已街知巷闻，尤足证被告平日暴戾枭横，其犯罪行为显非无据，为此据实状请钧院鉴核，对被告虐待遗弃部分迅予继续侦查法办，实为公便。[3]

不知何故，此部分经告诉人声请"迅予继续侦查"后，批语也显示"候查"，却没有了下文。

---

[1] "指令——何氏告甄氏、翁氏案"，1948年，归档号3621、3623，广东新会地方法院。
[2] "广东高等法院检察官处分书，三十六年度再字第208号——何氏告甄氏、翁氏案"，1948年，归档号3621、3623，广东新会地方法院。
[3] "刑事告诉——何氏告甄氏、翁氏案"，1948年，归档号3621、3623，广东新会地方法院。

（二）检察官就甄氏通奸部分展开续查

检察官开展了四次续查，笔者将其笔录制作为以下简表：

表 4　何氏告甄氏、翁氏案第二回合检察官续查笔录表[1]

续查时间	对告诉人何氏的续查笔录	对被告甄氏的续查笔录
第一次续查笔录，1947年 8 月 26 日，检察官王模		问：谕知尔被何氏诉与翁氏通奸部分经高检处发还续查 答：遵 问：尔是娶翁氏为妾双栖于本城田心巷谢家祠内又共同生活于本城仁寿路之天元堂内否？ 答：并无其事 问：尔究竟有无翁氏其人呢？ 答：无其人
第二次续查笔录，1947年 10 月 24 日，检察官王模		问：天元堂是尔开设的否？ 答：是 问：尔是否今年旧历闰二月初四日娶翁氏为妾？ 答：不是 问：此事尔等曾到警局调解否？ 答：今年旧历闰二月间曾因她投到警局传去调解一次
第三次续查笔录，1947年10月30日，检察官王模		问：尔究竟今年何时娶翁氏为妾呢？ 答：确无此事
第四次续查笔录，1947年 11 月 3 日，检察官王模	问：尔嫁与甄氏为妻抑为妾呢？ 答：系嫁与甄氏为妻，有某之妻做媒人的 问：尔入门时有见张氏否？ 答：不见张氏，至今未回 问：尔有何说？ 答：请求办被告之罪，及补回妆奁赡养费	问：尔妻张氏现在何处？ 答：民国三十二年间尔妻张氏在三埠走货失踪，至今未见其回家 问：现据警局送来原卷尔确声明于本年闰二月初四日娶翁氏为妾，尔有何说？ 答：不是 问：尔签名否？ 答：不是

[1]　本表系笔者根据四次续查笔录中的主要内容制作而成。"续查笔录——何氏告甄氏、翁氏案"，1948 年，归档号 3621、3623，广东新会地方法院。

透过上表中检察官先后对被告的四次传讯记录，检察官每次都问到了被告娶翁氏话题，被告都狡辩并无其事或其人。检察官甚至把被告曾在警局声明娶翁氏为妾的记录拿出来，他以"不是"一概否认。被告之所以矢口否认其有妾，就是想规避刑事处罚。因为，何氏为妻的证据非常确凿，如果他承认娶妾，就很可能会被定罪。

检察官对告诉人只进行了一次身份续查，一是问何氏嫁与被告"为妻抑为妾"，二是嫁进来"有见张氏否"，告诉人是妻抑妾问题再度被查证。

（三）检察官对被告通奸罪提起公诉

检察官经过上述四次续查并调阅了警局的记录声明后，确信被告甄氏娶了翁氏为妾，遂对被告甄氏与翁氏通奸部分提起了公诉。现摘录起诉书中的证据及所犯法条部分如下：

本案关于通奸部分，讯据被告甄氏虽翻供不承有再纳翁氏为妾，然据其在警察局供称民前曾娶张氏后又娶何氏为妾，兹因何氏不法，旋于本年闰二月初四日娶翁氏为妾（见警察局本年四月四日签名笔录），而该被告于三十五年五月二十四日娶何氏为妾之时，经在大庭广众之中公开行结婚仪式，则其配偶关系业已正式成立，乃竟于本年闰二月初四日又复纳翁氏为妾，核其行为实已触犯刑法第二百三十九条之罪，自未便任令己空言翻卸之词解免刑责，爰依刑事诉讼法第二百三十条第二项提起公诉。

民国三十六年十一月三日

检察官王模[1]

上述检察官的起诉书中，涉及两个方面的内容：

第一，对被告通奸行为的认定。检察官明确指出了被告虽"翻供"，不承认有纳妾，但被告在警局签名的笔录中承认纳翁氏为妾，有具体纳妾时间，证据确凿。

---

[1] "起诉书——何氏告甄氏、翁氏案"，1948年，归档号3621、3623，广东新会地方法院。

第二，确认了告诉人何氏为甄氏配偶的身份。但这里有了一种新的说法，即是在纳何氏为妾时，因举行了公开的结婚仪式，所以何氏的身份由"妾"变成了"妻"。那么公诉书中的这个言说，似乎与前面的侦查笔录不太相符，何氏结婚有前述传统婚姻形式中的媒妁、三诗六礼、花轿等形式，这是属于"妻"的身份才有的，那为何说是由"妾"变"妻"呢？这个说辞，在某种程度上等于又把何氏的身份降低了。另外，检察官在公诉书中，同样没有运用侦查中涉及的传统婚姻仪式符号，"媒人"这个重要证人也没有提及，主要依照的是民法的结婚形式要件（"公开仪式"）来判定，因为仪式是在"大庭广众"之中举行，所以两个证人这个形式要件在公诉书中没有专门涉及。

何氏亦在检察官提起公诉后，依法提取了附带私诉，以下节略其主要部分：

> ……请赔偿损害及今后之赡养金暨返还占用之妆奁，以维法益，再查被告家本富有，经营商肆，其经济力甚为充裕，理合依法附带私诉……恳予附带判令被告甄氏赔偿损害及赡养金国币壹仟万元暨照缴案清单返还妆奁各物交氏收领[1]。

（四）审判中的言说

此案经检察官公诉到刑庭后，法官只开庭审判了一次。以下为审判笔录节录内容表：

---

[1]　"刑事附带民事诉讼状——何氏告甄氏、翁氏案"，1948 年，归档号 3621、3623，广东新会地方法院。

表5　何氏告甄氏、翁氏案审判笔录表〔1〕

审判时间	对告诉人何氏的审判笔录	对被告甄氏的审判笔录
1947年11月28日，推事（法官）郭有堂	问：去年二月尔嫁被告为妻抑为妾呢？ 答：系嫁他为妻，他以三诗六礼迎氏过门 问：尔嫁被告时张氏有在家否？ 答：被告娶氏时系说未娶妻，但氏过门后才听闻被告娶有张氏，现在何处氏不知道 问：被告娶翁氏为妾时尔同意否？ 答：氏当时不知有其事 问：尔有何请求？ 答：请求依法办处被告通奸之罪，并附带民诉请求，并判令被告赔偿赡养费一千万元、妆奁费六百万元 问：尔嫁被告时有若干奁物吗？ 答：经已开列清单附呈，请查办理	问：检察官起诉尔妨害婚姻家庭尔有何答辩？ 答：民妻张氏于民国三十三年间因走货失踪，因为无人料理家务，故娶翁氏为妾 问：尔何时娶何氏为妻？ 答：去年旧历五月间娶她为妾 问：何时娶翁氏为妾呢？ 答：本年二月 问：尔与何氏结婚有无公开仪式呢？ 答：没有公开仪式，当时只请二位朋友共饮，同拜祖宗而已 问：尔妻张氏失踪后现有无消息呢？ 答：听闻她现在阳江，但无消息 问：尔对告诉人请求有何说呢？ 答：告诉人既系为妾，依法无告诉权，至于附带民诉赔偿赡养及妆奁费，请驳回其诉
	问：请检察官论告 答：请依法办理	问：请龙律师陈述意见 答：（律师起立陈述）查告诉人是否取得为妻身份，为本件之重心点，至于告诉人所说大红花轿、三诗六礼亦无积极证明，且被告娶告诉人时亦无公开仪式，依法当无取得为妻身份，至告诉人之妆奁亦无证明为被告所取，殊属空言，据上各点请宣判被告无罪及驳回其附带民诉

从这份审判笔录中，我们可以看到如下审判信息：

第一，法官的审判逻辑。对告诉人的审问，是从"尔嫁被告为妻抑为妾呢"（妻妾身份）到"嫁被告时张氏有在家否"再到"被告娶翁氏

───────────

〔1〕　本表依据"审判笔录"制作而成。"审判笔录——何氏告甄氏、翁氏案"，1948年，归档号3621、3623，广东新会地方法院。

为妾时你同意否"。前面两个问题关系到告诉人是妻或妾的身份。之所以问后面这个问题，根据刑法的规定，如果被告纳妾，是经过告诉人同意的，那告诉人就不能提起诉讼了。刑法的这个规定，很明显是对男性的一种偏离。法官对被告的审问，涉及"何时娶何氏为妻""何时娶翁氏为妾""有无公开仪式"以及张氏有无消息等问题，这些问题涉及告诉人是妻抑妾的身份以及被告是否通奸。从审判逻辑上来讲，没有问题。

第二，告诉人与被告对法官问题的回答。告诉人的回答，一如既往，肯定其为妻的身份，有相关仪式符号可以证明，并对被告另娶翁氏一事，答复"当时不知有其事"，因而被告娶翁氏并没有经过告诉人同意。被告的回答，则仍然坚持何氏为妾，并依照民法规定的结婚要件，否决娶何氏有公开仪式。被告这次回答最大的不同是，终于承认其确实娶了翁氏为妾，且娶妾时间与前述告诉人提出的时间一样，这足以证明被告在前述侦查阶段作的是伪证。

第三，告诉人与被告的诉求。告诉人的诉求有两个方面：一是办被告通奸；二是附带民事起诉，要求赔偿赡养费1000万元、妆奁费600万元，告诉人的诉求非常明确。被告则提出告诉人为妾，"依法无告诉权"，并要求驳回民诉部分，这也是被告坚持何氏为其妾的原因。

第四，检察官的论告与被告辩护律师的陈述意见。检察官在最后环节提出"请依法办理"，回答客观，没有偏离。被告辩护律师的意见陈述首先认定了本案的重心为告诉人是否取得为妻的身份，这个分析当然没错。但被告辩护律师为了否定告诉人为妻的身份，认为告诉人提出的"大红花轿、三诗六礼"等仪式，没有积极证明，并强调被告娶告诉人时，"亦无公开仪式"，因而否认告诉人为妻的身份，为其当事人逃脱罪责，明显有违案件事实，并指出告诉人提出的妆奁，亦无证明为被告所取，"殊属空言"。律师的这个说法难以成立。根据《中华民国民法典》第1017条与1019条的规定，女性结婚后的妆奁属于其原有财产，但由夫管理。根据传统婚姻的形式，女性妆奁随其出嫁，自然是在夫家。因此，这是律师为被告狡辩。

（五）法院判决书中的言说

法官审判之后，作出了"本件公诉不受理"的判决。由于此判决具有典型性，以下全文附上。

　　刑事判决三十六年度易字第一三六号〔1〕

　　公诉人：本院检察官

　　被告：甄氏，男，年三十一岁，台山人，业商，住本城仁寿路天元堂

　　选任辩护人：龙元亨律师

　　被告因妨害婚姻及家庭案件，经检察官提起公诉，本院判决如主文。

　　主文

　　本件公诉不受理。

　　理由

　　按称配偶者为夫妻，有妻再娶，妻后娶之妻为妾，本件检察官起诉论旨，无非以被告已有妻张氏，复于民国三十五年间凭媒再娶告诉人何氏为妻，至本年农历闰二月初四又纳翁氏为妾，现属与人通奸，经告诉人何氏诉请处罚为入罪之据，本院讯据被告虽谓其妻张氏已逃，然该张氏尚未与被告离婚，又未经被告声请宣告死亡，其与被告之夫妻关系当属存在，纵令告诉人当日与被告正式结婚，亦不能取得为被告妻之身份，从而被告纳翁氏为妾，既为其妻张氏所宥恕，于刑法第二百四十五条之规定，告诉人何氏显无告诉之权，检察官起诉求刑，自应不谕受理。

　　据上论结，应依刑事诉讼法第二百九十五条第三款前段判决如主文。

　　　　　　　　　　　　　　　　　　民国三十六年十二月四日

　　　　　　　　　　　　　　　　　　推事郭有堂

　　此案法官的判决逻辑，主要不是针对检察官对被告提起的通奸行为进行判决，而是直接否定了检察官对何氏为妻的身份认定，以此否定何氏告诉被告通奸的资格，从而实现为被告洗脱罪责的目的，法官的偏离或法官的故意错判，非常明显。以下对法官判决中的逻辑进行具体解读。

　　首先，判决书提出"有妻再娶，妻后娶之妻为妾"，以此作为其判决依据或大前提。这个大前提是否有法律依据？传统中国实行一夫一妻多

<hr>

〔1〕　"刑事判决——何氏告甄氏、翁氏案"　1948年，归档号3621、3623，广东新会地方法院。

妾的婚姻模式，为了维护一夫一妻制度，因而设立了重婚罪。明清律婚姻篇规定："若有妻更娶妻者，亦杖九十，离异。"民国成立后，1928 年大理院上字第 1167 号判例："若在许婚当时，实已明白通知已有妻室，则其后娶之妻，在法律上仅为妾之身份，即不得谓为欺饰而遂令离异。"〔1〕这个判例具有特殊性（许婚时已经知道其有妻室），其主旨是说明有妻娶妾，不属于重婚的范围。1938 年上字第 1709 号判例对重婚作了以下解释："有配偶者不得重婚，固为民法第 985 条之明定，惟结婚违反此规定者，依民法第 992 条之规定，仅得有利害关系人请求法院撤销，不在民法第 988 条所谓结婚无效之列。故有妻者重婚时，在其重婚未撤销前，不得否认其后妻之身份，而指为妾。"〔2〕这是 1938 年发布的判例，对重婚后妻的身份有了明确的定位。因此，笔者以为，法官在这里明显偷换了概念。如果依据法官给出的前提，那么刑法又为何要设重婚罪呢？正是因为先有配偶，再另行正式结婚或同时结婚，才构成重婚。

其次，判决书以被告的原配张氏为其妻，虽然人已失踪，但因为没有离婚，也没有宣告其死亡，所以张氏仍为被告之妻。

最后，根据大前提，由此推出结论，即使告诉人举行了正式婚礼，告诉人也不能取得妻的身份。因此，这里的逻辑是，一方面变相肯定了告诉人是正式结婚（根据前述系列侦查，告诉人是正式结婚这一事实是板上钉钉，法官也没法否定），但另一方面，又否定其为妻，而仍然为妾。由于法官依据的大前提有误，其推理就不可能是正确的。

此外，法官还大胆进行了另一个假想推定：既然张氏为被告之妻，因为张氏不在（生死未卜），所以法官又假想推定张氏"宥恕"被告纳翁氏为妾。《中华民国刑法》第 245 条第 2 款规定："第 239 条之罪配偶纵容或宥恕者，不得告诉。"法官就是以此条的内容作为其推测或假设的依据的。这里等于一方面法官认定了被告娶翁氏为事实（这个事实，法官没法掩盖），另一方面，法官又推测被告娶翁氏是获得了张氏的"宥恕"。可是，法官为何不推测张氏"不宥恕"被告呢？因此，法官在这里再度为被告逃脱罪责进行了牵强式说理。

---

〔1〕 陈顾远：《中国婚姻史》，商务印书馆 1998 年版，第 53 页。
〔2〕 参见陈顾远编著：《民法亲属实用》，大东书局 1946 年版，第 39—40 页。

法官在判决理由中没法否定告诉人是正式结婚，也没法否定被告另纳翁氏的情况下，借助其错误的大前提，推出本案判决，即根据《中华民国刑法》第 245 条之规定，何氏无告诉之权。判决书看上去作了三段论推理，最后依据了法条，很有形式主义的外观，但由于法官把大前提弄错，同时也对张氏的意图进行了虚构，形式主义外观背后，掩盖的是为被告脱罪的真实目的。

毫无疑义，由于公诉不受理，刑事附带民事诉讼亦被驳回。[1]

那么，本案法官究竟是误判，还是有意为之，其背后的原因究竟是什么？笔者在新会档案局查阅到本案法官郭有堂毕业于广东法官学校[2]，是正式的法律科班出身，且检察官对告诉人身份的认定依据非常清楚。因此，误判的可能性太小。

何氏也许没有想到这一诉讼结果。在如此曲折的诉讼之路上，何氏并没有屈服，在法定期间内又声请了上诉，并提出了具体的理由。

（六）何氏上诉状中的言说

原判决主文：本件公诉不受理

原判决不当之理由——窃氏嫁甄氏为妻，既经公开仪式举行结婚，业经一再侦查讯供，认为真实，而事前既未闻甄氏及媒妁声明其尚有前妻，嫁后又绝未见有张氏其人出现而主张其身份系甄氏之正式，或否认氏在家庭之地位，即不容甄氏以卸饰之词谓尚有前妻张氏，欲抹杀氏之权利身份，从而逃避刑责，乃原审绝不问所称张氏有无其人，是否曾与甄氏正式结婚，又纵有张氏其人，但究竟已否死亡，或改嫁或曾否与甄氏正式协议脱离关系，均无丝毫证据，足资认定未尽职权上调查之能事，而遽以甄氏一面之词空言主张，竟认甄氏诡称尚有前妻张氏之供述为其实，从而武断氏未能取得被告妻之身份，剥夺氏之告诉权，以开脱被告

---

[1] "刑事附带民事诉讼判决三十六年度附字第 136 号——何氏告甄氏、翁氏案"，1948 年，归档号 3621、3623，广东新会地方法院。

[2] 新会地方法院法官统计情况，可参见笔者博士论文中的"表 1-3 广东新会地方法院员警丁役名册"，载丁艳雅："民国权利诉讼的言说实践：以新会刑事档案为例"，中山大学 2011 年博士学位论文。

之刑责，其偏颇不当，显然知见，查所谓甄氏之前妻之张氏，既并无其人出现之身，经公开仪式下嫁为甄氏为正式夫妇，中间并无有与甄氏发生关系之人提出异议，或否认氏与甄氏婚姻关系之情事，则氏之身份亦久经确定，其对甄氏之遗弃及通奸罪行自属有权以妻之身份提起告诉，原判不予受理，实非平允。

基上理由，谨状请鉴核，依法代为提起上诉，以求废弃原判，更为适法之判决，谨状。

> 民国三十六年十二月十五日[1]
> 具状人：何氏

从上述上诉状中可以看到，上诉人主要对法官不受理此案的理由进行了全面的驳斥，尤其在分析被告原配张氏方面非常到位，斥责了法官未尽职权上的调查之责，以及为被告开脱刑责，进而作出不公的判决。笔者认为，此案被告原配张氏即使存在，何氏为妻的地位也是不容置疑的。然而再次出乎意料的是，法官竟在此诉状上作出了以下批语：

> 状悉，原判当无不合，所请应毋庸议，此批。

> 民国三十六年十二月十九日[2]

据此，法官对于原告声请上诉的权利也给予了阻止与取消，那么这符合上诉程序要求吗？1935 年《中华民国刑事诉讼法》第 354 条规定："原审法院认为上诉违背法律上之程式或其上诉权已经丧失者，应以裁定驳回之。"可本案上诉人的上诉并没有违背上诉程序，根据该法第 336 条的规定："当事人对于下级法院之判决有不服者，得上诉于上级法院。检察官为被告之利益，亦得上诉。"另外，上诉人的上诉权也并没有丧失。既然如此，根据《中华民国刑事诉讼法》第 355 条第 1 款的规定："除前条情形外，原审法院应速将该案卷宗及证物送交第二审法院。"那么，法官为何要阻止上诉人上诉，剥夺其上诉权呢？与此同时，检察官当时基于法官的错误判决，为何没有提起上诉？此案的背后究竟隐藏着什么？

---

〔1〕 "刑事上诉——何氏告甄氏、翁氏案"，1948 年，归档号 3621、3623，广东新会地方法院。
〔2〕 "刑事上诉——何氏告甄氏、翁氏案"，1948 年，归档号 3621、3623，广东新会地方法院。

面对法官滥用权力，上诉人在法律上还有什么救济措施？根据《中华民国刑事诉讼法》第 395 条第 1 款的规定："当事人对于法院之裁定有不服者，除有特别规定外，得抗告于直接上级法院。"第 399 条规定："提起抗告应以抗告书状叙述抗告之理由，提出于原审法院为之。"从这两条规定来看，上诉人还可以向上级法院提起抗告。这一诉讼程序设立的本身，也许正是防止下级司法官滥用权力而设计的补救措施。不过，抗告的提出，同样是要向原审法院提出。那么，上诉人何氏最后为何没有依法提起抗告？为何放弃了这个诉讼权利？这背后到底发生了什么？

四、第三回合：广东高等法院对何氏为妾身份的否决

案件到此为止，我们先梳理下何氏第一次提起告诉时的三个诉求（即重婚罪、通奸罪和遗弃罪）的进展情况。被告的重婚罪，被免于起诉；通奸罪，法院判决检察官的公诉不予受理，何氏不服提起的上诉也被无端阻止，因此，有关被告通奸罪部分，也就不了了之，换句话说，被告有通奸（纳妾）之实，却无法对其通奸罪进行认定；虐待遗弃部分，第一回合检察官提起公诉时，没有涉及虐待遗弃，何氏向检察官声请续查虐待遗弃部分之后，检察官对此部分的调查没有了下文。告诉人在百般无奈之下，最后又就"遗弃"部分向新会地方法院提起了新一轮的自诉。自诉的提出，无异于何氏自己认定了其为"妾"的身份。那么这一轮新的自诉戏剧，又将如何上演呢？

（一）何氏就"遗弃"部分提起自诉状中的言说

为遭受遗弃，无以自存，谨提起自诉并附带私诉，请审讯明确，依法论据，并判令补偿生活费事，窃被告于三十五年五月间诈称断弦续娶，骗氏出嫁为其继室，讵入门后，备遭虐待，旋复纳翁氏为妾，将氏逐返母家，当今依法诉究，先后以其重婚部分适合大赦规定免予置议，及纳妾通奸部分被其诡称尚有前妻失踪，未经离异手续，及不明生死，而攻击氏无告诉权，故虽提起公诉，亦遭不受理之判决，现氏漂泊无依，限

于饥寒，窃念以处女之身，为被告欺骗，误识非人，终身幸福悉遭褫夺，揆据情理，衡诸法律，亦不容法律置身事外，豪不负责，乃被告天良悯灭，人道尽丧，适逢时会玩弄条文，逍遥法外，不特对氏生活概不置理，而归家取用随奁衣物亦被禁止，忖思氏与被告缔结之婚姻行为，初非违法，而所谓被告之前妻，其人从未见其踪影，或出而主张身份，乃系被告故弄玄虚，徒托空言，为卸责之手段而已，氏则与被告之婚姻关系属存在，而氏以一介女流，自救无力，不能长忍饥寒，坐待毁灭，况被告处境富裕，对氏个人之赡养，并非无力负担，夫论人道者，对一切动物尚倡言保障，矧氏以文明人类遭受遗弃，毫无救济，情岂能甘，查被告所为，显属故意触犯遗弃之罪，为此提起自诉，并附带私诉，状请钧院鉴核，迅予审讯明确，依法论据，并判令一次过补回生活费三千万元，俾籍作小本经营，度此余生，不胜衔恩戴德之至，谨状[1]。

在这份自诉状中，自诉人何氏一方面说明了其自身的遭遇，另一方面述说了其诉讼过程中的不公平，在告被告重婚被赦免、告被告通奸失败后，最后为自己的生存问题继续其诉讼之路。而在其理由说明中，除认定自己为"一介女流，自救无力"等困境之外，提出了被告有负担赡养费的能力及被告的遗弃行为的违法性，"揆据情理，衡诸法律，亦不容法律置身事外，豪不负责"，并从人道的角度为其论述加码，即"对一切动物尚倡言保障"，这也是自诉人一路诉讼过来屡遭失败后的最后呼声，一方面继续诉诸法律，另一方面运用了情感与道德话语提供支持，那么其最后的命运又如何呢？

（二）法院第一次审判笔录

审判笔录（节录）[2]

问：尔出来后做何职业？

---

[1] "刑事自诉、刑事上诉——何氏告甄氏、翁氏案"，1948 年，归档号 3621、3623，广东新会地方法院。

[2] "审判笔录、刑事上诉——何氏告甄氏、翁氏案"，1948 年，归档号 3621、3623，广东新会地方法院。

答：被被告驱逐后在外，住于母家，有时卖青菜，有时随母亲来往江澳走货为活，自出来后被告仍未供给伙食费

问：尔既然结婚年余，夫妇并非不和，何以告他遗弃？

答：氏当时返回，他不准氏回家，又不给生活费

问：被告遗弃尔有何证明？

答：确是当时母亲送氏回家他不收

问：尔有无在家调解否？

答：曾经叫人责他他不恤

谕知被告不到候再传讯

民国三十七年四月十二日

推事张赐德

与自诉人此次的诉求相适应，法官这次主要关注的是自诉人从夫家出来后的职业、是否调解等问题。从中可看出，自诉人被驱之后，把娘家当成了避难所，通过和其母亲做些贩卖生意来维持生活。这也充分表明，女性的职业化并在经济上寻求自力，将是女性获取平等的基础。

（三）被告答辩状的言说

被告在被诉以后，针对自诉人的诉求，提出了以下答辩：

刑事辩诉[1]

辩诉人：甄氏

为请求驳回原告之诉，宣判无罪事。

窃奉钧院三十七年度易字第四十四号传票附何氏自诉遗弃附状乙件，饬于本年四月二十四日上午九时到案审讯等因，谨依法答辩如次。

查自诉人于民国三十六年旧历正月十六日挟带财物潜逃母家，事经月余，经民劝也不归，且有坚决脱离家庭关系之表示，遂以民染有肺病骗取贞操达成目的便加遗弃，以骗婚遗弃为词控民于案，当经三十六年十二月四日先后奉钧院三十六年度易字第一三六号刑事判决不受理

---

[1] "刑事辩诉、刑事上诉——何氏告甄氏、翁氏案"，1948 年，归档号 3621、3623，广东新会地方法院。

（判书抄白呈缴）暨附字第一三六号民事判决驳回原告之诉（判书抄白呈缴）各在案，今自诉人复以遗弃为词提起自诉及要求一次过补回抚养费三千万元，殊为无理，查遗弃罪对于无自救力之人，而不为抚养为要件，自诉人自动离去家庭，又称作业小贩，是有谋生能力，且其离去同居家庭时，经民劝亦不愿返家，答谓当小贩足以度活，不愿共赋同居，有坚决脱离家庭之表示，民后闻彼与人相偕，意欲改适，民以事无佐证，但彼之行动可虑，乃于三十六年三月二十日登报忠告并使人劝她，如肯归来，亦当重收覆水，而彼始终不肯归家，及其起诉民到案，亦始终请求回家团聚，以断讼藤，言归于好，有案可稽，何得谓为遗弃故人入罪。

自诉人之身份为家属之一员，要求民以抚养当有抚养之义务，而自诉人亦当归家，以尽同居之义务，今彼自动离家与家庭脱节，以一共同生活之人，而不尽同居之义务，显系受人唆使，脱离家境，况民现负抚养义务者有母有妹，经济能力已属不支，自己生活势难维持，查民法第一千一百十八条【因负担扶养义务而不能维持自己生活者，免除其义务】，有明白之规定，自诉人之无理请求，殊属违法。

基上答辩理由，恳请钧院鉴核，迅赐驳回原告之诉，宣判无罪，劝令自诉人回家团聚，以断讼藤，实为德便，谨状。

上述答辩状，主要涉及两个方面的内容：

第一，为其是否遗弃进行辩护。被告提出的反驳理由是：其一，自诉人自动离开家庭，"挟带财物潜逃母家""坚决脱离家庭关系"；其二，指出遗弃罪是对"无自救力之人"，自诉人不是无自救能力之人，其有谋生能力；其三，被告曾登报叫自诉人"回家团聚"，因此不成立遗弃罪。

第二，就抚养费问题的答辩。被告提出的反驳理由是：其一，认定自诉人的身份为家属。其二，指出其抚养的条件是"归家""尽同居之义务"。然而，根据《中华民国民法典》第1001条的规定："夫妻互负同居之义务。但有不能同居之正当理由者，不在此限。"例如，不堪同居的事实，就属于正当理由。如前所述，本案自诉人就有不堪同居的事实（被告将其殴打、被告纳妾等）存在。另外，根据民法条款，不论分居或离婚，丈夫都有抚养或赡养的责任。其三，指出被告自己生活"势难维持"，依据民法的规定可免除义务。但被告是一个商人，从其娶妻纳妾的情况来看，其经济条件就应该不会差。因此，笔者怀疑被告是否是想借用法律的规定，逼迫何氏"回家团聚"？

总之，被告答辩状中处处以法律为其开脱责任、逃脱惩罚，这充分表明在民国法治化时代，法律的作用、重要性已经被人们认识，法律的主流话语地位已逐渐嵌入民众的日常生活，但与此同时，我们也可以看到"法律权力的双刃剑"特色也得以显现。因此，案件能否得到公正判决，法律职业者的法律素养与司法伦理素养就显得尤为重要。

（四）法院象征性进行第二次审判中的言说

第二次审判时，被告出庭，且看以下笔录内容：

审判笔录（节录）[1]

问：尔是否于去年二月间又娶一翁氏呢？

答：是

问：尔究竟有妻几人呢？

答：民只有结发妻张氏一人，她于三十三年间出走，至三十五年五月间娶自诉人为妾侍

问：尔娶何氏时是用结婚的仪式吗？

答：不是……

民国三十七年四月二十四日

推事张赐德

从上述笔录来看，法官关注了被告是否娶翁氏（妾）、妻的人数以及娶何氏的结婚仪式问题，被告再次将自诉人认定为妾侍。以下看法官如何判决。

---

[1] "审判笔录、刑事上诉——何氏告甄氏、翁氏案"，1948 年，归档号 3621、3623，广东新会地方法院。

（五） 法院判决书言说中对被告的再次偏袒

刑事判决民三十七年易字第四四号〔1〕

被告因遗弃案件经自诉人提起自诉本院判决如主文。

主文

甄氏无罪。

理由

按遗弃罪之成立，以被遗弃者为无自救力之人为限，刑法第二百九十三条第一项定有明文。本件自诉人以离开被告之家后不给家用为词，自诉被告触犯遗弃罪形，惟据自诉人供称，离开被告之家后住于母家，有时卖菜，有时随母亲来往江澳走货为活等语，则自诉人既属自能维持生活，自非无自救力之人可比，即缺乏遗弃罪成立之要素，更难论被告以遗弃罪行，即应谕知被告为无罪之判决。

据上论结，应依刑事诉讼法第二百九十三条第二项判决如主文。

民国三十七年五月八日

推事张赐德

从上述判决书可看出，法官再次判决"甄氏无罪"。法官判决被告无罪的理由，依据的是《中华民国刑法》第 293 条第 1 款的规定，即遗弃罪的成立，是被遗弃者为无自救力之人，这是大前提，然后指出自诉人能"卖菜""走货"维持生活，自非无自救力之人，因而得出被告缺乏遗弃罪成立的要素，故判被告无罪。自诉人的附带民事之诉也被驳回。〔2〕

何氏不服新会地方法院的判决，再次提起上诉。

（六） 何氏上诉状中的言说

为不服新会地方法院民三十七年易字第四四号刑事判决提起上诉一

---

〔1〕 "刑事判决、刑事上诉——何氏告甄氏、翁氏案"，1948 年，归档号 3621、3623，广东新会地方法院。

〔2〕 "刑事附带民事诉讼判决民三十七年易字第 44 号——何氏告甄氏、翁氏案"，1948 年，归档号 3621、3623，广东新会档案局。

案，补具上诉理由状事，窃查原判主文【甄氏无罪】其所持理由不外谓遗弃罪之成立，以被遗弃者……云云，殊不知民与相对人份属夫妇，自不欲因其背养弃置便即公堂对簿，诉诸法律，犹欲自行挣取生存，冀其觉悟，故曾试为菜贩及随母走货，以谋升斗，苟延岁月，而非确有办法足以自救自拔，苟非曾得以菜贩，则两年间断绝给养，亦久已成家中骷骨，然而人事无常，所谓能否有力自救，当以目前之现实境况为断，决不能以其过去因某种原因籍延浅喘而确定其今后即能自救自存，诚以民体弱多病自幼不习劳苦，商贩工作毫无经验，虽经戚友一并资助小本学为员贩，均遭折阅，血本亏尽，长叹难顾，羞对亲友，迫得随母走货江澳，腼腆就食，讵祸不单行，母氏因不识税律，复遭没收，所带货物，耗去老本，无力再事经营，母女对卧牛衣徒作楚，因之泣丁此境地，迫而向相对人求援，讵意不特驱逐殴打，不予收容，即哀求资助小本两千万元，俾得业菜贩，以求糊口，亦遭拒绝，查相对人经营书店，蓄婢纳妾，家境富裕，今氏走投无路，借贷无门，生活沦于绝境，而相对人明知氏遭遇，不堪亦不肯少加援助，显属遗弃无力自救之人，乃原判绝不细察氏现实所处环境之困苦，自救之无力，而遽以氏过去曾做过卖菜贩便武断氏足以自存，殊未尽审判之能事，初于法定期间向新会地方法院声明上诉，请将本案卷宗移送钧院办理外理合补呈上开理由，状请呈核，迅予审讯明确，废弃原判，另为适法之判决，实为公便，谨状[1]。

上诉状中，上诉人何氏分析与论证了其自救的初衷以及自力自救的惨状，表明女性已有自力自救意识，但环境条件以及女性自身素质的差异，使其自救每每限于困境。但女性的自救与丈夫应有的扶助责任，这是两个不同层次上的概念。这份诉状中也透露了此信息，但其主要是从上诉人自救能力的有限性以及被告的富裕性去诠释的，指出法官没有关注到被告开设书店、蓄婢纳妾的富裕生活与其本人生活的困苦，因而法官未尽到其审判的责任。笔者以为，上诉人的分析还不够完整，上诉人没有从夫妻之间的相互义务关系的角度上去进行分析。

[1] "刑事判决、刑事上诉——何氏告甄氏、翁氏案"，1948年，归档号3621、3623，广东新会地方法院。

（七）广东高等法院判决书对上诉人为妻身份的认定及其带来的尴尬

该案上诉到广东高等法院以后，高等法院作出了两项判决：一是撤销原判决；二是本件自诉不受理。且看下文。

广东高等法院刑事判决三十七年度上字第六三三号[1]

上诉人因自诉被告遗弃案件不服广东新会地方法院中华民国三十七年五月八日第一审判决提起上诉，本院判决如主文。

主文

原判决撤销。

本件自诉不受理。

理由

按对于直系尊亲属或配偶不得提起自诉，又不得提起自诉而提起者，应谕知不受理之判决，刑事诉讼法第三百一十三条及第三百二十二条定有明文，本件被告甄氏系上诉人之夫，为其状供承认之事实，上诉人以其夫遗弃提起自诉，原审不为不受理之判决，竟进而就实体上谕知被告无罪，于法显有未合，案经上诉，应不经言词辩论迳行判决。

民国三十七年六月十五日

从上述判决书理由中可以看出，广东高等法院认定何氏为被告的配偶，也即被告的妻子，否定其为妾，因而根据《中华民国刑事诉讼法》的规定，何氏不能对被告提起自诉，高等法院的法官当然也不能基于何氏的自诉进行判决，因而作出了"本件自诉不受理"的判决。与此同时，广东高等法院作为上级法院，明确指出了新会地方法院基于何氏的自诉而直接作出被告无罪判决"于法显有未合"，因而判决"原判决撤销"，这说明高等法院法官在本案中能够依据法律作出公平判决，并对下级法院起到了一定的监督作用。

高等法院的这一判决，也再度证明了前述新会地方法院第一次否决

---

[1] "刑事判决、刑事上诉——何氏告甄氏、翁氏案"，1948 年，归档号 3621、3623，广东新会地方法院。

何氏为被告之妻，因而作出"本件公诉不受理"的判决是错误的，并且新会地方法院法官还滥用职权，人为阻止了告诉人的上诉，严重违反了诉讼法律程序。那么，新会地方法院法官第一次所作出的错误判决和违反司法程序，是否受到追究？何氏为妻的身份最终得到高等法院的确认之后，何氏的权利如何得到补救？被告的通奸罪是否得到处置？何氏与被告之间后来结果如何？非常遗憾的是，如前所述，笔者没有看到该案后续任何档案资料，在民事诉讼档案目录中，也没有找到何氏撤销婚姻或离婚诉讼的信息。此外，笔者还专门翻阅了新会当时的地方报纸，也未能找到对此案的任何报道。

那么，何氏这样一路诉讼下来，耗费两年多时间，历经三大回合，两次上诉到广东高等法院，整个斥讼的核心始终围绕她是妻抑或妾的身份资格问题，兜兜转转，最后唯一的诉讼结果是，广东高等法院否定其为妾，重新认定其为妻，也即整个诉讼的结果，何氏仅仅是夺回了其为妻的身份，当然也意味着夺回了对其夫提起告诉的司法入场券。何氏这个为妻身份的认定，付出的代价也太大了，而且这个诉讼结果，真令人哭笑不得，因为对何氏身份的认定，原本并不是何氏的诉求，而何氏的几个实质性诉求，却几乎全部扑空，一场司法闹剧也就此落幕。

五、众声喧哗的背后：观念的较量与多维权力的角力

如上所述，本案原本是有关被告重婚、通奸和遗弃等刑事犯罪的实质诉讼，更多转换成了一次次对何氏是妻抑妾身份的确认之诉，对何氏身份的言说众声喧哗：告诉人何氏先后以妻的身份提起告诉与自诉，何氏无论在其诉状还是在侦查与审判中，都坚持自己是正妻；被告甄氏除了在第一次侦查中承认何氏是其妻之外，在辩诉状或答辩状中以及各次侦查与审判中都实施了翻供，强诿何氏为其妾；司法官对何氏身份的认定也经历了由妻到妾再到妻的反复过程。那么，本案为何一波三折且诉讼结果与诉求相悖？是妻抑妾众声喧哗的背后，何氏与被告在民国转型

时期的司法场域〔1〕中究竟受制于哪些法律与权利关系？以下尝试对此作简要延伸分析。〔2〕

（一）以夫权为中心的传统婚姻观与男女平等的新型婚姻观的较量

本案发生的司法场域，正好处在民国社会转型时期，其矛盾的根源在于两种不同的婚姻观的较量，即由传统社会以夫权为中心的一夫一妻多妾的婚姻观，向民国转型时期男女平等的一夫一妻新型婚姻观转化过程中产生的碰撞与冲突，这两种婚姻观的共同点都是一妻，其最大的不同在于男女是否平等、男子是否可以合法纳妾。以下就这两种婚姻观及其在民国的主要体现进行分析。

第一，传统社会以夫权为中心的婚姻观下男性纳妾的合法性惯习。众所周知，我国自西周开始就已明确规定实行一夫一妻多妾制。〔3〕传统法律严格禁止一夫多妻，即男子只能有一个妻子，但不禁止一夫多妾，也即可以有不同数量的妾。当然，不同等级身份，纳妾的数量也不同。古代的"庶人"，因身份低微，无妾。唐代，庶人纳妾合法化。到明代，规定"庶人年四十以上无子者许选娶一妾"。清代对庶民纳妾没有限制。〔4〕因此，传统社会的婚姻关系，完全以"夫权"为中心，女性处于绝对从属地位。

第二，民国时期男女平等新型婚姻观下男性纳妾的违法性。民国成立之初，在《暂行新刑律补充条例》第 12 条中规定妾是家属中的一员，承认了妾的合法存在。在民国民法的制定过程中，伴随男女平等思想的不断深入，国民党中央政治会议第 236 次会议决议曾指示："妾之制度，亟应废止。虽事实上尚有存在者，而法律上不容承认其存在，其地位如何，毋庸以法典及单行法特为规定。"〔5〕因而民国民法亲属编中，既没有

〔1〕 "场域"一词，是借鉴法国著名社会学家皮埃尔·布迪厄的理论。参见［法］皮埃尔·布迪厄、［美］华康德：《实践与反思：反思社会学导引》，李猛、李康译，中央编译出版社2004 年版，第 131—156 页。

〔2〕 关于民国新会女性配偶告夫妨害婚姻之诉过程中更为详细的权力政治研究，笔者将另撰文分析。

〔3〕 张希坡：《中国婚姻立法史》，人民出版社 2004 年版，第 16 页。

〔4〕 祝瑞开主编：《中国婚姻家庭史》，学林出版社 1999 年版，第 270—275 页。

〔5〕 谢振民编著：《中华民国立法史》（下），河南人民出版社 2016 年版，第 955—956 页。

禁止纳妾，也没有在法律上认可妾。"妾"这个字在之后颁布的刑法与刑事诉讼法中也没有出现。与此同时，为了贯彻男女平等原则，民法亲属编中已经"无夫权之明文"。[1]1933年，大理院宣布中国法律实行一夫一妻制，"纳妾不再被承认是婚姻的一种形式，妾也不再认为是妻的近似。妾和她所谓的丈夫之间的关系被看作仅仅是一个女子和家长之间的契约关系"。[2]如前所述，"妾"已经不再是具有自己特殊权利和义务的一个法律实体与法律存在。与此同时，《中华民国民法典》第985条第1款也明确规定了"有配偶者，不得重婚"，并将"通奸"作为提起离婚的原因之一。在《中华民国刑法》中，第237条规定了重婚罪，第239条明确规定了通奸罪，该条修订的目的就在于实现男女性别的平等，这对女性来讲无疑是具有历史意义的进步，但对男性来讲，如果纳妾，在法律层面上很可能要被送进监狱。

第三，民国转型时期男性纳妾在法律上的违法性与民间事实上仍然存在纳妾行为的博弈并存。如前所述，民国时期法律上并没有明确禁止纳妾的条文，这在某种程度上纵容了男性纳妾的继续存在。1935年《中华民国刑法》第239条规定的通奸罪，虽然将男性纳妾由传统社会的合法性纳入了刑事通奸罪范围，正如黄宗智先生所指出的："丈夫通奸是刑事犯罪显然还不能为社会（至少在农村）所接受。"[3]与此同时，因丈夫纳妾，而诉请离婚，同样会受到传统婚姻观念的束缚。因为传统社会的"名节观念，深入人心，旧式妇女，以离婚为奇耻大辱，再醮为不名节"。[4]《新会县志》中就反映了民国时期新会男女不平等的婚姻状况，即女子结婚后，"要从一而终"，丈夫死后要"守节""任何情况都不能改嫁"，凡改嫁的叫"失节"，备受歧视。而"有权势、有钱男子可以有三妻四妾"。[5]因此，民国新会司法场域中以夫权为中心、一夫一妻多妾的传统婚姻仍很有市场。如前所述，民国新会档案中女性配偶的告奸之

---

[1] 谢振民编著：《中华民国立法史》（下），河南人民出版社2016年版，第967页。

[2] 郭卫编：《大理院判决例全书》（1933），转引自［美］白凯：《中国的妇女与财产：960—1949年》，上海书店出版社2003年版，第164页。

[3] 黄宗智：《法典、习俗与司法实践：清代与民国的比较》，上海书店出版社2003年版，第185页。

[4] 黄右昌：《民法亲属释义》，上海法学编译社1933年版，第115页。

[5] 新会县地方志编纂委员会编：《新会县志》，广东人民出版社1995年版，第1055页。

诉，仅仅只有 16 件。因此，民国转型时期两种婚姻观的博弈无疑也从另一角度纵容了男性纳妾的存在。

第四，民国转型时期女性在婚姻中的依附地位的观念在本案检察官、被告与何氏的话语中也得到了很好的体现。前述检察官随口使用的"领""带""随"等劝说话语，尤其是"领"这一话语的表述，女性的附属地位以及女性如同一件商品的认知就特别明显，而检察官的这种认知是完全无意识地透露出来的。同样，被告使用的"不守妇道""重收覆水""回家团聚"等话语，无不体现出夫权观念以及女性的附属地位。本案女性告诉人何氏在侦查与审判中多次言说的"他不收"话语最为经典，何氏无意识地表达了其附属于男性的地位，并把自己当作了一件物品。这就是布迪厄所说的符号暴力[1]。因此，民国新会司法场域中的社会资本[2]仍然是倾向男性，一夫一妻、男女平等的婚姻观还远没有在民国新会的社会中达成共识。本案何氏历经前后两个回合的司法实践，即使被告纳妾通奸证据确凿，也未能把被告送进监狱，其中最根本的原因在于民国转型时期新会司法场域中以夫权为中心的传统婚姻观的强大惯性力量。

第五，民国仪式婚与传统婚姻仪式的重合与局限。[3]如前所述，民国法律规定的婚姻形式，仍是仪式婚，只不过是传统仪式婚的简化，二者之间存在交叉与重合，这也是本案错综复杂，始终围绕何氏采用何种结婚仪式来确定其是妻抑妾的重要原因。由于民国法律规定的仪式公开没有明确具体的要素，以致公开仪式的样式就会呈现不确定性。与此同时，民国仪式公开的要件也很容易被人利用打法律的擦边球，以此进行妻妾身份的转换，这是民国政府立法者始料未及的地方。[4]不过，笔者

---

[1] [法] 皮埃尔·布迪厄、[美] 华康德：《实践与反思：反思社会学导引》，李猛、李康译，中央编译出版社 2004 年版，第 227 页。

[2] 这里的"资本"概念，也是借用法国著名社会学家皮埃尔·布迪厄的理论。参见 [法] 皮埃尔·布迪厄、[美] 华康德：《实践与反思：反思社会学导引》，李猛、李康译，中央编译出版社 2004 年版，第 135 页。

[3] 因为婚姻仪式在很大程度上体现其婚姻观，故将两种婚姻仪式的交叉与重合纳入两种婚姻观的较量范围进行分析。

[4] 关于民国妻妾身份转换问题的研究，参见陈美凤："从妾到妻：国民党民法之婚礼要求的未预后果"，载黄宗智、尤陈俊主编：《从诉讼档案出发：中国的法律、社会与文化》，法律出版社 2009 年版，第 321—348 页。

以为本案何氏并不属于以妾换妻的情形。如果民国政府采用的是后来的登记结婚制度，那么就不会出现本案妻妾身份的纠结问题了。

（二）民国法律上男女平等告奸背后事实上的不平等

第一，男女配偶生存境遇上的不平等。本案主要涉及居住权、自救力以及女性结婚的"妆奁"等方面。根据《中华民国民法典》第 1002 条规定："妻以夫之住所为住所"。从前述何氏的诉状与侦查笔录中可看到，何氏因"不胜家务"，屡被"殴打"与"驱逐"，其母送何氏回家，"他不收"，因而何氏正常的居住权受到被告控制。与此同时，夫妻之间经济关系上也存在明显的不平等。本案何氏被驱后生活来源被断供，与其母卖菜做小生意，生存压力大。此外，根据前述民法的规定，何氏结婚的"妆奁"属于妻的原有财产，由其夫即被告管理与控制，何氏难以取回。而被告的生存境遇则大不相同，其职业是商人，有其经营的书店，有自己的住房，有能力娶三个女人，这证明被告拥有的经济实力远远好于何氏。因此，民国法律上男女平等告奸的外观下，在现实社会生活中呈现的则是男女不平等的生存境遇，女性仍处于依附地位，没有独立的经济能力的状况还没有发生改变。为此，男女平等告奸，这是民国法律对女性生存境况预设的高估，正如黄宗智先生所说："在法律眼中，妇女像男子一样能完全控制其生活。"[1]

第二，男女配偶平等告奸的法律外观下对男性的偏离。如前所述，1935 年《中华民国刑法》第 239 条的规定，体现了民国对实现男女平等的追求，女性享有和男性同等的告奸权利。但基于民国时期女性的依附地位与知识的局限，民国法律对告奸权利设置的限制明显偏向于男性。如《中华民国刑法》第 245 条第 2 款规定："第 239 条之罪配偶纵容或宥恕者，不得告诉。"前述新会地方法院法官对检察官提起的公诉作出的"本件公诉不受理"的判决理由中，就利用了这条法律为被告脱罪。正是有了这条法律对男性的偏离，也为民国现实生活中男子纳妾提供了便利之门，因为只要男子纳妾得到了其妻子的同意或谅解，男子纳妾就被变

---

[1] 黄宗智：《法典、习俗与司法实践：清代与民国的比较》，上海书店出版社 2003 年版，第 58 页。

相保护。再如《中华民国刑事诉讼法》第 216 条第 1 款规定："告诉乃论之罪其告诉应自得为告诉之人知悉犯人之时起于六个月内为之。"这条规定看起来是对男女平等适用的，但基于民国转型时期女性普遍对法律权利的无知，同样成了在法律上对男性纳妾通奸的变相保护。另外，《中华民国民法典》第 1001 条规定"夫妻互负同居之义务"，第 1002 条规定"妻以夫之住所为住所"。因此，夫妻互负同居义务，主要针对的是女性的义务。正如黄宗智所说，这条规定"在理论上表达了丈夫某些扩展了的权利""现在丈夫们可以以妻子的同居义务为理由请求法院让妻子与他们一起住"，[1]因为清代的法律没有反对妇女回娘家长期居住的条款。本案被告或许正是利用了此条款，用"回家团聚"这个象征符号，作为回应何氏各种诉求的挡箭牌，尤其在何氏因被告遗弃提出给付生活费或赡养费时，被告也是以"同居义务"作为前提条件。因此，何氏因"不堪同居"提出赡养费诉求，本案被告的前提条件却刚好是"回家团聚""互负同居义务"，笔者以为这是该案始终无法调解达成一致的原因，同时也再次表明正是女性从夫居的附属性与经济上对夫的依附性，使得一次次提起告诉、声请再议与上诉的何氏每每陷入被动困境。相反，被告则充分利用了其丰厚的资本获得了主动权，这种情况的出现，与《中华民国民法典》第 1001 条的规定变相对男性的保护有很大关联。[2]遗弃罪条款的规定同样不利于尚未获得经济独立的女性。当然，必须肯定的是，民国法律规定的男女平等的新型婚姻关系及男女平等告奸的法律规定，是民国女性具有里程碑意义的胜利，也是何氏维护其权利唯一可依靠的法律资本。

（三）新会司法官的权力与广东高等法院司法官的监督

本案之所以历经三个回合的众声喧哗，与新会司法官对何氏是妻抑妾的身份的认定以及广东高等法院司法官的监督密切相关。

---

〔1〕　黄宗智：《法典、习俗与司法实践：清代与民国的比较》，上海书店出版社 2003 年版，第 173 页。

〔2〕　当然，该条款的设置，黄宗智认为"妻子们并非完全处于不利地位""法律的另一个意图是保护她们不被毫无理由地抛弃"。参见黄宗智：《法典、习俗与司法实践：清代与民国的比较》，上海书店出版社 2003 年版，第 184 页。

第一，新会检察官对何氏妻的身份的认定和对男性被告的偏向。新会检察官无论是第一次作出不起诉处分还是第二次提起公诉，都认定何氏为妻的身份，这是检察官最为公正的一面。但第一回合对于被告的通奸罪，检察官或许无意识地受到夫权观念的影响，进行了非常牵强的推断，作出了偏向被告的司法决定，所幸在广东高等法院的监督指令之下，新会检察官迅速回归了公正司法轨道，对被告的通奸罪提起了公诉，这无疑是上下级检察官权力的监督关系发挥了作用，避免了下级检察官司法职权的滥用。因此，如果检察官在第一回合对被告的通奸罪提起了告诉，那么就不会有被告的第一次声请再议。如果检察官在第二回合针对法院作出的"本件公诉不受理"的判决，依法提起抗诉，那么本案的结局或许会不一样，笔者以为起码可以阻止新会地方法院法官职权的滥用。因此，检察官对何氏妻的身份的认定以及对被告重婚罪免予起诉的裁定都是公正的，但对被告所犯的通奸罪，对于法官职权的滥用以及何氏对于遗弃部分第二次声请检察官续查等方面，检察官未能尽到积极履职的作用，进而为本案的曲折埋下了伏笔。

第二，新会地方法院法官对司法权的滥用。如前所述，新会地方法院法官在以下几个方面滥用了司法权：一是对检察官提起被告通奸罪的公诉，认定何氏身份不是妻而是妾，因而丧失告诉资格；二是对何氏声请上诉之权进行了剥夺，进而使广东高等法院的监督作用陷入失灵，违反了刑事诉讼法有关上诉的规定；三是在第三回合，法官再次认定了何氏为妾的身份，并作出了被告无罪的判决；四是法官针对被告在侦查阶段所作的伪证、被告第一个妻子是否存在以及翁氏没到庭等问题，均没有尽到其调查的职责。那么，笔者要追问的是，新会地方法院法官为何一而再地实施对被告的偏向，是接受了被告的行贿吗？法官直接违背司法程序阻拦告诉人上诉，根据法律的规定，这是严重渎职行为。那么法官为何要冒渎职的危险来阻止何氏上诉？法官如果没有接受行贿，那么法官想方设法阻止何氏上诉，其背后究竟是在害怕什么？法官难道是在担心如果被告因纳妾而被定罪判刑，将会导致新会司法场域的婚姻家庭以及社会秩序的混乱？是否在担心也会直接危及新会各级官员（包括司法官）、富绅的婚姻家庭的稳定？乃至担心自家的后院也会起火？或在新会这一熟人社会，法官不敢判纳妾为通奸罪，以免成为众矢之的？不管如何，法官对何氏为妾身份的错判、对被告纳妾犯罪的无视尤其对何氏上诉的阻止，是整个案件中最不公正的一幕，也是本案诉讼最为曲折离奇的直接推手，更是导致何氏实质性诉求失败的直接推手。

第三，高等法院的监督作用及其局部的失灵。本案最大的司法特色是广东高等法院在此案中的角色扮演。广东高等法院检察官与法官对于何氏声请再议与上诉均分别作出了正确的指令与判决，在程序正义与实质正义方面，都起到了很好的指导作用。如果何氏第一次上诉声请没有被新会地方法院的法官人为阻止，那么广东高等法院是否会直接改判或撤销新会地方法院的第一次判决？广东高等法院是否也会担心男子纳妾被判通奸罪将会带来婚姻家庭秩序的混乱？笔者根据前面两次广东高等法院的表现，推测广东高等法院作出公证判决的概率会更大。但本案很遗憾，因为地方法院法官的渎职，致使上级法院的监督最后失灵。尽管如此，广东高等法院对何氏为妻身份的确认，起码正名了何氏本该属于她的身份，同时也让何氏夺回了提起告诉的司法入场券。因此，广东高等法院发挥的监督作用是值得肯定的。但问题的另一方面是，广东高等法院的公正判决，又将何氏的实质性诉求推出了法律保护之外。何氏在此情况下，该如何继续维权？何氏起初为何没有提起抗告而提起自诉？广东高等法院对下级司法机关的错判和权力的滥用，如何监督？新会地方法院法官的渎职，是否受到了司法处置？本案由于档案到此为止，何氏后面的命运不得而知。

（四）何氏的权利意识与被告言说中的策略技术的角力

第一，何氏权利意识的觉醒，这是本案历经三个回合的重要原因。在民国转型时期，一个被夫遗弃的女子没有按传统女性的常理出牌，老实"回家团聚"，而是利用民国男女平等告奸的法律武器，不惧一次次的失败，坚决依据民国法律规定的诉讼程序维护自己的权利，这在民国转型时期是非常难能可贵的，这充分表明了何氏女性权利意识的觉醒和坚强的性格。而问题的另一面向是，何氏对民国法律的不熟悉又使其维权陷入了困境。一是何氏不熟悉告诉与自诉的区别，因而交替出现了告诉与自诉的现象。二是没有很好地利用民事权利。例如，如果何氏的最终诉求确实是为了赡养费，根据前述《中华民国民法典》第 1056 条与第 1057 条的规定，立法者对民国女性经济上的依附地位予以了考虑，因而对女性权利具有了一定程度的保护。何氏在检察官第一次提起不起诉处分之后即可提起撤销婚姻或离婚诉讼，笔者以为这样一方面可以避免本案如此曲折离奇的诉讼过程，另一方面获得赡养费或抚养费的可能性会更大。三是没有利用抗告权。在新会地方法院法官滥用职权阻止其上诉时，何氏没有进一步提起抗告，一方面放任了新会地方法院法官滥用职权的行为，使得广东高等法院无法启动其监督职能，另一方面使自己的权利保护陷入了死胡同。因此，何氏法律知识的局限，进一步加剧了本案的复杂性以及何氏在诉讼中失败的可能性。

第二，本案之所以曲折离奇，也与被告在诉讼言说中策略技术的应用有很大关系。不得不说，本案被告一反民国新会女性告奸之诉的常态，没有拒绝出庭[1]，而是积极应诉，这也是本案诉讼档案齐全、诉讼过程复杂的原因之一。被告应对何氏提起的诉讼时，及时调整其诉讼策略，当其了解到法律的规定对其不利之后，在侦查与审判阶段采用了翻供、作伪证等违法行为，极力否认何氏为妻以及娶翁氏为妾。如果被告能肯定何氏为其妻，承认另娶了翁氏为妾，那么本案也就不用在侦查与审判环节将主要精力放在何氏的妻妾身份的审查与认定上，也就不会有第二回合中法官将何氏定为妾，进而作出"本件公诉不受理"的判决，本案也就不会有第三个回合的自诉。此外，被告还利用了前述法律对男性的偏离，在法律与道德之间大打擦边球，高举起"回家团聚"的传统道德符号，使其站在了道德的制高点，变相将不按常理出牌（"不返家"）且仅依靠单薄的法律资本维权的何氏置于道德的劣势，进而使其在整个诉讼中作为被告反而获得了支配性地位。当然，导致这种情况的出现，与前述民国新会社会、经济与司法等资本对被告的偏向有很大关系。因此被告言说中策略技术的应用，对本案曲折离奇、何氏惨败起到了推波助澜的作用。

---

[1] 民国新会妻告夫通奸的案件中，根据笔者的统计，多数男性配偶被告拒绝出庭。参见丁艳雅："民国权利诉讼的言说实践：以新会刑事档案为例"，中山大学 2011 年博士学位论文。

六、结语

总之，民国转型时期的法律赋予女性配偶平等告奸权，从法律上为女性配偶提供了司法入场券，这是女性取得的决定性胜利。但正如瞿同祖先生所言，"条文的规定是一回事，法律的实施又是一回事"。[1]民国新会何氏告夫妨害婚姻案三个回合众声喧哗的言说实践，就是最好的例证，该案围绕何氏是妻抑妾的身份，上演了一部活生生的新旧婚姻观念较量与多维权力资本争夺的司法戏剧。尽管诉讼结果令人哭笑不得，但何氏最终夺回了司法场域的入场券，开启了民国社会底层女性拿起法律武器积极维护婚姻权利的先声。

（初审：杜金）

---

[1] 瞿同祖：《中国法律与中国社会》，中华书局 2003 年版，第 2 页。

社科法学的实践价值

沈明敏[*]

提　要： 社科法学虽于近些年在国内得到了快速发展，但相关的一些研究还仅仅停留在一种对较为纯粹的知识偏好追求之上，而对于社科法学之于法治事业规范的（也因而是实践的）价值研究却鲜有涉及。这一定程度上削减了社科法学的"说服力"。但实际上，社科法学能够以其独有的优势为法治事业的发展提供助益。基于此，文章从立法与司法两个方面讨论了社科法学的价值。对于立法来讲，社科法学能够洞悉立法背景、提高立法质量、加强立法实效；对于司法来讲，社科法学能够参与构建裁判规范、厘清案件事实以及提升裁判效果。

关键词： 社科法学；立法；司法；价值；法教义学

一、问题的提出

作为法学研究学术流派之一种的社科法学（social sciences of law）于近些年在国内得到了快速发展。基于其强调从一种"外部视角"（即其他社会科学）观照法律及其实践，因而有别于从"内部视角"研究法律及其实践的传统路数。它挑战了法律是一种自足的知识体系这一前提假设，认为法律虽然是一个具有相对独立性的系统（system），但这个系统本身

---

* 作者沈明敏，男，厦门大学法学院博士研究生，研究领域为法学理论、社科法学、司法制度，E-mail：minmingshen@sina.com.
　本文系司法部 2019 年度国家法治与法学理论研究项目重点立项课题"基于裁判逻辑的司法评鉴制度构建研究"（19SFB1001）的阶段性成果。

却并不是与其他系统隔绝的，相反，它的运作本身就需要仰赖于其他系统的配合与支撑。平心而论，社科法学的相关研究的确给人一种新奇感并往往会带来智识的愉悦感、犀利感。因为它善于从身边习以为常故而也就经常被熟视无睹的现象出发，利用社会科学的相关概念、理论、模型予以延伸、展开，其结论也往往"出人意料"，但仔细思索却也仿佛在"情理之中"。"于无声处听惊雷"也许就是对那种精妙的社科法学研究的一个最佳描述了。特别是因为社科法学的研究没有秉持法律本身具有"合法性"与"合理性"的前提假设，故而敢于并往往也善于捅破那最后一层"窗户纸"，让我们看到隐藏在法律背后的东西——即便有时它们显得有些冠冕堂皇甚或难登大雅之堂。但我们也必须承认，目前的一些社科法学研究还仅仅停留在一种对较为纯粹的知识偏好追求之上。这当然没有错。但如若社科法学不能对当前的法治事业产生一种规范上的（也因而是实践上的）影响，那么其作为一种法学研究学术流派的价值必然大打折扣。因为法学研究的根本还是要服务于法律实践，这是被法学这门学科的实践属性内在规定的。

遗憾的是，目前活跃的社科法学学者却并没有对这一核心问题给予充分且集中的关注。相反，作为社科法学"对手"的法教义学（legal dogmatics）却已经给出了自己的论证。[1]虽不敢说法教义学学者的相关论证一定会让公众信服，但如果说关注本身不仅是一种姿态更是一种力量，那么社科法学的确需要在一种规范的意义上展示自己的价值并进而与法教义学形成对话。这不仅关乎社科法学自身存在的根基，更关乎中国未来的法学研究与法治实践。基于此，本文打算对社科法学的价值特别是规范意义上的价值作一番梳理与检讨，力求展示社科法学不仅可以给我们带来智识上的享受，也能带来实践上的助益。考虑到法律实践主要包括法的制定和法的实施，而司法又是最典型、最规范的法实施活动，

----

[1] 相关研究可参见雷磊："法教义学能为立法贡献什么？"，载《现代法学》2018 年第 2 期；严仁群："民诉法之教义学当如何展开"，载《比较法研究》2018 年第 6 期；陈世伟："立法含混的法教义学弥补：以刑法第 289 条为分析样本"，载《时代法学》2010 年第 2 期；陈兴良：《教义刑法学》（第 3 版），中国人民大学出版社 2017 年版；张翔：《宪法释义学：原理·技术·实践》，法律出版社 2013 年版；白斌：《宪法教义学》，北京大学出版社 2014 年版；等等。

接下来笔者将从立法与司法两个角度展开对社科法学价值的论述。需要立即予以强调的是，鉴于立法与司法在现实的法治实践中并不天然分立（譬如"司法立法"），那么于现实的法治实践中就不应也不可能完全从分立的角度来理解社科法学的价值，但这并不妨碍本文从学理上以一种二分的模式展开讨论，此外，这样处理也方便读者理解。

二、社科法学之于立法的价值

在我国成文法的语境中，立法是一项国家立法权运作的活动。通俗地讲，就是国家立法机关为社会中的人提供行为准则与确定预期。因为立法关乎所有公民的切身利益，具有"牵一发而动全身"之力量，故而一直被视为一项极为重要的国家权力。譬如，洛克与孟德斯鸠对国家权力的划分虽然略有不同，但二者都认为立法权是最为核心的权力，洛克甚至直接说道："在一切场合，只要政府存在，立法权是最高的权力……社会的任何成员或社会的任何部分所有的其他一切权力，都是从它获得和隶属于它的"。[1]我国近代著名的思想家与政治家梁启超也认为，"法者，天下之公器也"。但是从另一个方面来讲，任何事物的力量越大，如果其没有得到善加使用也就意味着它的破坏性越大。可能是认识到了立法权所具有的这种破坏性力量，孟德斯鸠一开始就给出了法律的如下定义："从最广泛的意义来说，法是由事物的性质产生出来的必然关系。"[2]换言之，它并不是完全由人主观创造的，而是人必须认识到自己的局限性，不能随意使用立法权，必须探求事物之间的本来规律。哈耶克（Hayek）在这条道路上甚至走得更远，"立法，即以审慎刻意的方式制定法律，已被论者确当地描述为人类所有发明中充满了最严重后果的发明之一，其影响甚至比火的发现和火药的发明还要深远……只要我们还以为这种权力自由被坏人操纵时才会产生恶果，那么可以肯定地说，它仍是一种极

---

[1] [英]洛克：《政府论（下篇）——论政府的真正起源、范围和目的》，叶启芳、瞿菊农译，商务印书馆1964年版，第92页。
[2] [法]孟德斯鸠：《论法的精神》（上册），张雁深译，商务印书馆1961年版，第1页。

度危险的权力。"〔1〕

必须承认，这些伟大的思想家之所以有些谨慎甚至"忌惮"立法活动是有道理的，因为它的确有摧枯拉朽之力量，稍有不慎，就会戕害我们自身。说了这么多也许多虑但未必多余的关于审慎对待立法权的话，只是意在强调对中国这个处在社会转型时期的大国来说，更要认真、严肃、专业地对待立法。正如《中共中央关于全面推进依法治国若干重大问题的决定》所指出的："建设中国特色社会主义法治体系，必须坚持立法先行，发挥立法的引领和推动作用，抓住提高立法质量这个关键……坚持立改废释并举，增强法律法规的及时性、系统性、针对性、有效性。"那么于这一过程中，社科法学应当做些什么并且能够确实做成一些什么呢？换言之，社科法学对于立法到底有什么实际的价值呢？具体而言，社科法学之于立法的价值可以体现在洞悉立法背景、提高立法质量以及加强立法实效三个方面。从逻辑上讲，这三个方面大致构成了一个比较完整的关于立法的"纵向"展开，也就是说，社科法学之于立法的价值基本覆盖了广义立法的全过程。

（一）洞悉立法背景

仅仅从"立法"这一词中，我们就可以看出人（立法者）不可替代的作用——"立—法"。但如果我们承认自己的有限理性（limited rationality）并因而不那么自负，也许对立法秉持一种较为谦抑的姿态更为可取。这不仅是因为上文提到的立法本身所具有的巨大力量，使用不当极有可能会带来负面效果，而且也因为立法是一种为复杂的社会关系确定规则的活动，它必须穿透现实光怪陆离的表象，厘清表象与实质的模糊界限，看到实质中反映的普遍事实。申言之，立法者必须对其自身所处的时代、地域以及深深嵌入（embed）其中的诸种关系有一个既宏观又微观的把握。马克思说，人的本质是一切社会关系的总和，而立法本质上就是调整人与人之间的关系，但"关系千万种"，为特定时空的人确定一种交往的关系并进而达致一种有序，实在不是一件容易的事。特别是考

---

〔1〕 ［英］弗里德利希·冯·哈耶克：《法律、立法与自由》（第 1 卷），邓正来、张守东、李静冰译，中国大百科全书出版社 2000 年版，第 113 页。

虑到人都是地方性的（local），并因此导致的社会关系以及累计的知识都是地方性的，那么于立法中准确地反映它们，并将其理论化、文字化就更非易事。[1]也正是在这个意义上，吉尔兹（Clifford Geertz）认为"法学和民族志，一如航行术、园艺、政治和诗歌，都是具有地方性意义的技艺，因为它们的运作凭靠的乃是地方性的知识（local knowledge）。"[2]当然，笔者并不认同法律没有一些超越时空的共性价值，譬如，尊重和保障人权、司法独立、无罪推定等。但如果我们真实地考量自身以及整个民族，我们就不得不承认，我们有我们自己特殊的国情、传统、文化等。完全通过移植法治发达国家的立法的确是法治后发国家的一条"捷径"，但任何"捷径"本身也许就暗示着它超越了乃至忽视了一些本该经历的过程。换言之，在当下可能看不出什么弊端，但超越历史终究仍会于历史中"补课"。譬如，如果不那么意识形态地看，美国《1787年宪法》的确是一部伟大的宪法（当然，其也有局限），许多国家事实上也移植甚至"照抄"了美国《1787年宪法》，但收效却并不显著，甚至带来了一些副作用。究其原因，本质上就在于忽视了本国特殊的法治建设背景。

社科法学因其一开始就是面向实践而不是法律教义，所以其对于洞悉一个国家立法所应当关注的特殊背景具有先天的优势。"没有调查，就没有发言权"对于立法来说并不是一句"正确的废话"。对于中国这个处在社会转型并且发展不均衡的大国来说更具有不可忽略的方法论上的意义。虽然立法强调一种整体性对待，但这是站在一种结果立场上而言的。对于形成立法之过程来讲，则必须尽可能了解各种情境，以求得立法之最大涵括性。有人可能会说，法谚有云："法律不顾及琐碎之事"。但问题在于什么是"琐碎之事"呢？对于一个大人物来讲，平常的"吃喝"是"琐碎之事"，但对于普通的老百姓来讲，"吃喝"就是天大的事（"民

---

[1] 虽然也存在"无需文字的法律"，但本文意义上的立法也就是制定成文法显然是要付诸文字的。关于对"无需文字的法律"的相关论述可参见黄金兰："无需文字的法律秩序——读《原生的法：黔东南苗族侗族地区的法人类学调查》有感"，载《甘肃政法学院学报》2011年第3期。

[2] [美] 克利福德·吉尔兹："地方性知识：事实与法律的比较透视"，载梁治平编：《法律的文化解释》，生活·读书·新知三联书店1994年版，第73页。

以食为天")。如若不对立法的情境抱持一个开放宽容的态度，则极易导致"关门立法""立法精英主义"甚或"立法沙文主义"。倘若我们能以一种社科法学的态度参与立法，也就是以一种经验的、实证的态度参与立法，必然有助于矫正或至少调和上述的不良立法倾向。故而"开门立法"也不仅仅是要"开门"，更需要"走出去"，努力去观察法律发生作用的实际生活，仔细去倾听那些在立法过程中极易被忽视的"沉默的大多数"的声音。而不是以一种上帝的姿态——闭门家中坐，法律心中来。即便我们承认"上帝"的愿望是善良的，但正如谚语所说，通往地狱的道路也可能是由善良的愿望铺就。申言之，社科法学的经验、实证属性能够有助于我们了解相关立法的实际背景，并在此基础上真正实现孟德斯鸠所说的"为某一国人民而制定的法律，应该是非常适合于该国的人民的"。[1]而不是如费孝通早年观察所警示的那样，"法治秩序的好处未得，而破坏礼治秩序的弊端却已先发生了"。[2]

（二）提高立法质量

立法质量是立法过程的"牛鼻子"，只有始终牵住这个"牛鼻子"才能顺利完成立法所欲求达致的目标——先制定出"良法"（good law），进而实现"善治"（good governance）。但揆诸实际，我们发现并不是所有的立法都符合"良法"这个标准。这至少表现在如下两个虽有联系却不同的层面：其一，通过正当程序所立之法根本不符合法律之所以成其为法律的内在属性和要求。申言之，它也许符合一国先在的立法（程序），具有"合法律性"（legality），但并不符合法律的更高层次要求，即"合法性"（legitimacy），换言之，它并不符合超越于法律之上的一些德性要求，譬如公平、正义等。也正是出于这方面的考虑，当然也并不完全是为此考虑，亚里士多德在一般的法律之外提出了衡平（equity）的概念，以用以矫正普通法律所可能导致的恶果。奥古斯丁（Augustinus）更是在"人为法"（制定法）之外还预设了"永恒法""自然法"，并强调后两者的绝对地位，其用意也包含着借助于一个超越实定法之上的概念来预防或

---

[1]　［法］孟德斯鸠：《论法的精神》（上册），张雁深译，商务印书馆 1961 年版，第 6 页。
[2]　费孝通：《乡土中国》，人民出版社 2008 年版，第 72 页。

矫正其作恶。其后的自然法法学派学者也大体承续了这一思考路径。不要以为这些伟大的思想家在玩一些文字游戏或者是多余的思考，只要看看近代德国纳粹政权时代以及日本军国主义时代的一些立法，我们就会发现他们的一些思考并不多余反而很重要。也正是亲身经历了德国纳粹政权的恐怖，拉德布鲁赫这一先前绝对的实证主义法学派人物思想发生了可以说是质的转变，这集中体现在他的"拉德布鲁赫公式"之中。〔1〕事实上，按照亚里士多德对法治的经典定义——"良法之治"——我们甚至都可以说依凭于这样的立法根本就不是法治。当然，在当今中国这一层次上的立法质量问题出现的概率不存在了（这是由我国的政体性质内在决定了的），但这并不能豁免我们在理论上对其进行思考的责任。其二，通过正当程序所立之法没有发生"质"的问题，但存在"量"上的错误。这也就是我们通常意义上理解的立法质量问题。也正是由于这一层次立法质量存在的普遍性（当然，程度会有不同），立法并不仅仅如字面意义上所包含的"立"还有"修"乃至"废"。对于当前中国来讲，这一层次的立法质量也是我们所面临的核心问题。譬如现实中出现的"立法空白""叠床架屋式立法""立法针对性不强""立法操作性薄弱""短视性甚至盲目性立法"等问题就是立法质量不高的集中体现。当然，如上文所说，这些立法质量问题在任何国家都或多或少地存在，此外，立法事实上也不可能完全解决以上的问题，但这并不会成为我们放弃对更高质量立法追求的理由。如果现实的立法与理想中的立法终究有差距，我们应该做的不是"望洋兴叹"，而是努力地让这个差距小一点、再小一点。

一旦我们以务实的姿态分析这些立法质量问题，就会发现它们都可以直接或间接地归结到如下原因：立法没有展开充分的调研、论证，进而直接导致了对立法所要求掌握的信息遗漏、偏差。与此相关联的是，也因为对真正所要立法的地方缺乏足够的经验认知，并对立法所要规制的对象缺乏足够的了解，直接导致了立法与社会现实存在隔阂。在此基础上出现了如上的立法质量问题也就是逻辑上的必然了。换言之，如若

---

〔1〕 参见［德］古斯塔夫·拉德布鲁赫：《法哲学》，王朴译，法律出版社2013年版，第254—261页。

想减少当前立法中出现的质量问题，一个核心的路径就是针对上述问题的原因展开有针对性地克服。也恰恰在这里，社科法学具有其不可比拟的优势，并且能够在现实中发挥其不可替代的作用。具体而言，可从以下两个层次分论之：

第一，社科法学能够利用其诸多实证方法（譬如实地调研、问卷调查等）获取最大限度的立法信息、数据，并在此基础上运用相关概念、模型、技术来分析信息、数据背后的原理、规律等，进而为立法提供第一手的资料。也正是在这个意义上，托马斯·莱赛尔（Thomas Raiser）说道："法律事实研究的重点在于对数据的收集及统计性处理，这些针对法律事实的概括性即统摄性的论述，使得立法者可以将其作为同样旨在一般化规制的法律的素材和样本。就此而言，法社会学——如一早便被察觉到的——同立法有着特殊的密切性，是天生的立法科学。"[1]譬如，相关的民商事交易立法肯定要考虑到市场活动中形成的交易习惯，那么该如何认识并提取这些散见于或者说弥散于市场中的习惯呢？对此，非展开有规模的实证调查不可！而在这个活动中社科法学就能以其经验的姿态、细致的观察、规范的方法发挥其作用。事实上，我国清末民初就曾开展过两次大规模的民商事习惯调查并最终形成了两卷本的《民商事习惯调查报告录》，为当时的相关立法提供了有益的帮助。如何更为精准地把握立法所要求的相关信息、数据，社科法学应当有所作为也必然能有所作为。

第二，社科法学能以其经验务实的姿态使得所立之法更加真实地反映社会现实（需要）。法律作为社会的上层建筑，其必然受制于具体的社会物质条件约束。脱离具体的社会现实而谈立法，只不过是一种"乌托邦"（utopia）式的立法。也正是在这个意义上，马克思、恩格斯直接说道："不应忘记，法也和宗教一样，是没有自己的历史的。"[2]换言之，法律是

---

〔1〕　[德] 托马斯·莱赛尔：《法社会学基本问题》，王亚飞译，法律出版社 2014 年版，第 178 页。需要说明的是，在本文论述或引用中，有时会出现法社会学、法经济学、法心理学等属于社科法学子门类的一些具体的法律与社会科学交叉研究的表述/指称。一方面是出于行文便利或论述更有针对性的考虑，另一方面是由于引用的书目中学者可能并不使用社科法学这一指称。但无论如何，由于社科法学与它们具有包含与被包含的关系，论述或引用它们，完全可以视为对社科法学的整体论述。关于这一点，还请读者诸君注意。

〔2〕　[德] 马克思、恩格斯："德意志意识形态"，载中共中央马克思、恩格斯、列宁、斯大林著作编译局编译：《马克思恩格斯全集》（第 3 卷），人民出版社 1960 年版，第 71 页。

对社会的反映，而不是相反。当然，法律具有一定的前瞻性与超越性，但这种前瞻性与超越性依旧不可能脱离具体的社会约束。如果我们承认"它（指法律——引者注）如同一面魔镜，不仅反映出我们自己的生活，而且反映出曾经存在过的所有人的生活"[1]，那么问题就转换为如何追求这种魔镜式的法律，而不是那种哈哈镜式的法律——既歪曲了自己，又扭曲了社会，须知道这种法律在古今中外并不少见。首先我们当然需要以一种恒定的毅力展开追求，恰如霍姆斯（Holmes）大法官所说："如果我们把法律当作情人……她是一个只能用持续而孤独的激情去追求的情人——只有在一个人用尽了他接近神的一切能力时才可能得到她。"[2]但更重要的是以一种经验务实的姿态深入地观察真实的法律以及社会。社科法学恰恰就是以其经验务实的姿态而展开相关研究，它认为立法只有真实地反映社会才会有生命力。故而它不预设当前的立法（法秩序）都是"天然正确"的，它们必须接受社会的检验。社科法学这种经验务实的姿态也许并不被所有人喜欢，特别是对法律这种经过教义化处理的事物，但我们不要忘了，从本质上讲法律只是"手段/工具"而并不是"目的"。只要是手段/工具——即便它具有道德维度——就注定了它不可能具有"免检"资格。社科法学这种经验务实的姿态能够让我们对立法更加谦抑、谨慎，让法律与真实的社会更加契合，并最终实现立善法、良法的目标。

（三）　加强立法实效

"法律的生命力在于实施，法律的权威也在于实施。"[3]只有将所立之法付诸具体的实践当中，法律才能完成自身的使命，而不至于沦为"具文"。从理论上讲，在一个国家立法体系之中，只要是经过法定的立法程序得出的法律都具有效力（validity）。申言之，它们都应当被实施。但

---

[1] ［美］小奥利弗·温德尔·霍姆斯：《霍姆斯读本：论文与公共演讲选集》，刘思达译，上海三联书店 2009 年版，第 8 页。

[2] ［美］小奥利弗·温德尔·霍姆斯：《霍姆斯读本：论文与公共演讲选集》，刘思达译，上海三联书店 2009 年版，第 8—9 页。

[3] 《中共中央关于全面推进依法治国若干重大问题的决定》，2014 年 10 月 23 日中国共产党第十八届中央委员会第四次全体会议通过。

实际情况却并非如此，有些立法在实践过程中被公民"用脚投票"而"规避"甚至默示地"废除"了，也就是说它们并不具有实效（effectivity）。譬如，我国某些城市为了调控房地产的畸形发展，公布了一些"限购政策"，如一户只允许按基本房贷等政策购买一套房，购买第二套房的相关房贷等政策趋严。这直接导致了现实中有些人通过"假离婚，真买房"的方式对其予以规避。笔者丝毫不怀疑相关政府希冀通过类似这些政策来调控房地产的良善意图，但实施效果却并不尽如人意，甚至令人失望。因为这不仅贬损了政府相关立法的权威与公信力，还在一定程度上破坏了社会的公序良俗。有人可能会说，这不仅是立法本身的问题，也有投机者自身的原因。笔者承认，在任何一个社会都会有"坏人"，[1]我们的立法不可能要求一个社会里全部都是"好人"，而是要利用立法约束、激励"坏人"成为"好人"。当然，法律的效力与实效是一对既有联系又有区别的概念，正如凯尔森（Hans Kelsen）所说："总之，说一个规范对某些人是'有效力的'，并不是说某个人或某些人'要'其他人在一定方式下行为，因为如果不存在这样的意志，规范还是有效力的。说一个规范对某些人是有效力的，并不是说一些人实际上就在这种方式下行为，因为即使这些人并不那样行为，规范对他们也是有效力的。区别'应当'和'是'对说明法律是具有根本性的。"[2]毋庸置疑，当前的立法应该努力弥合二者之间的差距，换言之，也就是要加强立法实效。也因为立法实效讲求的是立法的事实状态（而不仅仅是规范状态），所以与社科法学具有内在的关联。概括来说，社科法学可在以下几个方面为加强立法实效提供助益：

第一，社科法学能以其对社会的细致观察与分析，协助确定立法的范围。法律并不是万能的，它不可能解决社会中存在的所有问题。更进一步讲，有些问题法律既不能也不应当干预，而应当由其他社会规范予以规制。具体来说，一方面，有些领域并不适合法律干预，诸如一些涉及宗教的事项、人的内心世界，以及一些"法外之地"等，如果法律的

---

[1] 关于这一点，请关联着思考霍姆斯提出的法律的"坏人理论"。See Oliver Holmes, "The Path of Law", 10 *Harvard Law Review* 457 (1897), pp. 457-478.

[2] ［奥］凯尔森：《法与国家的一般理论》，沈宗灵译，中国大百科全书出版社 1996 年版，第 39—40 页。

触角伸入这些领域，必然不会收到很好的法律实效。事实上"一个事无巨细都受法律统治的乌托邦，称不上是一种理想。立法者对这种乌托邦的追求非但有害，而且荒谬。"[1]另一方面，有一些领域法律虽然能够干预却并不经济，诸如"通奸""不涉及他人的自杀""私力救济"[2]等事项。这里以"通奸"为例，在传统中国，"通奸"一直被视为一项严重的社会犯罪，但在今天通奸已然不是刑法的规制对象了（当然，仍存在道德乃至社会意义上的惩罚），主要原因固然与社会风气的开化、伦理的解放以及女性地位的提升有关，也与社会成员总量增加以及流动性增强使得执法成本难以为社会负担有关。如果立法者意欲通过法律强行干预，只会"既使自己疲劳，又疲劳了社会。"[3]从这个意义上讲，法律和人一样，只有有所不为才能有所为（"实效"）。

第二，社科法学能以其相关社会科学理论，设计出更符合社会本质以及人的心理机制的立法。申言之，有了更多经验实证的社会科学知识的支撑，相关立法更容易为社会接纳以及为公众遵守，从而自动地提升立法的实效。虽然法律的本质是对社会的反映，但这种反映却并非消极被动的。如果相关立法没有符合社会的一些规律性乃至本质性要求，就会阻碍社会的正常秩序运转或至少增加社会秩序运转的成本。当然，在这一过程中，社会本身的能动机制也会对这些法律产生排斥、倾轧。也就是说，相关立法的实效在这里遭遇了"滑铁卢"。那么当今的社会到底需要何种类型的立法呢？对此，学者诺内特（Nonet）、塞尔兹尼克（Selznick）展开了富有成效的法律与社会研究，他们通过类型化的分析，将社会上存在的法律分为三类，即压制型法、自治型法以及回应型法，并论述了前两种法律类型并不能有效弥合法律与社会之间的内在张力，而回应型法一方面将"社会压力理解为认识的来源和自我矫正的机会"，[4]

〔1〕[英]T.A.O.恩迪科特："论法治的不可能性"，陈林林、傅蔚冈译，载《比较法研究》2004年第3期。
〔2〕关于对私力救济的一个社科法学分析可参见徐昕：《论私力救济》，中国政法大学出版社2005年版。
〔3〕[法]孟德斯鸠：《论法的精神》（下册），张雁深译，商务印书馆1963年版，第144页。
〔4〕[美]诺内特、塞尔兹尼克：《转变中的法律与社会：迈向回应型法》，张志铭译，中国政法大学出版社1994年版，第85页。

另一方面又努力"探求规则和政策的内含的价值"。[1]立法只有在既保持自身价值的同时又向社会予以开放（而不至于走向封闭），进而才能在一种动态平衡的过程中实现自己的实效。当然，对于社会中的成员来讲，守法构成了一个立法实效之实现最为基本且核心的方式。倘若"有法而不依""令行禁不止"，那就是对立法实效最为直接的损害。但过去的研究立场与解决思路往往从一种"自上而下"的立场出发，认为法律得不到遵守是由法律的权威不够以及执法力量不匹配导致的，换言之，自觉不自觉地将守法者予以客体化了。社科法学则一改这种传统的研究思路，主张从守法者这一主体立场出发，研究守法者的心理机制，即到底有哪些因素促使公民遵守法律。譬如，作为法经济学创始人之一的波斯纳则认为，"服从法律更多是一个利益激励的问题而不是敬重或尊重的问题。"[2]也就是说，我们遵守法律更多的原因在于它能够给我们带来利益，既有物质上的，也有精神上的，而不仅仅是因为它具有"法律"这一名称。再譬如，有些学者利用法心理学、认知神经科学（cognitive neuroscience）分析出守法者的一些心理机制，并论述了自动化行为机制对守法的作用，[3]这些研究成果都可以直接运用于立法阶段，进而使相关立法更容易得到公众的遵守。

三、社科法学之于司法的价值

狭义地说，司法的本质在于根据先在的立法调整社会上的（利益）纠纷。用亚里士多德的话来讲，它是一种"矫正正义"，即利用司法将社会上存在的权利/力偏差予以回复到基本公正的状态。笔者大体认可这种判断，实际上这也是我们接受的关于司法的经典教义。但在本文的语境

---

〔1〕　[美] 诺内特、塞尔兹尼克：《转变中的法律与社会：迈向回应型法》，张志铭译，中国政法大学出版社 1994 年版，第 87 页。

〔2〕　[美] 理查德·A. 波斯纳：《法理学问题》，苏力译，中国政法大学出版社 2002 年版，第 294 页。

〔3〕　参见葛岩、秦裕林、林喜芬："为什么自愿守法——自动化社会行为的发生机制研究"，载苏力主编：《法律和社会科学》（第 14 卷第 1 辑），法律出版社 2015 年版。

中，这种对司法的界定却显得有些局限，更重要的是，它并不能囊括司法的一些实际存在却并不为人承认、接受的特质。正如本文在开篇中所提到的，立法与司法的二分并不绝对，相反，它们二者总是具有一种"剪不断"甚至"理还乱"（中性）的关系。譬如，司法不仅是对立法的简单机械适用，它总是包含着也应当包含着法官个人对先在立法的解释乃至创造（也即具有"立法"的因素）。由于立法仅仅是针对一般情况而言的，而现实的案件却又是具体而个殊化的，两者之间并不是严丝合缝的"涵摄"（subsumption）关系。申言之，即便是我们所看到的典型案件中的典型涵摄模式，那也是法官予以"操作"后的结果，而不是天然就如此。用拉伦茨（Karl Larenz）的话来说就是："对规范适用者而言，主要的问题还不是时间上的距离，毋宁是规范必然具有的一般性及每个具体'事件'的特定性之间的隔阂。弥补，或更适切地说，媒介两者正是'具体化'规范的任务所在。"[1]当然，本文也并不意图就立法与司法的关系作一番细致的梳理与考辨，而仅仅是想强调对于司法我们不能出于一种"接受美学"上的便利而忽视它实际存在的一些特质，那样我们就不仅是天真，甚至是幼稚了！

应当承认，于社科法学自身来说，其对于司法之价值似乎并不如其对于立法那样直接、有力。于分立的法学研究流派来说——譬如与法教义学——社科法学也并不能在其对于司法之价值上显现出绝对的优势地位，因为法教义学的基本姿态就是司法立场的。预先承认社科法学之于司法上的一些"薄弱"并不是要否定社科法学之于司法的价值，而毋宁是表明笔者的姿态，即使"薄弱"，也有其对于司法独有乃至不可替代的价值。具体而言，社科法学之于司法的价值可以归纳为构建裁判规范、厘清案件事实、提升裁判效果三个方面。值得说明的是，在具体展开的对这三方面的论述中，可能会有一些法学方法论的"影子"。有人可能会说，法学方法论与社科法学毕竟有所不同，将本属于法学方法论的功用划归给社科法学，是否有点"离题"？对于这种可能的诘问，笔者的回答是：首先，它预设了错误的前提以及在一定程度上误解了社科法学的性质。法学方法论当然与社科法学有所不同，但这首先并不意味着社科法

---

〔1〕 ［德］卡尔·拉伦茨：《法学方法论》，陈爱娥译，商务印书馆 2003 年版，第 92—93 页。

学不讲求法学方法，实际上，社科法学也具有方法论的向度。其次，正如下文所要展示的那样，社科法学完全可以以其特有的功能实现另一种意义上的"法学方法论"，而这恰恰是传统意义上的法学方法论的薄弱之处或者说所不能完全达到的效果。最后，虽然有点法学方法论的"影子"，但"影子"并非"真身"，换言之，在下文的论述中，我们依旧会看到社科法学之于司法的独特价值。现在，请容笔者开始对这三个方面分论之。

（一） 构建裁判规范

首先必须予以明确的是，裁判规范（the norms for decision）与法律规范是一对既有联系又有区别的概念。但在绝大多数的学术研究与司法实践中，人们往往并不会对二者进行区别使用。平心而论，在一般的场合对二者进行等同使用并不会造成理解上的困难，但如果我们处在法官等司法者的立场并且稍微严谨一点来说，二者之间的区别就会显现出来，裁判规范显然不是对法律规范进行简单的"拿来主义"。原因主要在于，一方面法律规范的构成多为类型化的表达，"类型与概念不同，其并未借不可或缺的要素而被终局确定。或者，法律会包含'须填补'的评价标准。"[1]事实上，即便是概念也未必都是确定无疑的表达，其也仍需要法官等对其内涵予以个案化界定与明确。当然，法律依凭于概念以及类型化的方式成文也并不是非理性的选择，毋宁是其之所以成为法律而必然要付出的代价，即所谓针对不特定案件反复适用。如果法律过于具体化，就会反而消解其针对未来的、不特定的案件的适用能力。另一方面，裁判规范的构成需要具体的案件事实予以参与，申言之，裁判规范与案件事实存在一个"互为构建"的关系。具体的案件事实并不是单纯地"等待"着裁判规范来适用，它反而会积极地介入针对自己的裁判规范的形成过程当中。也正是在这个意义上我们才能更好地理解埃利希（Eugen Ehrlich）的如下论述："即使能够涵盖当下待决案件的法条已经存在，也不能直截了当地从法条中得出判决。法条的表述总是笼统的，它不可能

---

〔1〕 ［德］卡尔·拉伦茨：《法学方法论》，陈爱娥译，商务印书馆 2003 年版，第 95 页。

像案件本身一样具体……这个具体的裁判规范是法官从事实中推导出来的，它被插在包含着一般裁判规范的法条和法官的事实确证之间。"[1]也由于裁判规范的个案针对性，有些学者直接使用了"个案规范"这一指称。[2]但不论使用何种术语，归根结底，法官适用于具体案件的规范与法律规范至少已经不是完全一样的了——虽然从形式上看完全没有区别。如果我们承认裁判规范需要法官对法律规范以及案件事实予以"加工"才能"生成"，那么于这一过程当中，社科法学就有了用武之地。

具体来讲，其作用至少可以体现在如下三个方面：其一，如上文所说，裁判规范是法官针对当下具体的个案对法律规范予以"特殊化"的结果，它因此需要将法律规范的一些社会内涵予以释放，[3]而社科法学将有助于法官把握法律规范的社会基础，从而使裁判规范更为精准地适用于当下的案件。申言之，这里有一个将法律规范所反映的社会内涵予以"还原"与"再生"的过程，这个过程显然并不简单，因为这是一场武器并不完全对等的战役。主要原因在于，现代意义上的立法并不是一个个人的作品，而往往是由一个立法集团/机构予以通力合作的结果，它反映了群体的智慧以及必要的妥协，但法官希冀的裁判规范只能由其个人或至多几个人来完成，稍有偏差，即有可能误解相关立法背后的社会内涵。[4]毋庸置疑，社科法学正好能以其对社会内涵的敏感与细致，在相当程度上帮助法官理解法律规范的社会内涵并在此基础上构建更为精确的裁判规范。其二，裁判规范总是具有一定的"事实性"维度。"事实问题、被查明的事实问题，同法律问题以及恰好由法官寻找到的（可以适用法条的）裁判规范几乎不可能分开。"[5]而社科法学在挖掘案件的事实

---

〔1〕 ［奥］欧根·埃利希：《法社会学原理》，舒国滢译，中国大百科全书出版社 2009 年版，第 185 页。

〔2〕 关于对"个案规范"的一些介绍及评述，可参见 ［德］卡尔·拉伦茨：《法学方法论》，陈爱娥译，商务印书馆 2003 年版，第 18—24 页。宽泛地说，个案规范与本文意义上的裁判规范有共通之处，但考虑到将"个案"的"当下与特殊"向度与"规范"的"普遍与一般"向度结合起来构成"个案规范"这一术语，似乎会给人有"矛盾"之感（但其实不矛盾）并因而容易引起不必要的误解，故而本文未使用这一术语。

〔3〕 请注意与前文关于法律是对社会的反映的一些论述结合起来进行思考、把握。

〔4〕 这其实也构成那些反对法官创造性解释立法乃至造法的一个主要理据。

〔5〕 ［奥］欧根·埃利希：《法社会学原理》，舒国滢译，中国大百科全书出版社 2009 年版，第 185 页。

以及更为宽泛意义上的事实层面具有天然的优势，因为它的立场就是经验的、事实的。正如苏力所说："社科法学则集中关注事实，包括本领域的相关知识、相关制度机构的权限、历届政府的政策导向、当下和长期可能的效果、社会福利，甚至影响本领域的最新技术或最新科研发现、突发事件等。法律、规范和教义重要，但只是不能忽视的'事实'之一。"[1]由于下文还要专门谈到社科法学之于案件事实问题的价值，此处就不具体展开了。其三，在一些案件中，由法律规范并不能相对直接地推导裁判规范，换言之，它需要法官通过多种途径予以"识别""创造"。[2]譬如，《瑞士民法典》第 1 条就规定："如本法没有相应的规定，法官应依习惯法进行裁判；如无习惯法，法官依自己如作为立法者应提出的规则进行裁判。"[3]我国台湾地区"民法典"第 1 条亦规定："民事，法律所未规定者，依习惯；无习惯者，依法理。"新近实施的《中华人民共和国民法典》于第 10 条也有相似的表述："处理民事纠纷，应当依照法律；法律没有规定的，可以适用习惯，但是不得违背公序良俗。"而于"识别"习惯并进而"创造"裁判规范的过程中，社科法学就能发挥其不可替代的作用，因为习惯本身就来源于社会，它与社科法学具有天然的亲近关系。事实上，不仅仅是习惯，在其他必要的场合，社科法学也能做出贡献，恰如庞德（Roscoe Pound）所说："法院必须像过去一样，通过经验来发现并通过理性来发展调整关系和安排行为的各种方式，使其在最少的阻碍和浪费的情况下给予整个利益方案以最大的效果。"[4]

（二）厘清案件事实

首先需要予以界定的是，此处的案件事实不仅包括狭义上的案件事

〔1〕 苏力："中国法学研究格局的流变"，载《法商研究》2014 年第 5 期。
〔2〕 承认这一点，也许需要勇气，但如若我们理智一点，就会发现即便我们在情感上希望法律规范能够穷尽社会事实，但这根本无法在实际立法中予以实现——非不愿也，乃不能也！甚至出于一些现实的以及未来的考量，这里的"不愿"其实有时也是一种"愿"。典型的诸如一些互联网、人工智能领域的立法，如果不能准确予以规制，有时还不如暂且不予规制。
〔3〕 于海涌、赵希璇译：《瑞士民法典》，法律出版社 2016 年版，第 5 页。
〔4〕 ［美］罗·庞德：《通过法律的社会控制：法律的任务》，沈宗灵、董世忠译，商务印书馆 1984 年版，第 63 页。

实，也包括与案件相关的社会事实。事实问题在司法中的重要性不言而喻，民间有所谓打官司就是两件事：一打法律问题，二打事实问题的说法。但实际上法律本身也可以被视作一种"制度性事实"（the institutional fact）。如果我们剥去一些法律问题的"法律"外衣，我们就会或多或少地认可波斯纳的如下判断："法律问题归根结蒂都是事实问题。"[1]即便是所谓的"法律"解释，也或多或少地涉及"事实"的维度。苏力也因此说："别拿马伯利诉麦迪逊或沙利文诉纽约时报或米兰达诉亚利桑那州这类判决说事，只要看看其中的论证，除了偶尔涉及几个专业术语外，其实并没有什么特别'法律'的。所谓的法律解释其实也与解释无关，不过是基于对语词含义的重新界定，一种权力实践而已，需要考虑的是后果，而不是语词的本义。"[2]而对于事实问题，社科法学可以说具有不可比拟的优势——套用一句俗话来讲——因为社科法学就是从事实中来，再到事实中去，它的所有作业内容都始终围绕着事实这个核心。即使是运用相关理论来分析事实，它也是以事实为依据的，正如罗斯（Alf Ross）所说："法社会学应用理论研究的也是对于法律实践而言很重要的相关事实以及它们之间的相互关系。"[3]换言之，它并不预设前提立场，更不自我设立教条。顺着如上对案件事实的界定，具体而言，社科法学对于司法裁判中的事实问题至少具有如下两个方面的功用：

第一，运用社科法学的多种方法有助于分析狭义上的案件事实，特别是证据事实。[4]因为司法的"后置性"与"被动性"，案件事实（the case fact）或者说法律事实并不完全等同于客观事实（the objective fact）。客观事实是我们希冀通过司法程序所追求的目标，但由于"人不可能两次踏入同一条河流"，客观事实永远停留在了过去——一个我们依据现有

[1] ［美］理查德·A. 波斯纳：《法理学问题》，苏力译，中国政法大学出版社2002年版，第256页。
[2] 苏力："法条主义、民意与难办案件"，载《中外法学》2009年第1期。
[3] Alf Ross, *On Law and Justice*, First Edition, Stevens & Sons Limited (1958), p. 23.
[4] 值得说明的是，案件事实一般就是指证据事实。但如果较真来说，两者之间仍具有些微的不同。因为有些案件事实并不是证据事实，换言之，它并不是或至少并不是直接从证据中得来的，譬如有些案件事实是法官在没有证据的情况下根据多种途径（诸如常识、司法程序赋予的权威等）所下的"决断"。此外，还有些案件事实是无需证据证明的事实。虽然指出了二者之间的不同，但笔者仍在行文中对二者进行了模糊化的处理。因为其一，在本文的论域中这样处理并不会带来理解的困难与分歧；其二，它便利了行文的开展。

的科学技术永远都回不到的过去。而事实问题又是司法裁判的核心，并且现代意义上的司法裁判又不可能诉诸超自然的力量（如神明）来查明事实。作为一个替代，我们只能将希望寄托于证据之上，力图通过查明证据并在此基础上回构出一个合乎法律、逻辑自洽、契合常识的案件事实。换言之，也就是尽量弥合案件事实与客观事实之间的差距，实现最大程度的"铁证如山"。但也无需讳言的是，这或多或少具有理想的成分，不仅因为它很难实现，而且因为它的完全实现需要昂贵的社会资源，有时并不能为一个社会负担——虽然这很无奈，但也是我们不得不面对的现实。

　　而一旦我们将目光聚焦于案件事实之上，我们就会进一步发现社科法学之于其的如下两方面作用：一方面，社科法学有助于重新认识被传统教义"束缚"的证据概念以及案件事实认定。法律证据并不仅仅是"法律"的，事实认定也并不仅仅是"法律"的。譬如，在反垄断法的司法裁判领域，正如有人指出的："反垄断法的核心概念比如垄断、相关市场，本身就是经济学概念，无法简单通过法律的解释技术充实其内涵。换言之，概念的界定和案件特定事实的认定本身，就是一个经济学问题，而不是法学问题。"[1]事实上，随着经济社会的快速发展而导致的司法纠纷之复杂化以及知识的日益专门化背景下，法官若想更加精确地认定案件事实进而有效应对这些时代的挑战，就必须借鉴或利用包括但不限于社会科学等知识。现代社会孕育的"专家证人"制度就是一个很好的例证。也正是在这个意义上，我们才能更好地理解布兰代斯（Louis Brandeis）大法官的如下洞见："一个法律工作者如果不曾研究经济学与社会学，那么他就极容易成为一个社会公敌。"[2]其实作为一个法律人（包括法官）要学习的又何止是经济学与社会学呢？与之相关联的则是另一方面，由于通过证据等获得的相关案件事实仍或多或少是孤立的"片

---

[1]　李志刚："法经济学在民商审判实务中司法运用——角度与限度"，载《人大法律评论》编辑委员会组编：《人大法律评论》（2017年卷第1辑·总第23辑），法律出版社2017年版，第169页。

[2]　阿瑟·L.古德哈特：《普通法的五名犹太律师》（伦敦，1949年），第31页，转引自［美］E.·博登海默：《法理学——法哲学及其方法》，邓正来、姬敬武译，华夏出版社1987年版，第491页。

段"，需要法官予以整合，而于这个过程当中最为重要的就是发现因果关系。具体来讲，就是在证据与证据之间形成某种"秩序"与"规律"，进而使得认定的案件事实符合逻辑与常理并能排除合理怀疑。其实不仅是司法裁判要寻找因果关系，毋宁说现代意义上的社会科学、自然科学等都是在寻找因果关系。而社科法学在寻找因果关系方面具有更多的手段与方法，譬如"求同法""共变法""剩余法"等。申言之，借助社科法学能够方便我们更为准确地把握案件事实认定中的因果关系并在此基础上提高司法裁判的真确性。

第二，社科法学有助于把握与案件事实相关联的社会事实。关于社会事实，不同的人可能会有不同的理解，其内涵与外延更可能不尽一致。笔者在这里采用迪尔凯姆（Durkheim）对社会事实的相关界定，即"一切行为方式，不论它是固定的还是不固定的，凡是能从外部给予个人以约束的，或者换一句话说，普遍存在于该社会各处并具有其固有存在的，不管其在个人身上的表现如何，都叫做社会事实。"[1]该界定至少标示出了社会事实的两个特征：不论个人能否意识到，社会事实都能给予人约束；社会事实是固有存在的，不以个人意志为转移。具体到司法裁判中而言，其主要体现在如下几个方面：其一，案件事实在一定程度上也是一种社会事实，它深嵌于社会事实当中，与社会事实具有密切的勾连关系。譬如，当法官认定一起未成年人违法犯罪的案件事实时，他/她就极有可能注意到该未成年人的成长环境、家庭背景等。其二，法官的案件事实认定以及基于其之上的裁判会受到相关社会事实的制约（中性）。譬如，我国司法中的"政党"背景，[2]以及司法的"政治化"面向。[3]不论我们在感情上承认与否，它们都或多或少地参与了案件事实的认定以及基于其之上的司法裁判。笔者知道这么说容易让部分读者产生"不好"的联想，认为这些社会事实妨碍了司法独立。笔者非常认可司法独立的重要性，但我们不能仅仅因为它"好"，就对其进行一种理想化并进而是教

〔1〕 ［法］E. 迪尔凯姆：《社会学方法的准则》，狄玉明译，商务印书馆1995年版，第34页。
〔2〕 相关分析可参见苏力："中国司法中的政党"，载苏力主编：《法律和社会科学》（第1卷），法律出版社2006年版，第256—284页。
〔3〕 相关分析可参见周赟："政治化：司法的一个面向——从2012'涉日抗议示威'的相关案件说起"，载《法学》2013年第3期。

条化的理解。司法从来就不是在真空中运行，法官也并不是没有政治偏好，即便是被我国某些学者仰望的美国联邦最高法院大法官也是如此。事实上，如果他/她不是和总统分享了相近的政治偏好与信仰，他/她就很难甚至不可能获得总统的提名与任命。社科法学的经验事实立场与法教义学等学术流派不同，其并不天然地把这些社会事实看成是一种无关的甚至是要努力予以摒除的"障碍"。它认识到了这些社会事实的存在并不以自己的意志为转移，况且它们也并非一概不可欲。务实地对它们展开研究，也许更有益于增进理解，既更深入地理解相关的案件事实，也更理解我们的司法活动。

（三）提升裁判效果

司法裁判只有得到当事人以及公众的认可才能最大限度地发挥司法之应有的功能。从这个意义上讲，司法和立法一样，它们的生命都在于实践。而提升司法的实践能力有多方面的途径，譬如，增加司法资源的投入、破除一些体制机制障碍等。但如果我们立足于司法本身的逻辑属性来讲，一个最为核心的切入点也许就是从提升司法的裁判效果着手。这不仅是因为"内因"往往是决定事物/活动的主要原因——如果司法自身都不做出最大的努力让当事人及公众信服自己的裁判，反而将希望寄托在一些外部环境的改善上，那未免就有点舍本逐末了——更因为从提升司法的裁判效果着手是在当下的环境中我们最有可能有所突破与改进的地方。正是基于对上述这个前提性判断的认可并结合本文的主题，笔者将着重讨论社科法学之于提升司法裁判效果的价值。需要说明的是，"裁判效果"一词在实践中虽也有使用，但从目前来看，无论是官方还是学界使用司法裁判的法律效果与社会效果频率更高，并特别强调二者的有机统一。譬如，2018 年最高人民法院发布的《最高人民法院发布 10 起人民法院国家赔偿和司法救助典型案例》、2017 年最高人民法院发布的《中国法院知识产权司法保护状况（2016 年）》、2014 年最高人民法院发布的《最高人民法院通报 14 起未成年人审判典型案例》等都有类似的表述。[1]那么，为何笔者在此处未遵从习惯性用法，而使用了裁判效果呢？原因主要在于，在社科法学那里，裁判效果当然地包含法律效果与社会效果。甚至法律效果与社会效果的二分对社科法学来说也意义不大，因为"社科法学更注重司法或准司法的系统性社会后果。社科法学甚至不承认有所谓社会后果与法律后果的分别，因为法律的逻辑推导只是推论，而不是经验上的后果。"[2]也正是在这里，我们看到了社科法学对于提升司法的裁判效果的力量之所在，即运用多种社会科学的方法、手段来衡量、预测司法裁判的社会效果，进而达致一个在多种条件约束下必然或多或少存在妥协但仍旧是当前语境下最优的裁判——如果说那种完全理想层面上的最优虽预设了但不可达致也因而就不算实践中的最优。具体而言，可以从以下三个方面来理解社科法学对于提升司法裁判效果的价值。

第一，社科法学注重分析司法裁判中个案的社会背景以及一些或隐或现的约束（中性）。司法裁判最终要回归到社会当中，它的裁判效果也最终由社会判定。如果在司法裁判的过程当中，忽视一些个案中的社会背景以及约束，那无异于"自绝"于社会。难以想象，一个与社会决裂的司法裁判还能奢谈什么裁判效果吗？譬如，在四川泸州"继承案"中，[3]法官如果判决作为社会意义上"二奶"的张××继承黄××的遗赠，

[1] 不过相关学者进行梳理与研究发现，在一年一度的最高人民法院工作报告中"'社会效果'自1983年首次出现至2012年最后一次出现，经历了三十年。自2013年以来……社会效果概念在最高法院报告中戛然而止"，参见宋亚辉："追求裁判的社会效果：1983—2012"，载《法学研究》2017年第5期。这的确是个很值得注意的现象——如果我们认可官方文件表述的一贯性、严谨性，那么这个变化就不是简单意义上的语词变化。事实上，上引宋亚辉文已经对此展开了比较深入的研究。但另一方面，在其他官方文件中，"社会效果"至2013年后仍以较高的频率出现，笔者在文中的引用也有意识地选取了2013年后出现的官方文件。换言之，虽然"社会效果"的表述在官方文件中出现了一些"松动"，但没有在根本上禁止对其的使用。也就是说，本文对法律效果与社会效果出现频率较高的判断至少从目前来看仍是成立的。但请注意，这仅仅是笔者的描述性判断，而不涉及价值性判断。此外，学界对司法裁判法律效果与社会效果的研究也可参见刘峰："司法裁判中的法律效果与社会效果"，载《人民法院报》2018年1月3日，第2版；时显群："论司法判决中法律效果和社会效果的统一"，载广州市法学会编：《法治论坛》（2017年第3辑），中国法制出版社2017年版，第240—252页；阴建峰："论法律效果与社会效果的统一——以贯彻宽严相济刑事政策为中心"，载《河南社会科学》2011年第2期；等等。

[2] 苏力："中国法学研究格局的流变"，载《法商研究》2014年第5期。

[3] 参见四川省泸州市中级人民法院（2011）泸民一终字第621号民事判决书。

在笔者看来，也是于法有据或至少是能够找到法律上的抗辩理由的。但如若法官真的如此，这份判决必然不会得到社会的认可与接受，[1] 并且大概率会被现有的司法程序"纠正"。也正是看到了该案背后的社会背景以及约束，笔者认为该案法官在法律范围内最大限度地实现了该案的裁判效果。而社科法学一直强调对案件社会背景以及约束的重视，正如布莱克（Donald Black）所说："法社会学使得现代法学不得不去直面现实：法律条文本身决定不了案件。每个案件都有其相应的社会特征，而正是这些特征决定了案件的处理。或许，法学思想家们真的应该重新考虑这些特征的真正相关性。"[2]

第二，正因为认识到了案件的社会背景以及约束对于裁判效果的重大影响，社科法学拒绝机械地将司法裁判理解为"法律（大前提）—事实（小前提）—裁判（结论）"之典型的三段论演绎。当然，社科法学并不是要否定三段论演绎之于司法裁判的意义，但一如它对法律教义所秉持的开放乃至怀疑立场，它也并不一般地将三段论视为达致判决真理的专列。因为三段论只是一种逻辑上的推理，而真实的司法裁判却不能忽视现实。也正是认识到了这一点，社科法学将目光集中在三段论中大、小前提的确立之上，而不是大小前提与裁判结论的演绎之上。恰如波斯纳所说："我们必须把三段论的合法性同它的真实可靠性（soundness），即它产生真实结论的力量，区分开来。真实可靠性不仅取决于具体的三段论是否合法，而且取决于前提是否真实。"[3] 而关于社科法学对大、小前提确立之作用，有心的读者想必已经发现了，这正是上文"构建裁判规范"与"厘清案件事实"所关注的。

第三，社科法学能以其多种方法与工具帮助法官权衡、预测司法的裁判效果，进而有益于法官理性选择一种相对好的裁判。但首先必须承认的是，权衡、预测司法的裁判效果具有未来的向度，而未来之所以称

---

[1] 此案经过了两审，二审维持了一审判决。据说，一审判决一出，全场旁听群众报以热烈的掌声。这里的"掌声"已经足够说明一切了。

[2] ［美］唐·布莱克：《社会学视野中的司法》（中英文对照），郭星华等译，法律出版社 2002 年版，第 114 页。

[3] ［美］理查德·A. 波斯纳：《法理学问题》，苏力译，中国政法大学出版社 2002 年版，第 55 页。

之为未来，就在于人不可能通过当下对其完整把握。换言之，即便社科法学能够给法官权衡、预测司法的裁判效果提供多种方法、工具，其至多也只能增强法官对其裁判的确信（conviction）而非确定（certainty）。正如波斯纳所说："因此，在宪法性法律上运用科学理论和经验研究之方法，我们也许可以希望最终得到的一样东西就是知道运用这些方法会使法官能够明智但不确定地处理有关的后果。"[1]承认这一点，也许并不构成对社科法学这一功用的贬抑，因为在未来面前，任何的理论、预测都会"失色"，这恰恰也是未来的魅力之所在。可我们仍旧会有好的裁判与坏的裁判之分，原因就在于有的裁判效果是法官在当下应当预见也有能力预见的，倘若此时法官对其视而不见，那么仍称之为一种立足于当下的好的裁判就未免难以令人信服了。而社科法学一向强调对司法裁判后果的关注，有些论者甚至将法教义学等同于司法裁判的"法条主义"，而将社科法学等同于司法裁判的"后果主义"。虽然这种概括不免失当，但这至少也说明了社科法学对于裁判后果的关注以及积累的一些方法论上的优势。譬如，汉德（Learned Hand）法官在"美国诉卡洛儿拖船公司"[2]一案中就运用法经济学方法分配了责任的承担并成功地预测到了如此做会带来良好的裁判效果。

四、结语

本文集中梳理了社科法学之于立法与司法的规范的（也因而是实践的）价值。它没有仅仅停留在一些大词的宣示与论证之上，而是力求展示社科法学实在的并因而是可以感觉到的甚至是触摸到的价值。法律是一项实践的事业，它需要理论，但更需要的是具有经验、实证基础的理论。它因此也需要多学科知识的融合，因为实践是复杂的并因而是多面的。也许法律学科眼中"今日黄花"，在别的学科眼中却是"别有一番风

---

〔1〕 ［美］理查德·A. 波斯纳：《道德和法律理论的疑问》，苏力译，中国政法大学出版社2001年版，第212页。

〔2〕 See United States v. Carroll Towing Co. 15年F. 2d 169（2d Cir. 1947）.

景"，也许法律人眼中的一个"新发现"，在别的学科学者那里早已是"常识"了。我们又何必事必躬亲，那些已然成熟的知识尽可以为法学使用，不要担心什么"经济学帝国主义"，一个学科犹如一个国家一样，它们都需要开放并于开放中实现成长。当然，笔者这么说并不是要否定法学作为一门学科具有的独有的专业槽，而毋宁是强调为了更好地维护法学的专业槽或者说促进法学的发展，必须借鉴其他学科的知识。社科法学正是认识到了这一点，它试图利用其他社会科学的知识丰富自己、壮大自己。此外，虽然文章着重关注了社科法学的价值，但这并不意味着社科法学的价值没有限度。事实上，一如"言论自由"一样，社科法学的价值也必然有其限度/边界。因为即便是真理，再往前一步也就是谬误了。但限于篇幅，这部分内容就不是本文所能一并论述的了。

笔者真诚地相信并且也有理由相信，社科法学的价值必然会随着法律研究与实践的发展而日益凸显，也许霍姆斯的如下论断——"当前的法律的理性研究仍属于法条主义者，但未来则属于统计学家与经济学家"[1]——具有夸张的成分，但他强调积极吸收其他社会科学知识的立场无疑是值得我们深思并认真对待的，而这恰恰也是社科法学所鼓励并希冀的！

（初审：丁建峰）

---

[1] Oliver Holmes, "The Path of Law", 10 *Harvard Law Review* 457 (1897), p. 469.

论　文

——————

Articles

"政法"传统的组织生成及转型

——基于"党的领导"与"人民民主"的关系叙事

陈洪杰*

提　要： "政法"的发轫实际上是关涉民主与集中相互之间权力关系逻辑的组织建构过程，由于无论是"党的领导"抑或是"人民民主"最终都只能诉诸官僚体制的组织设施而加以实践，这就容易造成官僚集权。在组织链条尤为繁复的"条块"体制下，存在大量可供集权官僚据以结党营私的组织间隙，由于在集权官僚体制中处于"承上启下"位置的"上级"具有"天高皇帝远"的"中央"所无法比拟的信息权力优势，这就使得官员对官僚体制的依附更多地体现在对直接上级的依附上。当"上下共谋"的官僚集团按照自己的需要去组织"人民民主"的实践形态时，也就必然会导致作为外部权力制衡的民主机制发生组织功能异化。由是，基于"依法治国"的政治方略，"政法"转型的要旨应在于努力推进官僚分权与司法民主。

关键词： 民主集中制；群众路线；司法改革；官僚分权

一、何谓"政法"

在当代中国，"政法"的概念象征着一种具有丰富历史内涵的司法运

---

* 作者陈洪杰，男，上海师范大学哲学与法政学院副教授，厦门大学法学博士，研究领域为诉讼法学、司法制度、法社会学，代表作有《法治如何实践：关于"法律人之治"的法哲学追问》《法律如何治理——后形而上法哲学反思》《现代性视野下司法的信任危机及其应对》《人民司法的历史面相——陕甘宁边区司法传统及其意义符号生产之"祛魅"》《司法如何民主：人民司法的历史阐释与反思》等，E-mail：publicjustice@126.com。

行机制。"按照马克思列宁主义的观点，'政法'强调的是体现国家意志的法律要为政治服务"[1]。作为"讲政治"的内在要求，"政法"自发轫以来即秉持一种"个别化的权力策略"。[2]比如，早在苏维埃时期的司法政策文件就已明确指出：不认识苏维埃法庭是阶级斗争的工具，是压迫敌对阶级的武器，而表现出单纯的法律观，机械地去应用法律；不知道法律是随着革命的需要而发展，有利于革命的就是法律，有利于革命的可以随时变通法律的手续，不应因法律的手续而妨碍革命的利益。[3]

这就意味着，"政法"很难在常规意义上诉诸那种基于对既定规则的普遍化实施而加以建构的普适性制度权威来谋求社会支配，"个别化的权力策略"必须依托于有能力超越制度主义逻辑的权威结构。就此而言，"人民民主"的象征实践看起来正是这样一种内含着"个别化"张力的权力支配逻辑。比如，对于陕甘宁边区高等法院设立之初以"刑字第二号"判处的黄克功杀人案，有学者认为："边区高等法院……创设了人民群众民主参与刑事案件的陪审制度和公审制度……虽然黄克功杀人案的判决书并未援引具体的法律条文，判决书没有说明赖以作出裁判的法律依据，裁判过程中的民主形式，体现了裁判结果的公正性。"[4]

然而，尽管"人民民主"的实践操作可以为"个别化的权力策略"提供必要的正当化支持，但正如董必武曾经指出的，群众长远的利益或最高的利益，群众自身往往是看不见的。[5]这个时候，如何保证"人民群众民主参与"的司法仍然能够以一种具有普遍化张力的方式"为政治服务"就成为"政法"所要面对的严峻挑战。

谢觉哉曾经指出：个人利益要服从整体利益，暂时利益要服从长远

---

[1] 侯猛："当代中国政法体制的形成及意义"，载《法学研究》2016年第6期。

[2] 郑智航："人民司法群众路线生成史研究（1937—1949）——以思想权力运作为核心的考察"，载《法学评论》2017年第1期。

[3] 参见彭光华主编：《人民司法的摇篮——中央苏区人民司法资料选编》（内部资料），赣州市中级人民法院2006年编印，第175—176页。转引自刘全娥：《陕甘宁边区司法改革与"政法传统"的形成》，人民出版社2016年版，第34—35页。

[4] 汪世荣、刘全娥："黄克功杀人案与陕甘宁边区的司法公正"，载《政法论坛》2007年第3期。

[5] 董必武："我们的财经任务与群众路线"，载董必武：《董必武选集》，人民出版社1985年版，第174页。

利益；要走群众路线，但不能做群众尾巴；等等，都是我们解决案件的准绳。[1]但这并不是件容易的事，作为共产党事业的两大重要基石，不仅群众的思想觉悟和认识水平参差不齐，基层干部们的背景差异同样也很大，几乎所有的县长及区、乡一级政府的干部都是在本地的革命中成长起来的……他们在反日民族主义和建立自由强大的中国这两点上可以找到共同语言，但各自的思想信仰则千差万别……革命游击战争所要求的是最大限度的独立自主、因地制宜和最小限度的中央控制。因此，如何协调基层"自主行动"和有效的中央控制之间的冲突就成为革命政权所要面对的重大挑战。

这也意味着，为了保证作为群众自己的工具[2]的"大众化"司法能够一以贯之地"为政治服务"，秉持"个别化的权力策略"的"政法"必然需要在"制度主义路径"之外谋求某种"准绳"式的功能等价物以实现全党意志的统一和分散决策的正确。[3]从"政法"的历史实践来看，这主要是得益于民主集中制的政制建构与组织化成就。

二、民主集中制的"政法"调适

由于政治是人们围绕权力的获得和保持展开的活动，[4]这就决定了从政治上了解现实问题、从政治上解决现实问题[5]的"政法"也必然要遵循"向上负责"的权力逻辑。在制度上，最根本的一个问题是民主集中制的一致精神的贯彻。从政府贯彻到法院，由法院贯彻到分庭推事，一直到下面。你审判的对不对由上面统一来审核，审判错了你再重审，

[1] "谢觉哉同志在司法训练班的讲话（摘要）"，载《人民司法》1978年第3期。
[2] 谢觉哉：《谢觉哉杂文选》，人民文学出版社1980年版，第77页。另可见谢觉哉：《谢觉哉日记》（上卷），人民出版社1984年版，第556—557页。
[3] 荣敬本、罗燕明、叶道猛：《论延安的民主模式：话语模式和体制的比较研究》，西北大学出版社2004年版，第129—130页。
[4] 参见高其才、左炬、黄宇宁：《政治司法：1949—1961年的华县人民法院》，法律出版社2009年版，第36页。
[5] "谢觉哉同志在司法训练班的讲话（摘要）"，载《人民司法》1978年第3期。

这样才能保证党的全部领导。[1]

在这里，民主集中制首先是下级组织服从上级组织的制度，[2]比如晋冀鲁豫边区政府、边区高等法院《关于司法工作在扶植群众运动中及适应战争环境的几点指示》中提到，在工作上，凡是经过群众斗争的案件（如减租减息、反贪污等）到政府解决时，司法干部应很好倾听群众团体及各方面的意见，了解真实情况，依法作正确之判决。必要时组织群众团体陪审制度，典型案件甚至可进行公审，反对单纯引用法条。不了解真实情况，不能依法作合理判决脱离群众的举动。在案件未宣判前，凡经群众斗争的案件，司法干部必须与专员或县长商酌解决办法，专员或县长在会议时有最后决定权。[3]《苏中区处理诉讼案件暂行办法》（1944 年 10 月公布实施）第 45 条第 2 款规定：案件进行至可判决时，审判人员应召集审判会议，征取陪审员意见，以为判决之基础。有不同意见时，应记明笔录，得先迳行判决；如多数陪审员反对审判员之主张时，应暂行停止判决，呈请上级决定之。第 57 条规定：重大案件与大多数人民有切身关系者，得举行人民公审，由人民执行诉权及陪审权。在审讯中，审判员应征询在场人民对案情之意见。人民公审之审判权仍由审判员负主要责任，但应采纳人民之意见。人民公审应当场宣判，如遇审判人员之意见与人民多数之意见不一致时，应记明笔录，呈请上级决定之。[4]

但这样一来，在民主与集中相互之间的权力逻辑上就出现了不可避免的内在紧张：民主集中看来是矛盾的，要民主，就无法集中，要集中，就不能民主。[5]基于民主革命的内在合法性要求，对于"政法"的实践而言，最大的挑战即在于集中的体制怎样能和广泛人民意见融合[6]，以

〔1〕 "陕西省档案馆档案"。转引自刘全娥："雷经天新民主主义司法思想论"，载《法学研究》2011 年第 3 期。

〔2〕 谢觉哉：《谢觉哉日记》（下卷），人民出版社 1984 年版，第 745 页。

〔3〕 韩延龙、常兆儒编：《中国新民主主义革命时期根据地法制文献选编》（第 3 卷），中国社会科学出版社 1981 年版，第 411 页。

〔4〕 韩延龙、常兆儒编：《中国新民主主义革命时期根据地法制文献选编》（第 3 卷），中国社会科学出版社 1981 年版，第 499、501 页。

〔5〕 谢觉哉："政权组织问题"，载谢觉哉：《谢觉哉文集》，人民出版社 1989 年版，第 675 页。

〔6〕 谢觉哉：《谢觉哉日记》（下卷），人民出版社 1984 年版，第 747 页。

保证民主集中制一方面是下级组织服从上级组织的制度……另一方面这个集中制又是民主主义的。[1]谢觉哉认为：这个问题像难了解，实则不是难了解……照毛主席的话叫作"在民主基础上的集中，在集中指导下的民主"[2]。在本文看来，这样一种权力交往机制之所以可欲，主要得益于"布尔什维克的组织方式"[3]能够以其组织化成就而将"个别化的权力策略"有效融入具有普遍化张力和强大社会心理基础的组织权威与话语机制，以切实贯彻专门机关与广大群众相结合，把党和国家的政策法令变成群众的语言。[4]

比如，在延安时期，功勋卓著的红军高级干部黄克功因逼婚未遂，泄愤枪杀抗大校友刘茜（本案发生于 1937 年 10 月 5 日）。根据事件亲历者回忆："为了处理好这一案件，抗大校部通知各队对此事进行讨论……讨论中却出现了两种意见，一是主张杀；一是主张不杀……本来杀人者偿命天经地义，但考虑到黄克功年轻有为，又有军功，中华民族又处在日军的铁蹄之下……许多人主张让黄去冲锋陷阵，戴罪立功。"[5]

事实上，按照 1934 年 4 月《中华苏维埃共和国惩治反革命条例》第 35 条的规定：凡对苏维埃有功绩的人，其犯罪行为得按照本条例各该条文的规定减轻处罚。在季振同、黄仲岳反革命案件中，苏维埃临时最高法庭认定反革命罪成立，并判处二者死刑……但中央执行委员会却以"季、黄等均是参加宁都暴动者，对革命不无相当功绩"为理由，改判监禁。[6]照此来看，对苏维埃有贡献者即便犯反革命罪都可以从轻论处，而黄克功因泄私愤杀人，也应减轻处罚。[7]

尽管如此，由于黄克功案发生时的政治形势较之此前苏维埃时期已经发生巨大变化（该案发生于抗战爆发，中国共产党执政边区的非常时

---

[1] 谢觉哉：《谢觉哉日记》（下卷），人民出版社 1984 年版，第 745 页。
[2] 谢觉哉："政权组织问题"，载谢觉哉：《谢觉哉文集》，人民出版社 1989 年版，第 675 页。
[3] 刘忠："'党管政法'思想的组织史生成（1949—1958）"，载《法学家》2013 年第 2 期。
[4] 参见马锡五："马锡五副院长在全国公安、检察、司法先进工作者大会上的书面讲话"，载《人民司法》1959 年第 10 期。
[5] 参见曹慕尧："我所亲历的'黄克功事件'"，载《党史博采》2003 年第 9 期。
[6] 杨永华："延安时代的法制理论与实践"，载《西北政法学院学报》1986 年第 3 期。
[7] 杨永华："根据地时期法律平等原则的历史回顾"，载《法律科学（西北政法学院学报）》1993 年第 6 期。

期）。"国民党《中央日报》大肆渲染、攻击和污蔑边区政府'封建割据''蹂躏人权''无法无天'。边区群众反响强烈，要求严惩黄的呼声高涨。而案发当时，一个国外记者团正在访问延安。"[1]这个时候，如果继续延用对革命有贡献的老党员、老干部和老红军，给予法律优待的做法，[2]显然是不利于建立和发展抗日民族统一战线这一宏观大局的。

　　当黄克功案层层上报中央之后，毛泽东为此亲自致信负责公审此案的陕甘宁边区高等法院刑事法庭庭长雷经天："黄克功过去斗争历史是光荣的，今天处以极刑，我及党中央的同志都是为之惋惜的。但他犯了不容赦免的大罪，以一个共产党员红军干部而有如此卑鄙的，残忍的，失掉党的立场的，失掉革命立场的，失掉人的立场的行为，如为赦免，便无以教育党，无以教育红军，无以教育革命者，并无以教育做一个普通的人，因此中央与军委便不得不根据他的罪恶行为，根据党与红军的纪律，处他以极刑……共产党与红军，对于自己的党员与红军成员不能不执行比较一般平民更加严格的纪律。"[3]

　　在后来对黄克功的公审大会上，根据亲历者回忆："当审判长问到他的生平简历，参加过哪些战斗？黄克功陈述了战斗的时间、地点和战果，并请法警帮助他解开纽扣撩开上衣，露出满身伤疤。会场上的同志看到自己面前的罪犯……不少人流下同情的眼泪。公审大会有一项日程，就是各单位的代表讲话，大家发言踊跃，争论十分热烈，意见分歧，很难统一。"[4]在大会最后宣读了毛泽东的亲笔信后，争议才得到平息。在事件亲历者看来，"如果没有毛主席这封信，说不定群众的舆论压力，会造成判处黄死刑的困难，在公审大会上勉强做出判决，会使人心不服，甚至产生不满情绪。"[5]

　　如果上述叙事逻辑成立，那么显而易见，自由主义式的民主决策逻

〔1〕　参见张炜达："全面从严治党需要从延安精神中汲取经验——黄克功案对全面从严治党的启示"，载《中国延安干部学院学报》2017年第4期。

〔2〕　杨永华："根据地时期法律平等原则的历史回顾"，载《法律科学（西北政法学院学报）》1993年第6期。

〔3〕　毛泽东："毛泽东同志给雷经天的信"，载《法学杂志》1981年第4期。

〔4〕　曹慕尧："我所亲历的'黄克功事件'"，载《党史博采》2003年第9期。

〔5〕　曹慕尧："我所亲历的'黄克功事件'"，载《党史博采》2003年第9期。

辑实际上极有可能会带来"路线斗争"的隐患。[1]正如陕甘宁边区高等法院意识到的,抗日民主政权的法律应以团结各抗日阶级、团体和广大干部群众为宗旨,必须纠正苏区受王明"左"倾路线影响出现的干部与干部之间的法律不平等错误做法。[2]为了保证共产党的民主集中制,应成为集中制与无产阶级的民主制之真正的总合、融合。[3]卡理斯玛领袖的超凡政治魅力就成了最终的组织权威保障:"最后大会宣读了毛主席给雷经天的信,群众听后思想受到很大触动,对黄克功的罪行有了更深刻的认识……大家一致拥护,完全赞成信中的意见。"[4]

经过审理,边区高等法院对本案的定性判决是:汉奸才是自己国家民族的死敌,我们用血肉换来的枪弹,应用来杀敌人,用来争取自己国家民族的自由独立解放,但该凶犯黄克功竟丧心病狂,枪杀自己的革命青年同志,破坏革命纪律,破坏革命团结,无异于帮助了敌人,无论他的主观是否汉奸,但客观事实,确是汉奸的行为……这些表现实为革命队伍中之败类。[5]最后,"雷经天审判长代表边区高等法院,在群众意见完全一致的基础上,一字千钧地宣布判处黄克功死刑并立即执行。黄克功认罪服法,高呼'中国共产党万岁''打倒日本帝国主义',然后从容走向刑场。"[6]

黄克功案的妥善处理无疑给民主集中制的"政法"调适提供了理论上的操作空间:只要能"将超凡禀赋领袖的个人魅力转而移植到稳定的组织设施上,使得这些组织设施具有卡理斯玛权威的禀赋,涂上'神圣化'的色彩。"[7]那么,民主制与集中制之间总合、融合的日常实施问题就有可能在技术上被处理为卡理斯玛权威的常规组织化问题。正如董必

[1] 参见陈洪杰:"司法如何民主:人民司法的历史阐释与反思",载《比较法研究》2016年第5期。

[2] 参见杨永华、肖周录:"黄克功事件始末",载《人文杂志》1997年第4期。

[3] 谢觉哉:《谢觉哉日记》(下卷),人民出版社1984年版,第745页。

[4] 曹慕尧:"我所亲历的'黄克功事件'",载《党史博采》2003年第9期。

[5] 张世斌主编:《陕甘宁边区高等法院史迹》,陕西人民出版社2004年版,第94页。转引自侯欣一:《从司法为民到人民司法——陕甘宁边区大众化司法制度研究》,中国政法大学出版社2007年版,第101—102页。

[6] 曹慕尧:"我所亲历的'黄克功事件'",载《党史博采》2003年第9期。

[7] 参见周雪光:"国家治理逻辑与中国官僚体制:一个韦伯理论视角",载《开放时代》2013年第3期。

武后来于 1950 年 8 月 12 日《对参加全国司法会议的党员干部的讲话》中指出的：什么叫人民司法，这一问题虽然议论得很多，但司法工作者中有相当一部分人员仍未弄清楚。人民司法的基本精神，是要把马克思、恩格斯、列宁、斯大林的观点和毛泽东思想贯彻到司法工作中去。[1]

三、"政法"的普遍化张力：卡理斯玛支配的组织化建构

对于黄克功案，有研究者指出：此案的判决说理较少寻找法律层面的依据，通篇贯彻的主要是政治和道德的说教，杀人事件本来是一个相对简单的法律关系问题，但该判决却并不从法律上寻找依据，而是直接用政治逻辑代替了法律逻辑。[2]在本文看来，这主要是因为卡理斯玛支配本就不以具有普适性的制度主义逻辑作为其普遍化张力之所在，卡理斯玛支配所抱持的是一种转化一切价值，与一切传统的、理性的规范决裂的、自主的革命态度。[3]与之相适应的是，人民将承认卡理斯玛的真实性及听从其召命而行动，当成是自己的职责——这就恰如黄克功的从容赴死——由心理层面而言，这项"承认"是个人对拥有这些特质者的完全效忠和献身。[4]

在这里，权力正当性的唯一基础是个人的卡理斯玛，只要其存在受到证实。亦即，只要它能被承认，只要跟随者及信徒卡理斯玛式地证明他们的"足堪重任"。[5]这就意味着，卡理斯玛支配的普遍化张力在根本上是内在于某种自我表述为"真理"的意识形态话语与权威机制，"它可以使人们不假思索地追随官方意图"——恰如毛泽东的亲笔信在黄克功

〔1〕 董必武：《董必武法学文集》，法律出版社 2001 年版，第 45 页。

〔2〕 侯欣一：《从司法为民到人民司法——陕甘宁边区大众化司法制度研究》，中国政法大学出版社 2007 年版，第 102 页。

〔3〕 ［德］韦伯：《韦伯作品集Ⅲ：支配社会学》，康乐、简惠美译，广西师范大学出版社 2004 年版，第 269 页。

〔4〕 参见 ［德］韦伯：《韦伯作品集Ⅱ：经济与历史支配的类型》，康乐等译，广西师范大学出版社 2004 年版，第 355—356 页。

〔5〕 ［德］韦伯：《韦伯作品集Ⅱ：经济与历史支配的类型》，康乐等译，广西师范大学出版社 2004 年版，第 358 页。

案中所达致的意识形态效果——"通过它,人们认识了他们所处的环境,并被一种'世界观'导引,从而使决策过程简单明了。"[1]

阿帕特及托尼·赛奇等以延安的意识形态和道路实践为对象进行了研究。他们认为,中国共产党之所以能够以延安为中心,在极其分散的根据地之间形成强大的集权体制,靠的是一套特殊的话语系统。延安的一切,包括制度、理想和行为观范都是一套话语系统的产物,它们以符号资本的形式汇集于延安,使延安成为真理和美德的最高体现。这一研究的核心命题是"话语即权力",共产党也因此而被比作话语的共同体。[2]他们认为,毛泽东对这个话语的形成起着至关重要的作用。[3]

正是基于卡理斯玛领袖具有超凡禀赋的"话语权",延安整风运动代表了我党政制模式重大的转折。在整风运动以前,党内民主集中制通常采取争论—表决的会议模式,整风运动推翻了这个模式,代之以先在中央确定一个核心,区分好谁代表正确路线、谁代表错误路线,然后围绕统一的口径自上而下地进行学习的新模式。[4]这是因为在残酷的革命斗争背景下,为了避免"上升为'路线斗争'的政治分裂,党必须将自己的命运托付给已经在残酷的斗争中证明自身能力,具有超凡魅力的政治、军事领袖,并赋予其不容挑战的政治权威与绝对领导权"[5]。

在这里,集中不是简单地按照命令—服从的行政模式实现的,还必须让全党相信中央走的是马克思主义道路,代表着正确路线。正是本着这个方针中央才能要求全党与自己保持一致。[6]在中央自上而下地确立象征真理的路线决策与话语模式之后,卡理斯玛权威的常规组织化就有

---

[1] 参见戴长征:"意识形态话语结构:当代中国基层政治运作的符号空间",载《中国人民大学学报》2010年第4期。

[2] 荣敬本、罗燕明、叶道猛:《论延安的民主模式:话语模式和体制的比较研究》,西北大学出版社2004年版,第5页。

[3] 参见罗燕明:"90年代海外延安研究述评",载http://www.iccs.cn/detail_cg.aspx?sid=517。转引自刘全娥:《陕甘宁边区司法改革与"政法传统"的形成》,人民出版社2016年版,第15页。

[4] 荣敬本、罗燕明、叶道猛:《论延安的民主模式:话语模式和体制的比较研究》,西北大学出版社2004年版,第121页。

[5] 陈洪杰:"司法如何民主:人民司法的历史阐释与反思",载《比较法研究》2016年第5期。

[6] 荣敬本、罗燕明、叶道猛:《论延安的民主模式:话语模式和体制的比较研究》,西北大学出版社2004年版,第282页。

可能以"话语"作为意识形态媒介来赋予"政法"的支配以普遍化张力。

第一，一旦话语模式得到确立，所有的政治参与者就都只能借助特定的语言表述自己的政治主张，离开了这些语言规范就有可能被视为异端而被排斥在对话权之外。[1]这样一来，一方面，"国家权威不仅可以通过口号和标语所承载的较为抽象的价值灌输来控制乡村司法"[2]，另一方面，基层权威在与党中央保持路线一致性的前提下，也具有对话语进行管理和解释的弹性操作空间。[3]正是因为"话语"可以起到"统一思想"和建构一致行动的意识形态功能，[4]这就使得"政法"可以摆脱对制度主义逻辑的依赖而依靠"话语"对"具体问题具体分析"的"行动框释"能力而实施"个别化"的支配。按照谢觉哉的说法：有了法律以后又怎样呢？我们的司法工作者，可不可以同旧社会的司法人员一样，只坐在那里翻书本呢？不行。新的人民的法律，不是一个圈圈，把司法工作者套住，束手束脚，动弹不得，而是一个标准，要司法工作者遵循这一标准去做。因此，司法工作者若不懂政治，有法也不会司。这也是说，要从政治上来"立"，又要从政治上来"司"……没有法，用政治来司，有了法，也要用政治来司。[5]

第二，尽管在这种依靠意识形态话语来"解释"基层社会价值关系的司法过程中，利益的随机直接分配取代了利益的普遍性分配，随机的政治权力策略取代了法律知识的推理和判断。[6]但"政法"官僚只需通过使用特定的话语模式就可以向司法对象表明其"个别化"的权力决断

---

[1] 荣敬本、罗燕明、叶道猛：《论延安的民主模式：话语模式和体制的比较研究》，西北大学出版社 2004 年版，第 282 页。

[2] 参见郑智航："乡村司法与国家治理——以乡村微观权力的整合为线索"，载《法学研究》2016 年第 1 期。

[3] 参见戴长征："意识形态话语结构：当代中国基层政治运作的符号空间"，载《中国人民大学学报》2010 年第 4 期。

[4] 比如，当时的高级司法干部朱婴就注意到，各县办理案件好像一个公式，都是在判决书理由栏或罪状的结尾，照样地写下这样几句话："为争取抗战胜利及巩固后方根据地起见"云云，汉奸罪如此，强盗罪如此，甚至妨害等罪也是如此"。参见朱婴："对各县司法工作的意见"，转引自刘全娥：《陕甘宁边区司法改革与"政法传统"的形成》，人民出版社 2016 年版，第 135 页。

[5] "谢觉哉同志在司法训练班的讲话（摘要）"，载《人民司法》1978 年第 3 期。

[6] 强世功：《法制与治理——国家转型中的法律》，中国政法大学出版社 2003 年版，第 125—126 页。

是在执行"中央路线",而那些无力通过话语建构来进行自我表达的"经验主义者",如果不想冒险挑战话语禁忌,那就只能在自己的利益得到一定程度兼顾的前提下表示谦卑地服从。意识形态的显著特点即在于它可以"用'真理'掩盖'利益'的方式发挥作用"。[1]这就恰如"马锡五审判方式"所取得的实践效果:审判与调解结合,即马锡五同志的审判方式……都是负审判责任的人亲到争讼地点,召集群众大家评理,定出双方都愿意接受也不能不接受的法子。是审判,也是调解。这个方式的好处是,政府和人民共同断案,真正实现了民主。[2]

第三,卡理斯玛权威的常规组织化过程同时也是专断权威逐级下放的过程,这是因为"当最高领袖需要行使专断权力来打断官僚体制的常规过程时,其下属各级官员也必须拥有这一打断常规过程的专断权力方能有效地实现领袖意图。"[3]在相应的制度安排上,这就表现为政治官僚在其治下所享有的垄断权力。正是在这一意义上,谢觉哉指出:对于新民主主义司法应该是什么样,过去并没有弄清楚……现在就是毛主席讲的,民主集中制,领导一元化……司法体制方面,实行政府领导司法,行政长官兼理司法。[4]与此同时,为了保证作为卡理斯玛领袖代理人的集权官僚能够切实有效地把马克思、恩格斯、列宁、斯大林的观点和毛泽东思想贯彻到司法工作中去。相关的权力配置与组织禁律都更进一步强化了其不容挑战的垄断权力。比如,《山东省陪审暂行办法(草案)》第5条:陪审员有帮助调查案情、列席陪审、陈述意见之权,但无决定处理案件之权;[5]《淮海区人民代表陪审条例(草案)》第9条:凡案件已经审理终结者,参与陪审代表应于退庭后,立即会议评论,提供意见,交由主审人参酌裁判,但对于裁判之确定无拘束力;[6]《晋西北陪审

〔1〕 韩振江:"论齐泽克的'意识形态三阶段'",载《北方论丛》2009年第4期。

〔2〕 谢觉哉:"关于调解与审判",载谢觉哉:《谢觉哉文集》,人民出版社1989年版,第594页。

〔3〕 周雪光:"国家治理逻辑与中国官僚体制:一个韦伯理论视角",载《开放时代》2013年第3期。

〔4〕 "边区高等法院雷经天、李木庵院长等关于司法工作的检讨会议发言记录",转引自刘全娥:《陕甘宁边区司法改革与"政法传统"的形成》,人民出版社2016年版,第98—101页。

〔5〕 韩延龙、常兆儒编:《中国新民主主义革命时期根据地法制文献选编》(第3卷),中国社会科学出版社1981年版,第449页。

〔6〕 韩延龙、常兆儒编:《中国新民主主义革命时期根据地法制文献选编》(第3卷),中国社会科学出版社1981年版,第475页。

暂行办法》（1942 年 4 月 15 日公布）第 18 条规定：陪审员对陪审案件，经裁判人员决定后，不能再提出异议，并应保守秘密；[1]《苏皖边区第二行政区人民法庭组织办法》（1947 年 12 月 24 日公布实施）第 9 条：各级人民法庭必须绝对保证贫雇农的领导权与广大农民充分发扬民主精神，发表意见，封建地主、反动富农、封建爪牙、顽匪分子，一概不得参加会议发表意见，如发现混入操纵破坏情事，定予严厉惩办。[2]

四、"政法" 体制的功能反思与法制化转型

侯猛认为："当代中国政法体制的形成，是党的领导体制进入并逐渐嵌入国家政权体制的过程。"[3]按照本文的分析框架，"党的领导" 一方面表现为我党对具有物理属性的国家权力机关的人事和官僚体系在组织关系层面实施 "一元化" 的强有力 "领导"；另一方面更是表现为在面对先天具有多元张力的 "人民民主" 实践时，我党以话语作为组织媒介，引导 "人们向他们倡导的政治符号体系 '靠拢'"，使人们的思想统一在国家权威话语下[4]——所谓党的领导，是把党的主张经过党员在群众中的活动变成群众的主张，[5]党的作用是通过群众，成为群众的主张而出现的。[6]正是在这一意义上，政法工作的正确路线是：服从党委领导，依靠人民群众……使我国的政法工作更加革命化和更加群众化，成为人

---

〔1〕 韩延龙、常兆儒编：《中国新民主主义革命时期根据地法制文献选编》（第 3 卷），中国社会科学出版社 1981 年版，第 445 页。

〔2〕 韩延龙、常兆儒编：《中国新民主主义革命时期根据地法制文献选编》（第 3 卷），中国社会科学出版社 1981 年版，第 584 页。

〔3〕 侯猛："当代中国政法体制的形成及意义"，载《法学研究》2016 年第 6 期。

〔4〕 参见戴长征："意识形态话语结构：当代中国基层政治运作的符号空间"，载《中国人民大学学报》2010 年第 4 期。

〔5〕 谢觉哉："关于民主选举的问题"，载谢觉哉：《谢觉哉文集》，人民出版社 1989 年版，第 505 页。

〔6〕 谢觉哉："论乡市民主制度的重要及其实施"，载谢觉哉：《谢觉哉文集》，人民出版社 1989 年版，第 417 页。

民民主专政的有力武器。[1]

在这里,"人民民主专政"主要表现为一种对人民内部实行民主和对敌人实行专政[2]的二元实践。基于卡理斯玛支配的内在组织逻辑,这种二元实践结构的统一性象征只能是取向于有权"界分敌我"的政治权威所预设的话语模式以及对之加以贯彻实施的意识形态机制。这就导致在这种单向度的话语支配实践中,动员式的民主参与容易异化为利用话语象征和形式实践为治理政治涂上合法性色彩的权宜之计。[3]对此,我们或许可以从民主政治实践的另一个侧面来加以理解——在一份刘少奇给斯大林的报告中,对我国当时政协的人员结构作如下说明:现在政协筹备会已组成,共有筹备委员 134 人,其中党员 43 人,肯定跟我们前进的进步人士有 48 人,中间人士有 43 人,其中中间偏"右"者只有 16 人,在进步人士中有 15 个秘密党员。共产党对政协筹备会可保障绝对的领导。[4]

总而言之,由于话语禁忌和组织禁律的存在,作为"人民民主专政"实践对象的社会大众既无法以"少数/多数"的民主价值沟通来决定政治,也不可能以"合法/非法"的法律技术沟通来制约政治。在由政治负责界定"敌我",并且"对人民内部实行民主和对敌人实行专政"的二元体制下,"作为个体的'我'只有自觉服从体制的规训才能被承认归属于敌我斗争中的'我'"。[5]这就使得对"话语"享有垄断权力的政治权威既能作为集体意志的化身将自己从外部施加于民众,民众意志又只有通过自己才能表达出来。[6]而其代价就是容易造成个人专断。[7]

---

[1] 周景芳:"政法工作要坚持和发扬党的走群众路线的光荣传统",载《法学研究》1959 年第 6 期。

[2] 董必武:"当前政法工作的任务",载董必武:《董必武法学文集》,法律出版社 2001 年版,第 368 页。

[3] 瞿郑龙:"我国司法模式的历史变迁与当代重构——政治视野的考察",载《法学评论》2016 年第 4 期。

[4] 参见"代表中共中央给联共(布)中央斯大林的报告(1949 年 7 月 4 日)",载中共中央文献研究室、中央档案馆编:《建国以来刘少奇文稿》(第 1 册),中央文献出版社 2005 年版,第 4 页。转引自刘忠:"'党管政法'思想的组织史生成(1949-1958)",载《法学家》2013 年第 2 期。

[5] 参见陈洪杰:"运动式治理中的法院功能嬗变(下)",载《交大法学》2015 年第 1 期。

[6] [美]安东尼·奥罗姆:《政治社会学导论》(第 4 版),张华青等译,上海人民出版社 2014 年版,第 30 页。

[7] 邓小平:"党和国家领导制度的改革",载《人民日报》1987 年 7 月 1 日,第 1 版。

　　在经历过历史的惨痛教训之后，邓小平深刻指出：为了保障人民民主，必须加强法制。必须使民主制度化、法律化，使这些制度和法律不因领导人的改变而改变，不因领导人的看法和注意力的改变而改变。[1]在此基础上，江泽民更进一步指出："发展民主必须同健全法制紧密结合，实行依法治国。"[2]在这里，"依法治国"首先是以"党领导人民制定宪法和法律"为前提。[3]因此，这可以被视为民主集中制的法治化表达。"依法治国把坚持党的领导、发扬人民民主和严格依法办事统一起来，从制度和法律上保证党的基本路线和基本方针的贯彻实施"[4]。

　　对于"政法"而言，"依法治国"政治方略的兴起一方面意味着司法机关必须严格执法，坚决维护法律的严肃性和权威性，确保法律在全国范围的统一实施。[5]就此而言，"法治"也可以被认为是自上而下贯彻"集中"的另一种"合法化"策略，而这主要诉诸的是法律职业化的组织路径。通过法律职业资格考试和法官准入机制……促使法官们在思维方式上保持一致，形成具有高度职业共识的专业群体，并以其职业化和专业性力图排除来自于其他社会政治团体的不当干涉，保证法律实施的公正性和连贯一致性。[6]最高人民法院原院长肖扬就曾指出：维护司法公正，关键要建立一支高素质的法官队伍。[7]

　　另一方面，按照人民民主的内在要求，司法权力显然不能由建制化的官僚集团独占。1998 年 9 月 16 日，时任全国人大常委会委员长的李鹏在全国人大召开的一次会议上提出要实行人民陪审员制度，以促进司法

---

〔1〕　邓小平：《邓小平文选》（第 2 卷），人民出版社 1994 年版，第 146 页。

〔2〕　江泽民："高举邓小平理论伟大旗帜，把建设有中国特色社会主义事业全面推向二十一世纪——在中国共产党第十五次全国代表大会上的报告（1997 年 9 月 12 日）"，载《求是》1997 年第 18 期。

〔3〕　参见江泽民："高举邓小平理论伟大旗帜，把建设有中国特色社会主义事业全面推向二十一世纪——在中国共产党第十五次全国代表大会上的报告（1997 年 9 月 12 日）"，载《求是》1997 年第 18 期。

〔4〕　江泽民："高举邓小平理论伟大旗帜，把建设有中国特色社会主义事业全面推向二十一世纪——在中国共产党第十五次全国代表大会上的报告（1997 年 9 月 12 日）"，载《求是》1997 年第 18 期。

〔5〕　肖扬："坚持依法治国 努力建设社会主义法制国家——学习江泽民同志关于依法治国重要讲话的体会"，载《求是》1996 年第 12 期。

〔6〕　何兵："必须打破法官对司法权的垄断"，载《南方都市报》2007 年 11 月 3 日，第 A23 版。

〔7〕　肖扬："人民法院改革的进程与展望"，载《国家行政学院学报》2000 年第 3 期。

公正。[1]最高人民法院亦督促地方各级人民法院……对人民陪审员制度的改革进行积极探索，[2]并分别于 2000、2004 年两次提交立法建议草案。最终，第十届全国人大常委会于 2004 年 8 月通过了《关于完善人民陪审员制度的决定》（已失效），以此为司法的民主化实践提供制度保障。

然而，在"政法"的转型过程中，司法的合法化实践与民主化实践却并未能够在"依法治国"的政治方略下实现有机整合，反而在高歌猛进的法律职业化进程中产生了严重的功能失调。这在根本上是因为在法律职业化进程中，未有效辅之以司法民主化建设（形同虚设的人民陪审员制度），导致职业化尚未成型，官僚化已经再现。[3]法官"有法不依"与陪审员"陪而不审"一体两面地构成了"政法"转型过程中组织失败的体制困境。

五、"政法"转型的组织困境

习总书记指出："当前，司法领域存在的主要问题是，司法不公、司法公信力不高问题十分突出，一些司法人员作风不正、办案不廉，办金钱案、关系案、人情案，'吃了原告吃被告'，等等。司法不公的深层次原因在于司法体制不完善、司法职权配置和权力运行机制不科学"[4]。下文主要从两个方面讨论司法权力运行机制的内在缺失。

---

[1] 这一政治宣示实际上是以陪审制度在我国的兴衰浮沉为历史背景的。在 1954 年的宪法和法院组织法，以及 1979 年的法院组织法、刑事诉讼法等规定中，陪审作为宪法性的规定，在法院组织法和刑事诉讼法中予以的具体化，使陪审成为司法的一项原则，普遍适用于第一审案件。从 1983 年修改法院组织法开始，虽然法律并没有否定陪审，但是人们已不再将其作为法院组织法、刑事诉讼法、民事诉讼法和行政诉讼法等相关法律的一项原则，实行陪审的相关案件数量极少。参见王敏远："中国陪审制度及其完善"，载《法学研究》1999 年第 4 期。

[2] 参见肖扬："最高人民法院工作报告——1999 年 3 月 10 日在第九届全国人民代表大会第二次会议上"。转引自彭小龙："人民陪审员制度的复苏与实践：1998—2010"，载《法学研究》2011 年第 1 期。

[3] 何兵："司法职业化与民主化"，载《法学研究》2005 年第 4 期。

[4] 习近平："关于《中共中央关于全面推进依法治国若干重大问题的决定》的说明"，载《党建》2014 年第 11 期。

（一）官僚体制组织失灵

在"政法"体制下，官僚权力的合法性主要来自于自上而下的授权，体现在"向上负责制"的一系列制度安排之上。[1]正如习近平总书记指出的："党既领导人民制定宪法法律，也领导人民执行宪法法律……政法工作要自觉维护党的政策和国家法律的权威性，确保党的政策和国家法律得到统一正确实施。"[2]在金字塔式的官僚权力体系中，为塑造其所欲求的法官职业角色，政策制定者主要是通过量化指标考核体系以及据此展开的"晋升锦标赛"作为行动激励，[3]为考核优秀的"办案能手"们提供更多的晋升机会，同时"淘汰"那些不能适应考核体系的法官。[4]

然而，由于"政法"对法官所承担的角色功能存在多重诉求，这不仅会造成行为导向不清晰，更会导致制度承诺不可靠。不掌握"大局"信息的基层法官往往无从判断究竟何时该"讲政治"，何时又该"讲法治"。并且由于在"向上负责"的官僚体制下，"官员任免权与否决权等向上、向心集中。"[5]法官很快就会发现"讲法治"不如"讲政治"，并由此形成"官僚政治"，从而最终导致"晋升锦标赛"陷入激励失效的困境。一个可观察的典型实例是吴英姿以"办案能手"杨鹏法官为访谈对象而展开的个案田野调查。

杨鹏，男，1968 年 10 月出生，1989 年毕业于西北政法学院，毕业分

---

[1] 周雪光："国家治理逻辑与中国官僚体制：一个韦伯理论视角"，载《开放时代》2013 年第 3 期。

[2] 习近平："坚持严格执法公正司法深化改革 促进社会公平正义保障人民安居乐业"，载《人民检察》2014 年第 1 期。

[3] 比如，2005 年《人民法院第二个五年改革纲要（2004—2008）》明确要建立科学、统一的审判质量和效率评估体系；2009 年《人民法院第三个五年改革纲要（2009—2013）》强调要建立健全以案件审判质量和效率考核为主要内容的审判质量效率监督控制体系，以法官、法官助理、书记员和其他行政人员的绩效和分类管理为主要内容的岗位目标考核管理体系。参见徐昕、黄艳好、汪小棠："中国司法改革年度报告（2014）"，载《政法论坛》2015 年第 3 期。

[4] 李拥军、傅爱竹："'规训'的司法与'被缚'的法官——对法官绩效考核制度困境与误区的深层解读"，载《法律科学（西北政法大学学报）》2014 年第 6 期。

[5] 王礼鑫："动员式政策执行的'兴奋剂效应'假说"，载《武汉大学学报（哲学社会科学版）》2015 年第 1 期。

配于 G 市法院，派驻 S 法庭当书记员。1992 年，S 法庭的方法官办案数超过百件，被评为先进个人，S 法庭成为先进集体。杨鹏由此获得启发：在法院，办案数字是评价个人能力最直观的指标。于是他决定把多办案当作自己的"突破口"……到了 1993 年下半年，在他如愿晋升为助理审判员后，短短半年时间，他就办了 104 件案子。当时整个法院只有少数几个人年办案量能超过百件，他半年就超过百件，引起院领导关注。他第二年的办案总数更是达到当时罕见的 218 件，O 市中院给他报了二等功……他在工作日记中这样记述："1995 年，至少办 365 件，力争 518 件。"他解释说："我听说某法院有法官一年办了 300 个案件，我觉得他明年一定会争取办 400 个案件，我决心要超过他——这就好像是工作车间里的生产竞赛。"[1]

显而易见，由于竞争者数量庞大……（晋升锦标赛）很可能导致过度竞争。[2]杨鹏说："法院是被动受案……想多办就会有（自己上门的）吗？院里鼓励主动开拓案源。"因此，他经常深入银行、企业中，这些机构大多有大量债务纠纷，经他的宣传也都起诉到法庭……1996 年他被任命为 H 法庭庭长。当地群众听说后纷纷来到法院寻求帮助。之前，H 法庭平均年收结案 300 件左右。他来的当年，全庭收结案 1310 件……1997 年全庭办案 1440 件，1998 年达到 1762 件……1997 年，杨鹏当选全国首届百名"中国优秀青年卫士"，1998 年被最高人民法院评为"全国法院青年法官标兵"。[3]

然而，一方面，由于"晋升激励对处于权力金字塔体系底层/边缘人员几乎无影响。"[4]比如，杨鹏在 H 法庭的成绩带来了各种矛盾……主要还是同事间的矛盾：大家一起办案，先进是个人的；[5]另一方面，由于晋升锦标赛所进行的晋升评价是自上而下的，并且完全取决于上级的政治偏好（比如，"上级"时而强调"依法裁判"的"法治意义"，时而

---

〔1〕 吴英姿：《法官角色与司法行为》，中国大百科全书出版社 2008 年版，第 38—40 页。

〔2〕 王礼鑫："动员式政策执行的'兴奋剂效应'假说"，载《武汉大学学报（哲学社会科学版）》2015 年第 1 期。

〔3〕 吴英姿：《法官角色与司法行为》，中国大百科全书出版社 2008 年版，第 40—47 页。

〔4〕 王礼鑫："动员式政策执行的'兴奋剂效应'假说"，载《武汉大学学报（哲学社会科学版）》2015 年第 1 期。

〔5〕 吴英姿：《法官角色与司法行为》，中国大百科全书出版社 2008 年版，第 48 页。

又强调"稳定压倒一切"），"因此，制度所授予他的关于其行动规则的承诺是不可置信的……他随时处于因遭到否定而陷入可能受罚等窘境。"[1] 比如，有一次，院长在全院大会上公开说："不要多办案，浪费精力。都是些小案子，诉讼费又没有多少。"杨鹏认为这是针对他和 H 法庭说的。多办案却得不到领导的认可（这是过度竞争的必然后果），他一下子被抛进无边的黑暗中。1999 年，升任副院长呼声很高的杨鹏意外地被调到司法局当局长。[2]

上述因素综合导致的后果是：一方面，"无法从晋升激励获得动力的官吏……其理性选择极可能是不积极作为等……如果其他制度不健全……那么可能导致基层'靠山吃山靠水吃水'，贪污、勒索、攫利性行政等盛行。"[3]另一方面，在官僚晋升过程中，上级领导显然喜欢重用、提拔"有工作能力，会处理事情"或者至少是"有眼力见，能听话"的下级官僚。而怎么才算"有工作能力，会处理事情"实际上很大程度上又取决于上级领导的政治偏好。比如，杨鹏虽然不被市委书记喜欢，但2001 年年初，省高院一位领导得知全国有名的办案能手竟被调离法院，十分不满，打电话给 O 市中院院长，要求他无论如何要把杨鹏要回来。该年下半年，杨鹏被任命为 G 市法院副院长。[4]

当然，通常情况下，普通职业官僚显然不可能合理预期这样一种颇具戏剧性和偶然性的"晋升激励"。因此，"当制度承诺不可置信时，他们的理性选择是：忽视制度，唯长官意志"。[5]这个时候，官僚之间的"职业能力竞争"就会演化成为"忠诚度竞争"，甚至是"利益输送竞争"，造成竞争异化与激励扭曲。

左卫民等学者通过考察法院内部权力结构发现中国的司法实践已经形成了"司法二元化"现象，即司法实务者实际遵循的"行动规则"与

---

[1] 王礼鑫："动员式政策执行的'兴奋剂效应'假说"，载《武汉大学学报（哲学社会科学版）》2015 年第 1 期。

[2] 吴英姿：《法官角色与司法行为》，中国大百科全书出版社 2008 年版，第 48 页。

[3] 王礼鑫："动员式政策执行的'兴奋剂效应'假说"，载《武汉大学学报（哲学社会科学版）》2015 年第 1 期。

[4] 吴英姿：《法官角色与司法行为》，中国大百科全书出版社 2008 年版，第 49 页。

[5] 王礼鑫："动员式政策执行的'兴奋剂效应'假说"，载《武汉大学学报（哲学社会科学版）》2015 年第 1 期。

"纸面上的法"存在较大出入。[1]事实上，在我国当前的法律实践中，出于各种原因而导致"有法不依"的情况可谓不胜枚举。其中当然有部分是考虑法律实施社会效果而有意采取的"良性违法"，而更根本的，则是因为法律职业主义在集权官僚体制下的"合法化"困境。一方面，自上而下的晋升锦标赛"对于官僚体系中数量上占多数、位于金字塔体系下层或边缘的官吏，既缺乏充分激励，也无法让他们遵纪、尽责，这就必然造成制度实施与政策执行失败"。[2]另一方面，官僚主义导致了晋升竞争异化与激励机制扭曲。广大基层职业官僚的个人晋升在很多时候无关乎其开展"合法化实践"的职业操守与能力，而在于其是否能够有效进入上级领导的"视野"并获得"认可"。这也意味着，在权力自上而下流动的体制中，由于行为导向不明晰，当司法必须与时俱进地服务于各种政治上的"中心工作"，[3]并且需要尽可能达到满足领导预期的"工作能力"时，"依法裁判"实际上是非理性的，"权变执法"才是"理性选择"。

在官僚体系的运作中，一旦"向上负责"异化为"向上级负责"，就必然会导致在自上而下的政策执行与制度实施过程中遭遇行政障碍与地方壁垒。肖扬曾经指出：人民法院的产生、法官任免、司法人事、司法经费都在同级地方控制之下，导致了司法权力的地方化……司法权力地方化逐渐显现出来的弊病影响了法制统一、独立审判这两项重要宪法原则的实现。[4]在这里，尽管中央对于地方治理问题"有着'随意干涉'的权力，体现在时常发生的自上而下大张旗鼓的整顿和运动等情形中。"[5]但这反而倒过来"激励"了多数下层官僚在自我利益驱动下利用官僚集团的信息优势建构"攻守同盟"。搞定就是稳定，摆平就是水平，没事就是本事。[6]许多研究发现，"同一政府机构常常扮演相互矛盾的角色，

---

[1] 左卫民等："法院内部权力结构论"，载《四川大学学报（哲学社会科学版）》1999年第2期。

[2] 参见王礼鑫："动员式政策执行的'兴奋剂效应'假说"，载《武汉大学学报（哲学社会科学版）》2015年第1期。

[3] 参见侯猛："中国的司法模式：传统与改革"，载《法商研究》2009年第6期。

[4] 肖扬："法院、法官与司法改革"，载《法学家》2003年第1期。

[5] 周雪光、练宏："中国政府的治理模式：一个'控制权'理论"，载《社会学研究》2012年第5期。

[6] 参见陈洪杰："从程序正义到摆平 正义'：法官的多重角色分析"，载《法制与社会发展》2011年第2期。

即向下施压、层层加码，与此同时又和下级共谋应对上级。"[1]可以说，在等级森严、组织严密的"政法"体制之表象下，实际隐藏着的就是这样一幅官僚体系组织失灵的政治图景。

（二）　民主机制组织异化

对于共产党政权而言，"民主"历来被视为克服官僚弊病的对症良药。然而，作为"政法"的传统，"人民民主"的权力实践却又主要是诉诸官僚体制的组织设施而加以建构的，因而也在很大程度上受制于"官僚主义"的组织机制与话语逻辑。

比如，2005 年《最高人民法院关于人民陪审员管理办法（试行）》（以下简称《试行办法》）第 3 条规定："人民陪审员人事管理工作由人民法院政工部门负责。政工部门应设立非常设机构或指定专人负责人民陪审员的人事管理工作。"实证研究表明，为数不少的基层法院倾向于"把对法官的管理规范直接运用于对陪审员的管理。"[2]根据《试行办法》，法院对人民陪审员的"控制性管理"覆盖了选任、培训、考核、表彰、发放经费与补助、免除职务等诸多环节。研究者认为，通过对陪审员实施的这些"管理/规训"活动，使其避免成为"异己分子"，从而将陪审制这一外部制衡机制转化为一种内部平衡机制。[3]这就使得司法民主的权力逻辑遭到极大削弱。

正是基于"官僚主义"的组织逻辑，陪审制度试图通过吸纳社会参与以"人民民主"制约官僚权力的预期功能无法有效实现，反而仅仅沦为"法院拓展人力资源的手段"。[4]甚至有研究者"惊奇"地发现，基于官僚组织内在运作逻辑的那些如此之具体、琐碎并毫不起眼的需要竟然打败了那么多一直以来被我们信奉的、大写的陪审制的制度价值。[5]

---

[1]　周雪光、练宏："中国政府的治理模式：一个'控制权'理论"，载《社会学研究》2012年第 5 期。

[2]　刘晴辉："对中国陪审制度的实证研究——以某市基层法院为视角"，载《四川大学学报（哲学社会科学版）》2007 年第 1 期。

[3]　刘晴辉："对人民陪审制运行过程的考察"，载《北大法律评论》2007 年第 1 期。

[4]　刘哲玮："人民陪审制的现状与未来"，载《中外法学》2008 年第 3 期。

[5]　曾晖、王筝："困境中的陪审制度——'法院需要'笼罩下的陪审制度解读"，载《北大法律评论》2007 年第 1 期。

六、司法体制改革与"政法"的未来

如前所述，在"政法"发轫的历史过程中，为了保证"话语权逻辑"的支配张力和建构一致行动能力，无论是"党的领导"抑或是"人民民主"都只能诉诸官僚体制高度集权化和卡理斯玛化的组织逻辑而加以实践。官僚集团的权力构成涵盖了"党的领导"所象征的组织权力，政法机关的党的组织，同时实现着党的组织领导，[1]又有"人民民主"的合法性加持。"民主"与"集中"在观念形态上相互倚峙，在组织逻辑上高度同构，互为表里地形塑了我们今天称之为"政法"的"体制"。这一体制的要害在于把权力等级尊为禀赋等级，将权力越大者塑造为道德和知识水平越高者。由此，那些在各自权力逻辑内代表国家权威的"首长"就都在相应的权力语境中成为垄断话语权的卡理斯玛权威，下级不仅在权力逻辑上要表示服从，而且在道德和知识逻辑上也要表现得谦卑。[2]

任何权力过于集中的体制势必都会造成官僚专权与腐败，而组织链条尤为繁复的"条块"体制更是存在大量可供集权官僚据以结党营私的组织间隙。尽管中央政府努力通过多元治理技术来整顿吏治，但是，随着行政链条和组织关系的延伸交错，只能更多地诉诸科层关系中上级官僚对下级属员的监督评判。结果是，官员对官僚体制的依附更多地体现在对直接上级的依附。[3]也"正是因为在集权官僚体制中处于'承上启下'位置的'上级'具有'天高皇帝远'的'中央'所无法比拟的信息权力优势"，[4]本应"向上负责"的官僚体制终究难免落入"向上级负责"的窠臼，法院异化成为"围绕着中心权力、上级权力运转的行政组

---

〔1〕　陈逸云："政法工作必须绝对服从党的领导"，载《法学研究》1959 年第 2 期。

〔2〕　冯仕政："中国国家运动的形成与变异：基于政体的整体性解释"，载《开放时代》2011
　　　年第 1 期。

〔3〕　周雪光、练宏："国家治理逻辑与中国官僚体制：一个韦伯理论视角"，载《开放时代》
　　　2013 年第 3 期。

〔4〕　陈洪杰："转型社会的司法功能建构：从卡理斯玛权威到法理型权威"，载《华东政法大
　　　学学报》2017 年第 6 期。

织。"[1]

　　基于司法权是中央事权的权威判定，[2]中央对于官僚组织异化问题最为典型的回应是尝试通过司法的去地方化和去行政化来保障法官依法独立行使职权。[3]作为配套措施，一是"建立领导干部干预司法活动、插手具体案件处理的记录、通报和责任追究制度";[4]二是推动省以下地方法院、检察院人财物统一管理，以破除地方保护主义对法制统一的破坏;[5]三是强化司法责任制，根据《最高人民法院关于完善人民法院司法责任制的若干意见》（法发〔2015〕13 号）第 25 条第 1 项的规定："法官应当对其履行审判职责的行为承担责任，在职责范围内对办案质量终身负责。"

　　在本文看来，司法地化与行政化实际上只是"政法"体制陷入组织困境的外在表征，官僚集权且又缺乏民主监督才是问题的症结所在。如果没有官僚分权与"社会公众作为国家权力的享有者所具有的对司法活动的'主体性'参与",[6]那种自上而下"沿着强化行政监管的老路推进"的司法改革思路只会造成监管越多，责任风险越大而独立性越弱，法官为防范错案风险而更加依赖集体决策。[7]这反而可能会导致司法集权。

　　习总书记指出："推进公正司法，要以优化司法职权配置为重点，健全司法权力分工负责、相互配合、相互制约的制度安排。"[8]这就必然要求为官僚分权找到切实可行的实现路径，就此而言，法院员额制改革正

────────────

[1] 李拥军、傅爱竹："'规训'的司法与'被缚'的法官——对法官绩效考核制度困境与误区的深层解读"，载《法律科学（西北政法大学学报）》2014 年第 6 期。

[2] 本报评论员："加快深化司法体制改革——五论学习贯彻习近平同志在中央政法工作会议重要讲话"，载《人民日报》2014 年 1 月 22 日，第 2 版。

[3] 徐昕、黄艳好、汪小棠："中国司法改革年度报告（2015）"，载《政法论坛》2016 年第 3 期。

[4] 习近平："关于《中共中央关于全面推进依法治国若干重大问题的决定》的说明"，载《党建》2014 年第 11 期。

[5] 参见徐砲："'去地方化'为司法公正保驾护航——聚焦省以下法院检察院人财物统管制度改革"，载《人民法院报》2015 年 7 月 27 日，第 1 版。

[6] 陈卫东："公民参与司法：理论、实践及改革——以刑事司法为中心的考察"，载《法学研究》2015 年第 2 期。

[7] 吴英姿："论司法认同：危机与重建"，载《中国法学》2016 年第 3 期。

[8] 习近平："加快建设社会主义法治国家"，载《理论学习》2015 年第 2 期。

是基于官僚分权的内在逻辑朝着司法权与司法行政事务管理权 "适度分离、自治管理" 的方向迈进。[1]在大幅度限缩法官员额的背景下,[2]这一改革对入额法官而言确实在一定程度上产生了 "判案自主权大了, 审理杂事少了, 晋升通道宽了" 的积极效果,[3]并带来更高的自我职业认同。[4]此外, 在司法行政的民主化改革层面,[5]以司法行政管理 "扁平化" 为外部特征的 "大部制" 改革也是以强调分权为内在诉求的。[6]

当然, 司法系统的内部改革仅仅只是迈出了官僚分权的第一步, 更为关键的问题是如何正确处理关涉 "党/政—法" 关系的外部性司法体制改革。[7]习总书记对此问题有极为精辟的阐述: 我们说不存在 "党大还是法大" 的问题, 是把党作为一个执政整体而言的, 是指党的执政地位和领导地位而言的, 具体到每个党政组织、每个领导干部, 就必须服从和遵守宪法法律, 就不能以党自居, 就不能把党的领导作为个人以言代法、以权压法、徇私枉法的挡箭牌。[8]通过 "在合法性结构上将党与党的官僚机构区分开来",[9]我们在外部性司法体制改革层面更进一步推进官僚分权就有了扎实的理论基础。

习总书记指出: "要正确处理坚持党的领导和确保司法机关依法独立公正行使职权的关系。各级党组织和领导干部要支持政法系统各单位依照宪法法律独立负责、协调一致开展工作。"[10]"我们有些事情要提交党

---

〔1〕 徐汉明: "论司法权和司法行政事务管理权的分离", 载《中国法学》2015 年第 4 期。

〔2〕 参见李敏慎: "司法改革客体和改革路径之反思——以司法事权改革为视角", 载《法学家》2018 年第 2 期。

〔3〕 郝洪: "上海一位主审法官的改革体验", 载《人民日报》2014 年 12 月 10 日, 第 11 版。

〔4〕 夏纪森: "员额制下法官的职业认同实证研究——基于在安徽省某市法官员额制试点法院的调查", 载《法学杂志》2018 年第 1 期。

〔5〕 参见陈卫东: "司法机关依法独立行使职权研究", 载《中国法学》2014 年第 2 期。

〔6〕 参见张静、易凌波: "司法改革背景下基层法院内设机构的整合与重构——基于 S 省 C 市法院 '大部制' 改革的实证分析", 载《法律适用》2018 年第 5 期。

〔7〕 张文显: "人民法院司法改革的基本理论与实践进程", 载《法制与社会发展》2009 年第 3 期。

〔8〕 "习近平在省部级主要领导干部学习贯彻党的十八届四中全会精神全面推进依法治国专题研讨班上的讲话", 载中共中央文献研究室编:《习近平关于全面依法治国论述摘编》, 中央文献出版社 2015 年版, 第 37 页。

〔9〕 陈洪杰: "转型社会的司法功能建构: 从卡理斯玛权威到法理型权威", 载《华东政法大学学报》2017 年第 6 期。

〔10〕 习近平: "坚持严格执法公正司法深化改革 促进社会公平正义保障人民安居乐业", 载《人民检察》2014 年第 1 期。

委把握，但这种把握不是私情插手，不是包庇性的插手，而是一种政治性、程序性、职责性的把握。这个界线一定要划分清楚。"〔1〕基于官僚分权的内在逻辑，为了避免"党委把握"异化成为官僚集权的隐秘策略，一方面，在制度主义逻辑已经具备取代"话语权逻辑"而实现普遍化支配和建构一致行动能力的社会背景下，"党委把握"同样需要使用法律作为避免"异议风险"的权力交往媒介，取得"各方认可"的"交叉共识"〔2〕；另一方面，对于需要提交党委把握的特殊事项，有必要同时召开公共听证程序，在坚持党的领导的前提下，通过人民民主原则的公共实践，为取得各方认可的交叉共识提供程序保障。〔3〕正如习总书记指出的：坚持党的领导，就是要支持人民当家作主。〔4〕

在"政法"的实践中，党和法的关系是政治和法治关系的集中反映，党的领导是中国特色社会主义法治之魂。〔5〕与此同时，也必须保证人民在全面推进依法治国中的主体地位。〔6〕如果没有"民主"，依法治国这个党领导人民治理国家的基本方略〔7〕就有可能被官僚集团"上下其手"，甚至把党的领导作为个人以言代法、以权压法、徇私枉法的挡箭牌。〔8〕

---

〔1〕　"习近平在省部级主要领导干部学习贯彻党的十八届四中全会精神全面推进依法治国专题研讨班上的讲话"，载中共中央文献研究室编：《习近平关于全面依法治国论述摘编》，中央文献出版社 2015 年版，第 37 页。

〔2〕　参见陈洪杰："转型社会的司法功能建构：从卡理斯玛权威到法理型权威"，载《华东政法大学学报》2017 年第 6 期。

〔3〕　顾培东教授认为："对于极少数具有重大社会影响的案件，党委政法委参与意见的情况事实上仍不可避免，但无论如何，都应尊重司法机关的主导地位，保证和保持司法机关在实体或程序问题处理上的自主性和自决能力。"而在本文的设想中，如果考虑到人民民主原则的公共实践所要求的整体协动，在这样的程序设计中是否还应由司法机关起程序主导作用是可以讨论的。参见顾培东："当代中国司法生态及其改善"，载《法学研究》2016 年第 2 期。

〔4〕　"习近平在中央政法工作会议上的讲话"，载中共中央文献研究室编：《习近平关于全面依法治国论述摘编》，中央文献出版社 2015 年版，第 19 页。

〔5〕　"习近平在省部级主要领导干部学习贯彻党的十八届四中全会精神全面推进依法治国专题研讨班上的讲话"，载中共中央文献研究室编：《习近平关于全面依法治国论述摘编》，中央文献出版社 2015 年版，第 35 页。

〔6〕　习近平："加快建设社会主义法治国家"，载《求是》2015 年第 1 期。

〔7〕　"习近平在中央政法工作会议上的讲话"，载中共中央文献研究室编：《习近平关于全面依法治国论述摘编》，中央文献出版社 2015 年版，第 19 页。

〔8〕　"习近平在省部级主要领导干部学习贯彻党的十八届四中全会精神全面推进依法治国专题研讨班上的讲话"，载中共中央文献研究室编：《习近平关于全面依法治国论述摘编》，中央文献出版社 2015 年版，第 37 页。

按照现代民主政治的内在要求，政制不应预设一个终极的权力行使者，为了防止某种政制权力对共同体造成伤害，所有的权力形态都要以互相牵制、交错制衡的方式存在，任何一种权力都不能太过突出。[1]但这种政制设计在话语权逻辑下注定是不可欲的，因为"话语"先天要求有一个"终局权威者"的组织集权来克服政制参与者的"自说自话"。而在当下具有多元性和异质性的现代社会，为了避免实体价值标准多元、模糊而带来的"异议风险"，制度性权力的担纲者必须力求借助生活世界的背景共识和通过民主程序及理由来实现社会认同的正义。[2]正是在这一意义上，侯猛认为，政法体制在迈向法治转型的过程中，要对更为根本的民主集中制进行反思，既要防止"民主"流于形式，又要防止"集中"变成专权。[3]而其关键则在于厘清影响司法决策逻辑的权力关系结构。

当前，《中华人民共和国人民陪审员法》已于2018年4月27日由第十三届全国人民代表大会常务委员会第二次会议审议通过。就司法权的行使而言，人民陪审制度是人民民主与官僚分权双重逻辑的重要交汇点。其中，七人合议庭的决策机制中基于事实审与法律审分离而内含的陪审员自主决策张力似乎可以使我们看到诉诸功能分化的权力交往实现公共正义的法律程序主义潜力。对于"政法"的转型而言，"司法民主"与"官僚分权"就像蝴蝶的两翼，本制之蝶举重若轻鼓动双翼或许难以在即刻就产生空谷传音的效果，但它们一定会是在国家体制与社会公共领域的复杂互动中扰动巨变的未来之翼。

（初审：毛玮）

---

[1] 刘忠："'党管政法'思想的组织史生成（1949—1958）"，载《法学家》2013年第2期。

[2] 吴英姿："司法的公共理性：超越政治理性与技艺理性"，载《中国法学》2013年第3期。

[3] 参见侯猛："政法传统中的民主集中制"，载《法商研究》2011年第1期。

评　论

Comments

行政法调整对象的三重叙事

毛　玮*

　　提　要：行政法以行政为其调整对象，但在人类历史上，行政并不总处于法律的调整之下，法律也可以作为行政的手段。在君主、共和或民主等不同的语境中，行政的功能定位分别是管理、执行和治理。在行政法产生以后，仍然有三种相类似的类型，即规制行政、执法行政、服务行政，并分别成为红灯理论、绿灯理论和黄灯理论的经验基础。

　　关键词：行政法调整对象；规制行政；执法行政；服务行政；治理

一、引言

　　行政法以行政为其调整对象。行政法与大多数部门法尤其是私法相比较，有一个显著的特点，是它与其调整对象的关系具有可逆性。易言之，行政可能处在行政法的权威之下，也有可能处在其权威之上。如果法律纯粹作为行政的工具，我们可以说，法其实是行政的调整对象。这种背景之下有关行政事务的法是否可以被称为行政法姑且不论，但即便行政法治业已确立，仍然会有作为行政工具的所谓行政法存在。

　　理想中的行政法调整对象是执法性行政，行政必须完全服从行政法的权威。然而基于法律的强制性本质，行政以法律为依据的程度愈高，法律的强制性就愈加不可避免地延伸到行政过程中。国家的行为到处充

　　* 作者毛玮，中山大学法学院副教授、研究生导师，法学博士，研究领域为行政法学，
　　　E-mail：moxer@163.com.

满着森严的法家气息，显然并非国民之福祉，于是就有了行政柔性化和人情化的现实需要。柔性化行政完全不同于私法上的意思自治，私权自治并不会导致私法规则失去规则性，因为私法自由必须是规则下的自由。但行政的柔性化却使得法律规则将不足以为行政提供足够的合法化支撑，行政权需要从法律规则之外去寻找合法化的基础。

无论是以规则为工具的刚性行政，还是非规则化的柔性行政，都会削弱规则之治在行政法治中所能扮演的角色。这就表明私法的规则之治模式可能并不适用于公法。以上三种语境的行政其实并存于现代的国家治理实践中，可分别名之曰规制行政、执法行政和服务行政。三种行政与法律规则的关系迥然不同，其背后的国家理念也有本质差异。现代行政法学的理论基础之所以如此薄弱，行政法学的基本概念如此言人人殊，很大程度上就是由于学界在原则上理所当然地将行政局限于执法性的权利行政，否则就是政治不正确，但具体应用时却不得不暗中修改行政的实际含义，如此，行政法学的逻辑混乱便不可避免，与刑法学和民法学相比，也永远处于幼稚的状态。

因此有必要区分规制行政、执法行政与服务行政的发生语境及由此形成的合法化机制的本质不同。

二、君主语境中的行政

此处的"君主"是主谓结构，即君王作主，而不是单指君王本人。

（一）行政的历史起源

无论是哪种意义的行政，都必须具备一个特征，那就是主从关系的存在。广义君臣关系的形成是行政权出现的标志。追本溯源，立法与司法也须以主从性行政关系的存在为前提，因为行政职能的核心是提供国家赖以存在的物质基础和其他必需条件，立法条文和司法判决提供的只是建立在这个物质基础上的观念产品。所以没有行政，立法条文和司法判决就是纸上谈兵，议员和法官们的俸禄来源、安全和工作条件等也都将会成为问题。

一个国家可以没有立法权和司法权，但不能没有行政权，甚至前国家的共同体也需要行政权。行政权在历史发生学意义上先于国家，而立法权和司法权则只能是国家治理达到较高水平后的产物。正因为如此，所有内生的国家形态，都必然从君主制开始。稳定的主从关系必须是以君主为元首。而君主制的本质特点就是君主在法律之上，法律来源于君主。如欲保障法律的权威在君主之上，只有立宪才能做到，然而宪政必然是晚出的政治生态。

根据个案与普适规则的先后关系也很容易知道法律的继生性，人类不可能先制定出普适规则然后才来面对历史上第一次出现的个案。普遍性规则总是要在漫长的个案经验积累中逐渐形成，在此之前，共同体所认可的权威只能是人或人代表的神，而不可能是宪法和法律。物质宇宙显然不是人类所能创造的，所以启蒙思想必须把文明史从自然史中独立出来，以便人能够成为创世英雄。

（二）行政的手段

小型群体可以由首领直接管理，行政的基本手段是借助于首领对其群体众人的个人影响力，这些影响力可以来自魅力、宗法和群众对于首领的安全依赖。

分封制是在大型社会中运月个人纽带关系维护秩序的一项重要发明。如在周朝，通过周天子与畿内外诸侯、诸侯与大夫、大夫与家臣之间的层层纽带，维护了两周近八百年的统治。

在大型社会中建立高效的秩序必须借助于法。层层分封形成的秩序是非常松散的，该秩序的每个环节都是政令上通下达的障碍。最高领袖要想对全体民众直接行使权力，必须要运用法。

《韩非子·难三》云："法者，编著之图籍，设之于官府，而布之于百姓者也。"可见法由最高当权者发布并由官府执行，是用来管理民众的行政手段。法之所以能够成为行政的最有效手段，是因为它的普遍性——适用于所有相关当事人、适用于所有相关个案。这样不但君主无需事必躬亲，负责执行法律的官僚也无需事必躬亲，因为法律公布以后，当事人完全可以自觉遵守。除此之外，法的出现使行政决策权力有可能集中到君主一人之手，从而可以避免政出多门、国中为国的现象。

行政权包含的两个关键环节——决策与实施，也需要借助于法才能清晰地区分。如果破除后起的立法和司法观念，从法的最初意义来看，法就是行政本身，法家更应该被称为"行政家"。

（三）行政的效力机制

下级服从上级，所有人最终服从首长，是行政的效力机制。首长负责制是行政的基础性制度，委员会式的集体负责制是例外，而且即便是集体负责，也仍然需要有仪式和程序上的首长负责制。易言之，委员会也必须有主任委员，哪怕是轮流的。议会需要议长，法院需要院长或者首席法官，国家需要元首，否则无法有效地展开工作。

首领之权威需要得到臣民的内在认可，否则这种金字塔式的效力机制无法维持，因为没有人能够凭一己之力镇压所有人。学会服从是野蛮走向文明的第一步，古人称之为"王化"，这种服从权威而不是屈服于直接暴力的品质为规则之治提供了可能。臣民的服从意愿愈自觉，行政权所需要的不正当和不文明手段便愈少有存在的必要。这一点可以从英国的不流血革命得到证明，英国之所以率先走向现代政治，与其有特色的君权观密不可分。法国式的反叛只能通向循环性暴力。

首领要获得凌驾于共同体之上的权威，除了像动物首领那样以武力服众之外，大型共同体必须借助于人们想象中的、实际上君主并不具备的力量。这通常就是神话和宗教。超越性力量的存在，是君主权力的形而上基础，也是培育规则意识和道德观念的必要前提。人与动物的最大区别就在于人类会讲故事，人的语言可以表达"从来没有看过、碰过、耳闻过的故事"。[1]社会契约论的神话叙事之所以可能，也是以此为基础的，它使承载自主意志的规则获得先验性和独立存在性。

行政的效力机制至少包含三个可分离的逻辑要素：一是意志之自主，主要表现为君王之法；二是服从，既包括以下从上，也包含自我服从，

---

[1] ［以色列］尤瓦尔·赫拉利：《人类简史：从动物到上帝》，林俊宏译，中信出版社 2014 年版，第 25 页。

君主之法如果不能保持内在的一贯，就无法维持绝对权威；三为目的性，它是前两个要素的归宿，无论是令或从，最终目的皆在于治国平天下。意志之自主若能普遍化，变成所有共同体成员之自主，即为代议机关之立法权。国家意志的自我服从需要深沉的法理反思，没有超然物外的地位难以做到，这是独立司法权之根由。真正的服从，需要真正的自主，即从道不从君。这就是无为而治的辩证法。

（四）行政的原始义

行政是原始的国家权力形态，而君主制是原始的国家制度，因此行政的原始含义，就是指君主发布和推行其政令。

孟子曰："为民父母，行政，不免于率兽而食人，恶在其为民父母也？"[1]在这里，为民父母者并不是所谓的父母官，而是指一国之君。《史记·十二本纪·殷本纪》亦记载："伊尹摄行政当国，以朝诸侯。"伊尹之"摄行政"，大概就相当于后世所谓的摄政，因此行政最初就是指君主之权位，用作动词则可以推知是指君主推行其政令，后来亦逐渐延伸适用于君主之僚佐。

在政之行的意义上，行政内在地蕴涵着所有国家职能。

三、共和语境中的行政

（一）法治的确立

如果说君主制的基础是君权神授，共和制的基础则就是天赋人权。但理论上的解释并不能代替真实历史的演进。首脑不享有凌驾于法律之上的权力，但仍然能保证，甚至更能保证法律的实施，归根结底是因为有些基本的规则已经被社会大多数人接受，从而没有任何个人能够违背大多数人的意愿和利益。

---

[1]《孟子·梁惠王章句上》。

孟子云："人皆可以为尧舜"[1]，如果真的人皆为尧舜，那么无论从规范还是实证意义上来看，独自奴役天下人的局面都将成为不可能。上天把权力给了君王还是给了众人，只是对某种既成事实的规范性解释，从君主转变为共和的实证性解释则只能寄望于生产力的决定作用，而所谓生产力，其实就是人的能力。只有当多数人都得到全面的发展，从而在事实上皆已成为尧舜之时，天赋人权才有现实的意义。

从法律技术角度来看，若不存在普遍理解并接受的规则，那么最终诉诸君主的层级服从就是实现秩序的唯一可能性。反过来，如果某个共同体已经形成了足以维持社会基本秩序的普受规则，那么即便存在强大的君主，其也不可能违背基本共识，冒天下之大不韪，英国君主与议会的妥协史就是典型的例证。简而言之，君王的有效统治为普受规则的形成提供了可能，而当可能成为现实，君主行政权与法律的关系将会发生历史性的转变。在此之后，才会有现代意义的法。

(二) 法治的覆盖范围

现代西方的法治发展史表明，法治的覆盖面有个渐进的过程。法治在最初主要是保护人身安全和财产不被无规则地掠夺，君主和行政部门在法外的权力仍然是很大的。

商业在法治化的过程中厥功至伟。高效的商业流通需要在全国乃至世界范围内形成公开透明和不受行政随意性干扰的交易规则。但社会发展是渐进的过程，法治的覆盖面永远是有限的，而且商业对法律的作用也具有两面性，商业带来了社会的快速变化，而快速的变化会使得规则所需要解决的新问题层出不穷，从而又有了加强行政干预的需要。我们毫不意外地看到，20 世纪以来世界各国都在经历行政权力不断扩张的过程。

个案永远先于普遍规则发生，而社会又无法也不应该长期停滞不前，所以规则永远不可能解决人类可能面对的所有问题。因此行政权力并不会因为法治的发展而消失，而是必将长存。

---

[1] 《孟子·告子章句下》。

（三）法治的阶段

最初的法治，简单来说就是以私法取代行政权。在君主制时代，民商事交往的秩序主要是由行政权力来保障的，古代中国尤其如此，西方资本主义发展的早期阶段也是如此。

民商法并不能代替行政权的所有功能，因此形成了两者分界而立，甚至井水不犯河水的局面，所以法治必然伴随着分权，而分权的意义主要在于厘清民商法与行政权的管辖边界。明确这一点有重要意义，在部门法的划分上，民商法与行政法分别属于私法与公法范畴，两者似乎具有天然的对立和统一关系，但宪法的分权并不是要求私法与公法的分立，而是私法与公权的分立。简言之，与民商法相并列的法并不是行政法，而是行政本身。行政法是行政之上的法，类似于宪法。

行政法的出现，是行政权被民商法挤压掉很大生存空间后又重新扩张的结果。法治的最初要求是禁止行政越权，而对于管辖范围内的行政活动，并没有提出法治要求，[1]因为那时的所谓法治就是取消行政，但取消行政并不是对行政本身的调整。行政法的真正目标显然不是取消行政，而是要规范行政并因此为行政职能的必要扩张提供合法性基础。管得越少的政府就是越好的政府并不是行政法王国的信条，它其实是以民法立场来看待行政权的结果，是穿着行政法外衣的民法思想。

（四）行政的法治义

分权是现代行政法的必要条件，但并不是充分条件。因为分权语境中的行政，更多是与立法、司法相并列的政治性行政或决策性行政，如美国总统所从事的行政。在行政法语境中，行政与法律的关系不是并列，而应是命令与服从、调整与被调整的关系，这种意义上的行政属于事务性行政。行政法调整事务性行政，但正如民商事务完全可以由行政权管辖而不必由民商法那样，事务性行政也不是必须由行政法来调整。只有在事务性行政足够发达，从而单靠政治约束已不足以保障合法性的时候，

---

〔1〕 ［德］奥托·迈耶：《行政法》，于安译，商务出版社2002年版，第41页。

行政法才有必须存在的理由。

事务性行政可能在政府首脑的政治庇护下独立于法律调整之外，也可以像民商事务那样处于法律调整之下。但法律之下的行政，仍然会有两种相反形态。一种是受法律限制或由法律创造的自主行政，它可以被看作是国家对外职能的降级版，追求国家自身目的，并要求公民的行为符合国家利益甚至为国家利益而牺牲自己的利益，以行政管制为典型。另一种是作为公仆的行政，以执法为行政目标而不是追求国家自身目的，这种法律多为公民权利的载体。按照社会契约论的前提假设，只有后者具有道义的正当性，前者则是"不得已的恶"，或者像洛克和孟德斯鸠所主张的那样只应存在于对外关系中。

基于黑格尔式的正、反、合三段论逻辑，还应当有综合性行政职能的存在，详见后文。

四、民主语境中的行政

本文所说的民主，是指人民在公私域当家作主的实际状态，而不是制度层面的民主。

（一）行政的使命

当法律是行政工具的时候，称为管理法。当行政需通过法律实现合法化的时候，才有真正意义的行政法。如果法律是行政的工具，行政的使命就是维护国家利益。在行政法的调整下，行政的使命则取决于立法者，如果立法者是民意代表，那么行政的使命就只能是保护公民权利。第二种行政的正当性似乎不言而喻，但正如前文所述，权利必须用明确的规则来界定，以保护权利为使命的行政必然是强制性行政，因为当事人的权利可以由自己处分，划分权利的规则却必然非此即彼。

法律的使命是划分权利，行政的使命是执行法律，因此执法性行政就是权利行政。行政的职能类似于民事诉讼，以公权力来保障私权的实现和不被侵犯，行政法也于是变成了第二民事诉讼法。由于司法其实是由行政演变而来，在某种意义上也可以称行政法是第一民事诉讼法，而民事诉讼法作为后起之物，是第二民事诉讼法。权利行政的最大问题在于它过分依赖规则，而行政之所以未被配置权利的法律治理取代，恰好是因为规则并不总是能够解决实际问题。

基于前文所述的原因，规制行政与权利行政将长期共存。前者信奉实质正义，追求管制措施的实际有效性，并因此要求管理者的德才兼备；后者必须恪守形式正义原则，除法律解释技术以外，立法所预设的权利配置不应当受执法者善意或专业能力的影响。规制行政的规范性预设是以德配天，而权利行政的规范性预设则是天赋人权，这两种截然对立的国家观和行政观，是否有融通之可能，是行政法学要解决的重要课题。

如果孟子人皆可以为尧舜的论断是正确的，我们将有机会从中找到解决上述对立的理论方案。人皆可以为尧舜，则所有人都是应然的君王，天赋人权说却把这种身份视为既得之物。以君王身份的既得为假设，行政如果存在，便必然是单纯的执法。而从应然出发，则会有先觉觉后觉的问题。

从管理到执行，再到治理，是一个否定之否定的过程。管制是官主民仆，执法是民主而官仆。治理就相当于古人所说的治平，即治国平天下。所有人都是主人，只是有先觉觉后觉的问题。在治理的现代实践中，行政主体不再是单纯的管理者，而是公众参与社会治理的引导者。治理任务完成的前提是，必须取得公众的有效配合。所以治平之道有修身齐家之前提。

（二）行政的发展观

如果人的君王身份[1]是已得，每个人都是尧舜，那么民主就是必然的结果。民主是实力问题、境界问题、事实问题，不属于制度范畴。制度只能影响那些可以人为选择的上层建筑事项。制度订立者，并不能选择国家的生产力水平。

---

[1] 公民的本义，就是作为君王的民。

在无法实现真民主的条件下，只能追求假民主，即制度民主，其主要内容是私有产权和代议制。前者是根本，后者是手段。这样的民主，其实是私民之主。基于财产权即私民之主的法理逻辑，行政关系只能从主客或主奴关系来理解，从中世纪的主人管奴隶，转变为现代行政的公仆服务主人。私主与公仆，是权利行政的一币之两面。一仆而多主，这样的民主必然是虚伪的，其本质是用混淆概念的方法来断言资产阶级专政的合法性与永久性。

中国古典政治以君臣、父子关系为基础，信奉人皆可以为尧舜的性善论。这种性善承诺了每个人在私域和公域的完全自主性，君主行政的终极使命是擢拔贤能，以先觉觉后觉。所以中国古典的政治其实是非国家主义的政治，朝廷的理想职能是教化而不是行政。因此行政的历史过程也就是生产力不断发展，人的能力不断进步，并最终走向人的解放的治理过程，而非执行一种恒久不变之先验法则或自然权利的过程。

（三）行政的理念

管理的行政理念，是无为之治。管理本来是要最大限度地控制臣民，甚至是牧民，这种行政理念的最佳代表是法家。但物极必反，绝对的控制要以绝对的放任来实现，若管理者的意愿完全等同于被管理者的意愿，管理者的意愿就有可能得到完全落实。正如老子所指出的那样：圣人常无心，以百姓之心为心，无为而不为，取天下常以无事；及其有事，不足以取天下。

执法的行政理念，是无为之政。无为之政不同于无为之治，不属于治理的范畴，而是政治权力归属问题。权力归属的无为，就是权力不属于任何人，或者说属于任何人，即所有在事实上有机会参与共和的人。政权不属于任何人，自然也就没有目的，即无为。目前所见的无为之政其实就是以法治为基础的宪政。无为之政在行政层面的要求是形式正义，只关注权利配置和权利归属问题，其中主要是平等权问题。执法的行政理念只追求权利的平等，不追求事实上的平等，反而默认乃至有意放纵事实上的不平等。比如美国各高校为实现不同族群的平等录取，实行花样百出的倾斜政策以提高少数族裔的招收率,[1]并因由此引出的平等权和反向歧视问题而极大地刺激了法学论争的繁荣。解决高校入学平等的根本举措是提高少数族裔的中小学教育水平,但这种治本之策不符合无为之政的理念,也违背资本主义财产权私有、教育权私有的基本原则。保护既得的权利,以公仆事私主,是无为之政的实际行政方针,其最终的结果将使阶级差异固化。既得权利以既定规则为基础,而社会契约的预设又假设这些规则,即保护私有财产的规则,具有先国家而存在、超国家而存在的永恒性,因而是公共权力所绝对不能改变的神圣律条。所以无为之政的关注点纯粹在于制度,但制度本质上是头脑中的观念,不能改变人的事实处境。有再多的行走权,不如有两条健全的腿更能让人自由。无论通过平等或不平等的权利配置,都不能改变不平等的事实,这种事实只有健康高效的行政才可以改变,但它恰是"普世价值"所畏惧的事物。

治平的行政理念,是无为之道。服务行政所谓之服务,是服务于公民的事实自由和事实平等,最终实现全人类的真正解放。正如恩格斯在《共产党宣言》的"1888年英文版序言"中所宣示的那样,无产阶级只有解放全人类,才能最后解放自己。[2]服务是民主语境中的行政,追求民主,只能是追求人的事实进步,而不是用权利的自由掩盖事实的不自由,用权利的平等来掩盖事实的不平等。因此,所有通过公权力来改善人民处境的举措,都可以称之为服务。

(四) 行政的贯通义

民主与共和有根本差异。共和以缔约者的既有主体身份为依据,这也意味着尚未获得缔约能力的人不能看作是人;[3]民主的基础是"人皆

---

〔1〕 See Regents of the University of California v. Bakke 438 U. S. 265 (1978);Grutter v. Bollinger, 539 U. S. 306 (2003);Gratz v. Bollinger, 539U. S. 244 (2003);Fisher v. University of Texas at Austin, 136 S. Ct. 2198 (2016).

〔2〕 [德] 马克思、恩格斯:《共产党宣言》,中共中央马克思、恩格斯、列宁、斯大林著作编译局编译,人民出版社2014年版,第12页。被剥削被压迫的阶级 (无产阶级),如果不同时使整个社会一劳永逸地摆脱一切剥削、压迫以及阶级差别和阶级斗争,就不能使自己从进行剥削和统治的那个阶级 (资产阶级) 的奴役下解放出来。

〔3〕 所以启蒙者们也可以毫无心理障碍地从事奴隶贸易。缔结了"社会契约"后的美国,仍保留奴隶制度近百年之久。

可以为尧舜"。共和属于制度范畴，关注点是权力归属问题。归属问题本质上是一个私法问题，若以私法的观念建构国家，那么共和的主体必然是拥有真正私产的人们。民主属于事实和境界问题，民主共和或人民共和则是以共和作为制度性起点，以民主即大同为最终目标。因此民主并非政治制度，而是政治理想和理念。当今西方的所谓民主，只是通过选票让没有资格成为缔约者的人进入共和的外围圈子，因此代议制民主其实是一种共和的方式。

基于民主的极限性或理念性，可以找到一种超越管理与执法之对立的行政概念。治平是以众生的解放为最终目标，那么在趋近目标的过程中，管理和执法都是必要的，都是治平的手段。从管理与执法的关系看，管理在发生学意义上先于执法，而执法在逻辑上先于管理。易言之，在规则尚没有完备之时，以裁量为基础的管理是必要的。但在法律规则既定之后，那么所有管理措施都必须服从于既定规则，如此也就变成了执法。静态地看，行政事务多是管理与执法兼备的，因为规则的有无在大多数情况下是个程度问题，而不是要么全有，要么全无。

人的事实自由和平等是终点，但普世价值把终点当成了起点。人的解放是终极目标，如果视之为既成事实，它就会变成天上掉下来的馅饼。自由在现代社会成了所有美好事物的代称，它是与生俱来的，若没有自由，那么必然是被人剥夺了。西方发达国家抱持普世价值观点，一个重要原因就是这可以使他们在发展中国家面前永远占据着道德制高点。但一国的国民事实上可以享受到多大的自由，归根结底取决于生产力的发展水平，而不是政治制度。正如形式正义会使国内的阶层固化一样，普世价值的推广则可以使国家间的差距固化。真正追求自由民主的人，必有追先觉、觉后觉之自觉，而不会以阻碍他人的进步来保障自己的自由。

因此行政的积极任务有两个：一是保护和尊重已有的自由，二是以修齐治平之道培育新的自由。前者为法治，后者为德治。包容而不排斥德治，法治才有可能是完整的。

在法律语境中，德治只能是治官。民是德化的对象，而不是德治的对象。

五、现代公共行政的共时性结构

（一）在立法与司法之间

1. 法治下的行政职能

当法治初步确立以后，行政权力就从唯一权力变成国家权力的一种，由于法治内在地要求立法与司法的分立，行政权很自然地与立法、司法相互并列。立法权和司法权的含义都比较明确，行政权则是立法权与司法权独立出去以后的剩余物，所以它的内涵比较模糊，其性质也介于立法和司法之间，所有不能明确地归入普遍规则制定或适用普遍规则于个案的权力都可以定性为行政权。除此之外，元首权和军权、考试权、检察权和监察权也可以从行政权分离，总之行政权就是那个分离后的剩余物。

洛克和孟德斯鸠是现代分权学说的祖、宗，但他们都把行政权定义为对外的权力。洛克认为："执行权和对外权这两种权力，虽然本身确是有区别的，但是前者包括在社会内部对其一切成员执行社会的国内法，而后者是指对外处理有关公共的安全和利益的事项"。[1]孟德斯鸠明确了三权："每一个国家有三种权力：①立法权力；②有关国际法事项的行政权力；③有关民政法规事项的行政权力……我们将称后者为司法权力，而第二种权力则简称为国家的行政权力。"[2]这里要注意两点：一是执法即是司法，二是行政权被定义为对外权。"执行"与中国的"行政"都是在法治确立之前即已存在的，因此本无执法之义。把行政权视为对外的国防和外交权力，也是因为对外的权力完全不遵守先制定普遍规则然后将普遍规则适用于个案的套路，并且对外关系是以国家整体身份出现的，这暗示着，行政权就是国家权力的整体代表。总而言之，行政权无法用规则来定义。不受规则定义，自然也不受规则约束，因为行政权本来就是创造和定义规则的原始权力。

---

〔1〕 ［英］洛克：《政府论》，叶启芳、瞿菊农译，商务印书馆 1964 年版，第 90 页。
〔2〕 ［法］孟德斯鸠：《论法的精神》，张雁深译，商务印书馆 1961 年版，第 155 页。

在分权确立之初，行政权被理解为法律之外的权力，法律对行政权的限制，主要体现在行政权不能侵犯法律所调整的领域，但这同时意味着，法律也不能干预行政事务，两者间井水不犯河水。为了体现法治的理想，自然会倾向小政府，视政府为不得已的恶，并有人声称，管得越少的政府就是越好的政府。但这个论断只有在行政权不受法律约束即公法不是法的语境下才成立。孟德斯鸠的分权理论经常被学人们援引，虽然在他的皇皇巨著中，只有几页纸讲这个问题，但很少有人注意或不愿提及的是，孟德斯鸠认为，行政者"本身应该是神圣不可侵犯的"。[1]

2. 独立的管制行政

分权制度把行政事务与法律事务分开，行政权除了不能侵犯法律王国的边境以外，便只受政治因素的制约。对于技术性要求比较高的问题，显然受政治影响越少就越好，独立于政治性行政但受法律约束的管制行政便出现了。美国行政法最初主要是调整独立管制机构的法律部门，胡建淼曾言美国传统上"认为行政法是规范和控制独立管制机构行为和权利的法""美国最权威的法学词典即《布莱克法学词典》对行政法的解释亦属此类。究其原因，美国最早对行政法的研究起源于行政独立管制机构"。[2]

独立管制机构的独立性使它有点像是现代诸侯。既然不受总统等政务官的领导，而且由国会立法设立，那么约束它的力量理所当然就是法律。狭义的管制行政，就是专指独立管制机构所实施的管制行为；广义的管制行政，适用于所有的非政务类行政机关，可以称之为规制行政，即依据法律之授权对私人自治所进行的监管和限制。独立管制的特殊性不宜被过分强调，且不说它的美国背景，即便在美国，独立管制机构出现之前法院对总统所属机构的司法审查也并非罕见，只不过很多案件被归入了宪法范畴。

3. 现代行政的规制化

权利本来是不依赖行政，甚至是排斥行政权力的，但规制行政在科处义务的同时，也为私法的主体带来类似权利的法律地位，因为权利和

---

〔1〕 ［法］孟德斯鸠：《论法的精神》，张雁深译，商务印书馆 1961 年版，第 162 页。

〔2〕 胡建淼：《比较行政法：20 国行政法评述》，法律出版社 1998 年版，第 116—117 页。

义务必然成对出现。这种依赖于行政作为的权利在美国被称为特权，早期的美国判例严格区分权利与特权：权利是宪法和法律所赋予的，为确保不被侵犯，必须严格遵守正当法律程序原则，但特权来源于政府的赐予，因此不必严格受程序制约。在 1892 年"麦考利夫诉新贝德福德市长案"[1]中，一名警察因从事政治活动而被解雇，因此向法院起诉要求得到正当法律程序条款的保护，但法院判决认为，警察的就业机会是警察局所提供的特权，特权既然来源于政府，政府自然有权取消，法院不应干涉。霍姆斯大法官在该案中阐述了权利与特权的区分。在 1974 年"阿内特诉肯尼迪案"[2]与 1976 年"毕绍普诉伍德案"[3]中，法院也采纳了类似的观点。

后来随着政府赐予的利益越来越必需，权利与特权的区分便逐渐淡化，但美国联邦最高法院从来没有宣布要取消它。管制义务带来的间接权利与使用公共资源、担任公职的权利一样，都是依赖于政府行为的特权，与不依赖甚至排斥行政权的私人专属权利如合同自由有本质不同。所以管制行政本来是作为公民权利的对立面出现的，但它逐步法治化的结果，却使规制行政日益转化为保护公民权利的手段。

因此权利与特权之分淡化，所有事务性行政都浸染了执法色彩，意味着行政模仿司法变成法律执行职能，中国行政法起步时所接受的法律观念已经没有能力在法理上严格区分行政机关的执法与法院的执法有何不同了。不类比司法，将无从理解行政。因此导致管理与执法的趋同，二者都皆可指称行政法所调整的全部行政职能，或者说管理被执法取代，虽然它们的内涵截然相反。

（二） 规则驯化的行政

1. 行政权的扩张

行政受法律规则的制约，表面上看是扩大了法治的领地，同时缩小了行政的专制范围，但事实恰好相反，行政的规制化导致了行政权力在

---

[1] McAuliffe v. Mayor of New Bedford, 155 Mass. 216, 29N. E. 517 (1892).

[2] Arnett v. Kennedy, 416 U. S. 134 (1974).

[3] Bishop v. Wood, 426 U. S. 341, 348 (1976).

经历了小政府时代之后再次扩张。现代行政的规模和权能之大，是古代政府所望尘莫及的。当行政不受法律制约的时候，人们自然会信奉小政府的理念，除非确有必要，行政权便不应当存在。然而当行政权力获得执法属性的时候，行政便成为手执尚方宝剑的钦差大臣。在名义上，法律与行政的分立被行政服从法律取代，但事实上是行政权获得法律所赋予的正当化，从而消除了行政权力扩张的道义障碍。其中的奥妙并不难参透，想一想法官作为法律之化身所获得的超然地位便可以明白。

在宪法和政治层面，行政权的规制化以积极人权为背景。政府对法律的服从不再以消极的不侵犯私人自由为原则，而是必须以积极的行动保障公民获得本身可能没有能力得到的权利为原则。

2. 规制行政与权利行政的法律调整机制比较

有了积极人权的合法性加持，规制行政就变身为类司法化的权利行政，导致权利与特权、规制行政与执法行政的法律调整机制被混淆。

规制与权利，都涉及当为或不当为某事的规范问题。但规制所针对的是无具体权利人的事项，如禁止污染物排放。由于权利人的缺位，或因权利人泛化而导致的搭便车现象，当为或不当为的主张只能由实施规制的行政当局提出，违反义务导致的法律责任也主要由行政当局出面来追究。所以规制行政的成败关键在于管理效率，而不是权利义务的配置，因为权利义务配置不起作用。

权利义务配置能够起作用的条件是普遍规则必须要落实于具体当事人，从而法律规则的要求变成权利人的要求，权利人为保护自己的权利，就会出来充当执法者。

易言之，规制行政的存在是因为"徒法不足以自行"，权利配置却让民法足以自行，权利行政介于两个极端之间。我们知道，部分民事权利的实现其实是有赖于行政执法的，比如房屋产权需要行政登记、知识产权的保护需要行政专业技能、公民人身自由更是需要警察保护，单纯依靠法院的裁判可能足以划分自由的边界，但不足以保障权利落实，因为法院缺少警力和执法力量。然而特权对执法行政的依赖更加深远，因为特权本来就是以政府的资源为权利客体的，如驾驶权利其实是使用公有道路的权利。公有道路的使用权显然不同于私人专属物品上的权利。但在汽车和驾驶需求普及之后，它可能与私人专属权利一样不可或缺，因此需要以类权利的方式加以保护，但类似于权利毕竟不是真正的权利。权利以私有资产为基础，特权则以公有资产为基础。

为简化问题，可以将行政职能按照内容略分为三类：一是保护公民专属权利；二是保护特权；三是保护公共利益，一切无法权利化的事项，皆可归入此类。第一类可以并需要严格地遵循规则之治的原则，第二类可以参照规则之治，第三类则显然是难以适用规则之治的。可以权利化的规则，是经过实践证明符合现实要求和民众愿望的，对于这类规则，严格遵守形式正义的执法原则既科学又民主。但不能权利化的规则是否符合现实要求和民众的愿望，还需要实践的检验，若不加区分，机械地照搬形式正义的原则，实施规则之治，那么就是既不科学，也不民主的。

3. 行政的法家化

规则之治即法家之循名责实，遵循规则的规定为循名，责令人的行为与之相符为责实。它不是要名与实相符，而是要实与名相符，若实不符名，不是名有错，而是实有错。太阳的实际运行与历法不符，错的不是历法而是太阳。无论规则的规定是否合理与是否合乎民望都必须被执行。秦末大泽乡起义，就是这种规则之治的后果。

当然现代法治与法家之法治是有所不同的。其不同之处在于民法的自行性。但对于不能自行之法，仍然遵循民法的规则之治模式，那么就是法家道路具体而微的现代重演。

(三) 从法治到治理

1. 是非之分与权利之分

法律的规制，简单来说是区分当为与不当为，即是与非。而权利的奥秘在于回避是非问题，将它交给权利人来判断，即意思自治。是非是相对的，但权利划分却具有绝对性或者说明确性。所以规制问题需要遵循实质正义原则，不能拘泥于循名责实，但权利义务的界定可以且需要循名责实，因为划分权利必须使用规则，无论是成文的、判例的或隐含的。

管理或规制行政的本质，是由管理者定义是非，所以要遵循两个原则：一是尚贤，管理者应当德才兼备；二是法从礼生，即管理规则需适应现实及其变化、回应被管理者的需求。将划分权利的规则适用模式照搬到管理或规制行政语境，就会产生法家式的行政。没有足以自行的民法规则维持核心利益的权利保护，将导致全方位的暴政，在民法的法治确立以后，会滋生官僚主义。

划分权利的目的是回避是非。权利配置可行的时候，是非问题可以回避，但是在必须回答是非问题时仍然回避是非，就会导致泯灭良知的结果——只管照章办事，不问百姓死活。什么情况下不能回避是非问题呢？答案是在公共领域。无论私域或公域，行动都必须面对是非问题，比如汽车是否可以超速等。只是在权利配置的语境中，它由权利人来自行决定，从公共权力的角度看，是非问题就是可以且应当回避的。但权利配置不可行的时候，是非问题就无可回避了。在公共领域中回答如何行动的是非问题，就是所谓的"治理"。它是法治的公域替代者。

法治的本质是"无治"，治理问题被推给了分散的权利主体。公共领域的管理者可以并且应当无为而治，即摒弃私心而以百姓心为心，但无为而治并不等于"无治"。

2. 法治与治理的比较

法治通常被视为人治的替代品，以法律而不是人的私心来治理国家，是当世之"普世价值"，也是几代中国人梦寐以求的政治理想。但很多看似深奥的哲理，抵挡不住浅近而庸俗的常识。俗话说，法律是死的，人是活的，它以直白的语言揭示，国家的真正治理者，永远是"人"而不可能是无知无识的"法"。治理问题才是核心的问题。

从治理的语境中解读法治，法治的意义主要在于治理任务的分工——公与私、私与私、公与公之间的各种分工。治理分工并不能取代治理问题，其理至明。但法治的理想给人们带来了一种错觉，似乎法治一旦降临，制度和法律便能够帮人解决一切麻烦。社会治理中的一切失误，亦皆可归因于所谓的体制。

由于法治主要关注分工，法治下的公民仍然只是法律的臣民，本质是私民，其主体地位只体现在私人领域。治理语境的公民才是真正意义的公民，因为作为公民必须是公共治理的参与者，要思考、行动并负其责。管理语境的官民关系是牧人与牛羊，执法语境的官民关系是屠夫与看客，治理语境中的官民关系是向导与行者。只有明了治理问题，我们才能领悟"党领导人民当家作主"的真正含义。

代议制作为一种治理方案，似乎也能够使看客们得到参与的机会，但终究仍是看客式的参与。远距离的参与，毕竟难说是真正的参与。

3. 规则之治与规则之用

本来人是主体，法律和规则只能是工具，但法治理念把法律和规则拟制为治国的主体，治理中的规则恢复了其工具性地位。

以规则为工具本来没有错，错只错在是谁的工具。法家之错，在于法被当成了独裁者的工具。当人与人之间互以规则为工具时，规则就变成准则。准则与规则不同，它由行动者自我选择而不是外力强加，比如可以说与人为善是做人的准则，但不能说是做人的规则；红灯停绿灯行，通常只能是规则，因为它是管理者为我们制定的。规则能够在人与人之间互为工具，前提条件在于他们之间具有共同的，或者准确来说是互相和谐的行为准则，简言之是规则的准则化、外在规范的内在化。准则作为人际的共同行为规范，必须形式化，比如说，己所不欲勿施于人，虽然能够作为人际关系的普遍形式法则，但并不能够提供行动的具体标准。由于准则和原则都可以被成文法制定为规则，在广义上，规则也可以包括准则和原则。

公共治理中的行为规范，必须同时解决行为的人际认同与技术合理性，因此它应当是互动的、与时俱进的。这样的行为规范，只能是从经验中积累出来，而不是预先给定。规则失去了在先性也就不成其为规则，因此治理语境中的行为规范，不能是单纯的技术性规则，也不应当是单纯的人际关系准则，而主要应当是如何应用以上两种规范的原则。在这个意义上，行政法学不再是传统意义上关于法律规则之学，而是关于规则如何制定和应用的学问，是一门"立法学"。

当规则作为工具时，就应当不合则舍之。即便真正意义上的法律，不合用也应舍弃，何况并非法律的行政规范性文件。但这并不是在宣扬法律工具主义甚至是法律虚无主义，而是要人学会敬畏真正值得敬畏的，那就是原则。所有道路上汽车行驶速度皆不得超过百公里每小时、合同必须遵守，真的能够唤起人的敬畏之心吗？真正值得敬畏的东西是原则——公正、公平、公允，无论你如何认知它们，其可敬与可取都不容置疑，因为没有人愿意承认自己是个不公正的人。

从技术角度看，公共治理的原则性表现为风险性。人类所面临的风险并不是在当代才出现的，更不是在当代变得更加严重，恰好相反，人类平均寿命的提高，说明了当代人面对的生存风险可能是历史上最低的。风险问题之所以进入法学研究的视野，是因为其视角从法治走向了治理。如果立法和行政执法的内容只在于禁人为非或划分权利，风险问题就不会成为法学的问题，因为是非之分与权利边界之分都是非此即彼的形式逻辑问题，不存在风险。风险或者是权利人自己的问题，如一句流行语所说的那样，市场经济不相信眼泪，或者是公共当局要面对的一个非法律问题，如对外战争的失败概率。风险的本质是物质世界及其科学认知的不确定性，如果行政法学视野局限于是与非的伦理问题，或者是关于权利边界的纯人际关系问题，那么风险就与我们无关。风险的法律意义在于是非之分与权利之分的不可行，或不确定，除非我们只在乎法律上的观念确定性，而不在乎其产生的实际后果。

治理与法治不同，它关心的不是观念确定性而是真实的绩效，因此为保证治理效果，有时就得牺牲规则的观念确定性。如何对待效力不定之规则，属于原则问题，如衡量成本收益的比例原则。利害关系人的充分参与是风险行政或治理行政的首要原则，关于是非之分与权利之分的立法可以由立法者乾纲独断，然而关心治理实效的风险行政却需要每个人充分参与，因为当事人的法律地位不影响风险的发生率，利害关系人的实际行动却是风险管理的关键环节，如果不充分考虑相关主体的利益取向，治理效果就不可能理想。

总而言之，关于行政法学上的行政，有三种不同的叙事，其差异可以体现为三种不同的规范。从管理角度来看，行政是发布和实施规则的规制行为，规则是何者当为、何者不当为的技术性或类技术性规范，如禁止排污。从执法角度来看，行政是执行准则的活动，而准则是指出于主体间性的互动规范，如达成合意的规范、互相尊重对方人身和财产的规范。从治理角度来看，行政的职能是创造和应用以上两种规范，以此引导公民参与利害相关之公共事务，并保障公共行动的技术合理。而要达成治理效果，就必须依赖原则。

六、结语

关于行政的三种叙事既有内涵上的差异，又都可以在外延上指涉所有的公共行政。为兼顾独特性与包容性，需要在术语上做些安排。规制行政、执法行政、服务行政，可以在并列意义上使用，互不交叉；管理行政、执行行政、治理行政，可从不同角度指称所有公共行政，而定义公共行政的角度差异又决定着行政法基础理论的不同取向。

管理是红灯视野中的行政，因其不受规则调整，所以行政法以限制其边界为己任。这种观点的真实性体现在不与公民利害直接相关的国家事务上，如军事与外交、国立大学、政府内部管理等。与公民直接相关的，主要是规制行政，尤其是独立机构的管制。红灯理论将行政与法律的关系看作是此消彼长的竞争或平行关系，在微观层面，则将国家与政府机关视为民法上的法人。因此从宪政维度来看，分权是指行政权与法律的分庭抗礼。从法律尤其是民法角度来看，分权下的行政其实只是国家作为民事主体的私人事务。

执行是绿灯视野中的行政，因其完全被规则化，所以是实现法治社会和保障人权的有力手段。其真实性体现于司法化的执法行为，尤其是以平等权为取向的权利行政。对于中国人来说，这类行政还比较陌生，但丝毫不妨碍学术界接受其司法化的行政观。绿灯理论的最大特色在于行政立法，行政规则的制定被立法化，其执行则被司法化，甚至在审判中，行政规则经常基于不违反"上位法"即为有效的原则，在事实上成为裁判准据。当行政权放下身段成为法律的从属物时，行政者的角色也就从国王的家臣升格为国民的法官。

治理是黄灯视野中的行政，因其不拘泥于规则，所以行政法的调整方法必须中庸。它是新兴的公共行政模式和行政法理念，其中庸之处在于，既不将行政视为法外的特权，也不认同规则中心主义，而是要打破规则制定者与规则服从者之间的主客对立，以实现社会多元主体的共同管理。尽管政府依然是公共责任的承担者，但是由于行为主体间形成有机合作关系，更多行为主体以"公"民的身份出现。"多中心治理是民主化的，它试图让决策的过程有更多的公共参与，使得公共行政对民意有更好的回应。"[1] 因此治理是民主语境下的行政概念，它注重的不是制度层面的政治民主而是实践性的行政民主，法律的作用更在于原则性引导，而不是提供直接的行为准据。行政规则也更不可能被类比为下位法，而完全成为治理主体的一种工具，它的效力只取决于它对治理参与者的服务功能和说服力。因此在治理语境中，行政与法律必将融为一体，你中有我，我中有你。

(初审：刘诚)

---

[1] M. Bevir, "Democratic Governance: Systems and Radical Perspectives", 66 *Public Administration Review* 3 (2006), pp. 426-436.

争 鸣
Academic Debate

认罪认罚刑事程序：实证与比较的学术叙事（笔谈）*

谢进杰、魏梦欣、伯恩敬、熊秋红、
欧卫安、王晖、郭玉、李晓玲、何旭霞、宋福信

目次：

关键词：认罪认罚；辩诉交易；刑事程序；正义与效率；实证与比较

一、作为命题的认罪认罚刑事程序（谢进杰*）

在中国古代，刑讯逼供合法化，公堂上千方百计让被告人认罪认罚；

＊ 本笔谈源于 2020 年 1 月 3 日至 4 日在广州举行，中山大学法学院、中山大学司法体制改革研究中心主办，美国纽约大学亚美法研究所协办的"认罪认罚刑事程序国际学术研讨会"，本项研讨受谢进杰教授主持的国家社会科学基金重大项目（项目批准号 17VHJ004）资助。

＊ 作者谢进杰，男，法学博士，中山大学法学院教授、博士生导师，中山大学司法体制改革研究中心执行主任、《中山大学法律评论》主编。

后来，刑讯逼供不再具有正当性，但"坦白从宽，抗拒从严"的刑事政策依旧暴露出对被告人认罪认罚的过分追求。而今，认罪认罚从宽的制度建构及如火如荼的实践，似乎在映射着一个道理，即无论侦查犯罪的现代科技如何发达，无论刑事审判的制度设计如何完善，刑事程序始终摆脱不了对被告人认罪认罚的需求。同样地，在美国，无论是米兰达告知，还是适用率极高的辩诉交易，也都揭示了刑事程序的运作对被告人认罪认罚的依赖。

我们不得不承认认知的局限性，也不能不考量犯罪控制的成本，何况一旦被告人认罪认罚，刑事程序的结果将被赋予一层"天然"的保障。但问题又在于，制度上能够给被告人认罪认罚提供怎样的激励？认罪认罚可以得到多大程度的从宽？去年春天，在美国纽约大学亚美法研究所的精心安排下，我充分洞察了辩诉交易的魅力，惊叹：没有辩诉交易，就没有刑事司法；没有律师，就没有辩诉交易；检察官成为超过 90% 的案件的真正裁判者。虽然有学者说"辩诉交易是一种'灾难'"，然而，难以想象，如果忽然废除了辩诉交易，美国刑事司法将会遭遇一场什么样的"灾难"。辩诉交易甚至也是洞悉美国如何处理社会问题的一个极佳视角。辩诉交易是一种"共赢"，它不仅仅是一种刑事程序机制，也是一种社会问题的解决方式。

对于中国的认罪认罚从宽制度而言，美国辩诉交易是一个很好的观察、比较、反思和学习的样本。辩诉交易就像是一种量刑的"市场经济"，而认罪认罚从宽主要是一种立法和司法政策层面"法定"的从宽，不是基于个案的讨价还价的"交易"的从宽。何况"案件事实清楚"是判案的前提，认罪认罚从宽似乎并没有过多地减少检察官和法官对案件的投入。那么，认罪认罚从宽制度能够走多远，我们仍需拭目以待。

当然，无论如何，认罪认罚作为一种刑事程序的作用已经非常凸显，它构成了当代刑事程序的一个重要命题。

二、服务于追求刑事正义和司法资源高效利用的共同目标
（魏梦欣*）

美国的辩诉交易制度跟中国的认罪认罚从宽制度虽然存在诸多差异，但都服务于追求刑事正义和司法资源高效利用的共同目标。历史的经验告诉我们，如果司法资源是无限的，我们根本不必诉诸辩诉交易或类似的制度。然而，法庭是有限的，律师和司法人员也是有限的，因此我们不能将所有案件都交付正式的审判。美国从 19 世纪初开始探索适用辩诉交易，现在辩诉交易的适用率已经达到了顶峰。适用率的提高带来了一系列问题，这些问题又引发了反思与应对。美国适用辩诉交易制度的具体经验及实践反思是我们要认真研讨的问题。

三、美国辩诉交易制度的经验（伯恩敬*）

上次来华是在 2000 年，当时我受邀参加了中国政法大学举办的中美刑事司法交流会，在那次会议上，美方的学者主要就无罪推定、非法证据排除等问题发表了意见，但没有提到辩诉交易，反而是一位中方学者希望我们介绍美国的辩诉交易制度。坦诚地说，当时的美方学者都感觉

---

* 作者魏梦欣（Katherine Wilhelm），女，美国纽约大学亚美法研究所执行主任。本部分系根据魏梦欣主任在"认罪认罚刑事程序国际学术研讨会"上的发言录音，由中山大学法学院博士研究生左瑞芳、陈希捷、王浩宇整理而成的文字稿。

* 作者伯恩敬（Ira Belkin），男，美国纽约大学亚美法研究所高级研究员。感谢美国纽约市布朗克斯区公设辩护人办公室刑事诉讼组总监爱丽丝·芳提尔（Alice Fontier）和美国列维特＆凯泽律师事务所律师理查德·列维特（Richard Levitt）在"认罪认罚刑事程序国际学术研讨会"上进行的美国辩诉交易的案例演示与详情描述，也感谢美国纽约大学亚美法研究所的殷驰（Chi Yin）、林蔚然（Allen Clayton-Greene）、高原（Yuan Gao）、白德胜（Elias Blood-Patterson）、刘超（Chao Liu）等多位研究员和中国政法大学朱伟一教授、北京外国语大学李长栓教授为本次学术研讨做出的努力。本部分系根据伯恩敬教授在"认罪认罚刑事程序国际学术研讨会"上的主题发言录音，由中山大学法学院博士研究生左瑞芳、陈希捷、王浩宇整理而成的文字稿，未经作者校对。

有些尴尬，因为辩诉交易在我们看来并不是一个值得炫耀的制度，但不可否认的是，它已然成为美国刑事司法不可或缺的一部分。中国的学者早在 2000 年就开始关注辩诉交易制度，然而官方对待类似于美国辩诉交易的刑事司法制度的态度直到近几年才开始发生转变，标志是认罪认罚从宽制度的试点和实施。显然，中美双方学者今天已经在适用协商性刑事司法制度上达成了一些共识，这也是我在这里向大家分享美国辩诉交易制度经验的原因。通过介绍辩诉交易的实践经验，你们能够发现我们做得好的地方，也能看到我们的不足，或引以为鉴，或引以为戒。

在介绍辩诉交易实践经验之前，请容我先对辩诉交易制度作一些原则性的说明。首先，我先要对辩诉交易的概念作一个系统的厘清。辩诉交易并不是一个法律上的专有术语，而是一个口语化而且包含些许贬义的名称。"交易"的表达总是让人产生怀疑：辩诉交易是否把正义当成了一种可以讨价还价的东西，从而模糊了司法正义是非分明的界限？辩诉交易一词还容易使人们产生误解，让人误以为它是某种单一的事物。实际上，对辩诉交易所指称对象更为精切的概括应当是认罪程序，它包括了四种不同的程序类型。第一种认罪程序是不以任何承诺为对价的有罪答辩（guilty plea）。在英美法系的诉讼程序开端，被告人有权利选择进行无罪答辩，以获得完整的庭审，或者作出有罪答辩，放弃获得陪审团公开审判的权利。第二种认罪程序是罪名交易（charge bargaining），即被告人对一项或者多项双方一致同意的罪名认罪，作为对价，检察官承诺撤销或不再提起额外的指控。在联邦法院系统中，这是最为常见的辩诉交易种类。第三种认罪程序是量刑交易（sentence bargaining），即控辩双方不仅对罪名达成协议，也对量刑达成协议。为了换取被告人对一项或多项双方一致同意的罪名认罪，检察官承诺向法官建议具体刑期或是量刑幅度。作为这种交易的基础，控辩双方分享着一个观念：法官通常会在控辩双方达成协议的量刑区间内进行量刑。第四种认罪程序是合作协议（cooperation agreement）。在这种协议中，被告人不仅要进行有罪答辩，还要对其他人的犯罪行为提供信息及作证。在这种情况下，其在量刑方面能够获得更多的优惠。

认罪程序如何实现公平公正？司法公正通常意味着对"真相"的发掘，在缺乏证人出庭作证、陪审团公开审判的情况下，程序应该如何确定案件事实，实现公正判决呢？只有公诉人和辩护律师对证据进行审查后就事实问题达成合意，我们才能说认罪程序接近了事实真相。认罪程序的公平公正需建立在这样一个前提下：被告人必须是在理性情况下作出认罪答辩的。为此，必须有一个资深的律师对证据进行基本的审查，并且能够有机会与其当事人进行深入的讨论、对比证据。控方应该进行证据开示，辩方可以结合控方的证据推理出被告人有多大可能被定罪。如果控辩双方都认为被告人在庭审之后被定罪的可能性比较大，那么，达成一个对控辩双方都有利的办议就是合理的。还需要特别注意以下两点：其一，应当保证案件处理的确定性；其二，控方应当提供合理的从轻处理来换取被告接受法律责任。

然而，即使我们对辩诉交易的程序进行了精心雕饰，仍难掩其正当性的缺失。美国历史上并不鼓励辩诉交易。诚如托马斯·杰斐逊所说："我认为（陪审团审判）是人类能够想象到的唯一的定海神针，通过它，政府便能够受到宪法原则的约束。"陪审团审判是对公民权利最好的保障，而辩诉交易则意味着对陪审团审判的抛弃。随着19世纪后期逮捕量的日益增长，辩诉交易被视为一种处理案件的有效方法，但很多法院仍然认为辩诉交易"令人震惊且糟糕"，是允许被告人逃脱法律充分惩罚的"魔鬼契约"。用辩诉交易制度代替开庭审理一定会有风险，对这种风险的描述隐含在人们对辩诉交易的质疑和批评中：如果没有证人出庭，也没有一个中立的陪审团审查证据，那么，事实的认定是否可信？双方达成的协议是否能代表公正？协商的结果能否代替法官中立的审判？被告人在程序中的权利有没有得到保护？被害人、社会的利益又能否得到保护？对辩诉交易制度的批评还包括：辩诉交易使无辜的人认罪[1]；辩诉交易加剧了刑事司法体系的其他缺陷，并让它们更加隐蔽；辩诉交易的结果显示出种族歧视[2]。对程序本身的批评则包括：①缺乏透明性，公

[1] 根据美国"无辜者计划"的统计，362名靠DNA脱罪的被告人中，有40人对他们没有犯的罪认了罪。"为了不再被羁押""为了获得较轻的刑罚"是主要的原因。辩认错误、不实供述、不可靠的科学证据、控方的不当行为、受到激励的线人均可导致在审判和认罪中的错误定罪。

[2] See Carlos Berdejó, "Criminalizing Race: Racial Disparities in Plea Bargaining", 59 *Boston College Law Review* (2018).

众从未看到案件证据，无法对结果是否公正做出自己的判断；②存在不公正感——当一起严重犯罪通过辩诉交易被降级到较轻的犯罪，或被告人因辩诉交易获得了更轻的刑罚时，公众会对其正当性产生怀疑；③程序还不够严格，大多数州法院和联邦法院并不要求"全面开放/敞开看（open file）"的证据开示；④认罪答辩通常会终结案件，因此，警察和检察官在调查阶段的行为不会受到详细审查，即便是称职、有经验的检察官和辩护律师也会因为太多的案件而过度劳累，无法对每一个案件给予足够的关注。另外，辩诉交易是否赋予检察官过大的权力也遭受质疑。

美国联邦最高法院已经有明确的判例表明辩诉交易是被允许的，那么，有什么办法能够避免上述现象呢？答案可能就是考虑有罪答辩的自愿性、明知性和准确性。在讨论如何保障认罪自愿性之前，我们要思考一个理性的人为什么会认罪。认罪意味着放弃不自证其罪的权利以及获得陪审团迅速公开审判的权利。一个理性的人只有在这些情形下才可能自愿认罪：其一，如果其理解认定其有罪的证据达到排除一切合理怀疑的程度，要求开庭审理对其来说没有用，还是会被定罪，那么一个理性的人会要求不开庭审理；其二，如果认罪能让其在量刑阶段获得一些好处，那么一个理性的人可能会在权衡得失后选择认罪。那么，如何保障这种自愿性？首要的前提是保证被告人对认定其有罪的证据有一个清楚的认识。这就要求设立一个证据开示的阶段。其次是需要有律师的帮助。一个没有受过专业法律训练的人很难对案件形成准确的判断，只有在专业的辩护律师的帮助下，被告人才能了解控方的证据是否达到定罪的标准，并对认罪的后果有一个全面的认识。再次是应避免过度的庭审惩罚。如果庭审认定有罪后判处的刑罚远重于认罪后的刑罚，一些无辜的人可能也会选择作出有罪答辩。所以，量刑方面需要规范。最后是审前羁押的问题。一个被审前羁押的人如果知道认罪后可能被释放，那么其很难作出一个自愿的决定。

认罪的明知性是说被告应当理解其认罪后所放弃的权利，清楚其认罪或者要求庭审的后果。准确性要求控辩双方对证据有一个清晰的认识。检察官和辩方有责任保证证据足以证明被告人有罪以及庭审后其很有可能被认定有罪；辩方必须能够获得证据，在有罪答辩之前能有充足的时间审阅证据并在保密的情况下讨论案情。如何保障被告人认罪的明知性及准确性呢？首先，需要进行证据开示。其次，被告需要获得实质性的律师帮助。在制度激励方面，须确保有罪答辩可换取一项合理的、非胁迫性的好处——被告人有罪答辩能够获得的好处必须充分到值得其认罪，但是又不至于悬殊到会促使一个无辜的人认罪；审前羁押与释放不得以被告人是否认罪为前提。最后，需要确保法官中立审查——作为中立方，法院必须确保被告人所有的程序权利得到了保障，包括获得律师帮助、获得证据开示，被告人的认罪决定是自愿的、明知的，其已理解认罪的所有后果。当然，辩诉交易实践中的认罪程序是多元化的，且不同州之间、州和联邦之间也有不同的做法。

四、认罪认罚从宽制度的主要争议（熊秋红*）

我曾将美国的辩诉交易制度和中国的认罪认罚从宽制度这一类的制度概括为"放弃审判制度"，[1]其特征是通过制度的设计来激励被告人放弃正式的审判。美国的辩诉交易制度无疑是该类制度的代表。我国的认罪认罚从宽制度虽然受到了高度的重视，"两高三部"也推出了指导意见[2]，但仍缺乏更为详细的操作规程。另外，认罪认罚从宽制度目前主要依靠最高人民检察院的外力推动，该制度的内在推动力是否足够，仍有待研究。美国的辩诉交易制度之所以具有蓬勃的生命力，是因为这个制度拥有足够的内生动力，它对控辩裁三方都有吸引力。我国法定从宽模式能否像美国交易从宽模式一样走得远，仍有待实践检验。

关于认罪认罚从宽制度的争议从其诞生那一刻就开始了。十八届四中全会提出"完善刑事诉讼中认罪认罚从宽制度"，表明认罪认罚从宽制

---

* 作者熊秋红，女，法学博士，中国政法大学诉讼法学研究院院长、教授、博士生导师。本文系根据熊秋红教授在"认罪认罚刑事程序国际学术研讨会"上主持与主题发言录音，由中山大学法学院博士研究生左瑞芳、陈希捷、王浩宇整理而成的文字稿，未经作者校对。

〔1〕 参见熊秋红："比较法视野下的认罪认罚从宽制度——兼论刑事诉讼'第四范式'"，载《比较法研究》2019年第5期。

〔2〕 即最高人民法院、最高人民检察院、公安部、国家安全部、司法部《关于适用认罪认罚从宽制度的指导意见》，以下简称《认罪认罚从宽指导意见》。

度不是一个新的制度，而是一个原来就有的制度。这引发了关于认罪认罚从宽制度内涵的讨论：它是宽严相济政策规范化、制度化后的结果，还是借鉴了辩诉交易的一些合理因素？它是一项独立的制度，还是囊括了自首、立功、刑事和解的集合型制度？《认罪认罚从宽指导意见》使认罪认罚从宽制度的面目从模糊走向清晰。我们现在的共识是，认罪认罚从宽既是一项原则，也是一个具体的制度，它在侦查、审查起诉、审判三个阶段都有很多条文规定来体现。但关于认罪认罚从宽制度的争论未定，而且当我们把制度放在国际视野来考察时，会发现这类制度在各国的规定也不尽相同。

从国际层面来讲，包括美国辩诉交易制度、中国认罪认罚从宽制度、德国量刑协商制度等在内的这一类制度，分歧是大于共识的。主要的分歧包括以下几点：其一，从保障被告人的权利来看，适用这类制度的案件是否实行强制辩护？是否允许被告人查阅控方的案卷？被告人是否享有完整的上诉权？其二，从适用范围上看，什么时候适用这类制度，是鼓励被告人尽早放弃审判还是在审判开始前才能放弃？这项制度是否适用于未成年人案件和严重犯罪案件？其三，从法官的定位和职能来看，是禁止法官参与协商还是由法官来主持协商？是否要求法官对定罪证据进行独立审查？法官通过什么样的方式来审查认罪的自愿性，当庭询问还是可以视频询问？其四，从维护程序正义来看，对于控辩协议具结的过程和结果是否需要有完整的记录？这种协议的达成是否要求在公开的法庭上进行？是否禁止重大的量刑差异？以上是国际层面围绕类似制度存在的分歧。

从国内层面来看，虽然认罪认罚从宽制度在不断完善，但在实践中仍然充满了争议。争议主要包括如下方面：

第一，价值取向。价值一元论者认为认罪认罚从宽制度是"繁者更繁，简者更简"理念指导下的以效率为导向的制度。价值多元论者则认为该制度除了体现效率价值，还包括了恢复性司法等价值理念。

第二，适用范围。有人认为认罪认罚从宽制度重点适用于轻罪案件（实践中也确实如此），反对者认为这项制度的功能在于解决疑难案件，因为如果案件事实清楚，证据确实、充分，完全可以由法院直接作出判决，不必经过控辩双方协商。

第三，以检察为中心还是"以审判为中心"。《认罪认罚从宽指导意见》规定检察官的量刑建议法官一般要采纳，似乎表明认罪认罚从宽制度以检察院为中心。但最高人民法院认为以检察为中心违背了以审判为中心的诉讼制度改革。

第四，量刑建议应当提确定刑还是幅度刑。《认罪认罚从宽指导意见》规定检察院一般应提出确定的量刑建议，最高人民法院则认为仅在量刑幅度在 3 年以下的轻罪案件中才可以提确定量刑建议。

第五，被告人是否必须出庭。有人认为量刑在 3 年以下的案件不用开庭，被告人不用出庭；学术界认为 3 年的量刑还是比较重，需要开庭。

第六，值班律师的权利保障问题。值班律师的权利保障的程度和状况也会影响认罪认罚从宽制度的实践效果。

第七，如何防范错案风险问题。美国的辩诉交易也有错案风险，前面美国的专家已经分享了他们是怎么应对这种风险的，那么中国应该怎么做？

第八，认罪认罚从宽制度是否具有协商性。我们前面说这个制度属于法定从宽的类型，但也有学者认为量刑建议具结书具有协商的意味。《中华人民共和国刑事诉讼法》中虽然没有出现"协商"两个字，但《认罪认罚从宽指导意见》规定"控辩双方应当尽量协商一致"。从实践的情况来看，检察官一般很少以协商的口吻来提量刑建议，基本无协商性可言。目前主流的观点认为认罪认罚从宽制度是一种职权主义下的快速办案机制。

第九，协商的依据。有学者认为仅有"认罪""认罚"还不够，还要加上悔罪的条件，但是悔罪如何证明是一个问题。

第十，制度运行条件。中国是一个法制转型国家，我们是在推进正当程序的同时实施认罪认罚从宽制度的，这个制度运行的大环境还存在许多问题，未来制度环境如何改善是我们面临的挑战。

对待这些争议问题，我们应该通过实践探索达成共识，推动认罪认罚从宽制度的顺利发展。

五、认罪认罚的两个基本问题：认罪答辩与事实证明（欧卫安*）

（一）被告人认罪答辩程序的确立

1. 被告人认罪答辩制度的未完成形态

2012 年，《中华人民共和国刑事诉讼法》大幅扩张以被告人认罪为前提的简易程序的适用范围；2014 年，最高人民法院、最高人民检察院、公安部、司法部《关于在部分地区开展刑事案件速裁程序试点工作的办法》（以下简称《刑事速裁程序试点办法》）正式展开以被告人认罪认罚为前提的刑事速裁程序试点工作；2016 年最高人民法院、最高人民检察院、公安部、国家安全部、司法部《关于在部分地区开展刑事案件认罪认罚从宽制度试点工作的办法》（以下简称《认罪认罚从宽制度试点办法》）继续并深化了刑事速裁程序试点工作。[1]显然，这些以被告人认罪为前提的协商性司法活动，将在极大程度上限制普通程序的适用，实现程序分流，重构刑事审判的事实发现机制。

在事实问题上，以被告人认罪答辩为前提的协商性司法的最大特点是，在承认当事人程序选择权的基础上，以所谓"程序合意"重新阐述事实发现和证明的原理及正当性。《刑事速裁程序试点办法》第 11 条[2]规定，人民法院适用速裁程序审理案件，被告人当庭认罪且同意量刑建议的，不再进行法庭调查、辩论。《认罪认罚从宽制度试点办法》不仅尝试构建被告人认罪案件和不认罪案件的分流机制，还将速裁程序的适用

    ＊　作者欧卫安，男，法学博士，广州大学法学院教授。

〔1〕　《认罪认罚从宽制度试点办法》第 16 条第 1 款中规定："对于基层人民法院管辖的可能判处 3 年有期徒刑以下刑罚的案件，事实清楚、证据充分，当事人对适用法律没有争议，被告人认罪认罚并同意适用速裁程序的，可以适用速裁程序"；第 27 条规定："原刑事案件速裁程序试点相关规定可以参照执行，本办法另有规定的除外。"

〔2〕　《刑事速裁程序试点办法》第 11 条规定："人民法院适用速裁程序审理案件，应当当庭询问被告人对被指控的犯罪事实、量刑建议及适用速裁程序的意见，听取公诉人、辩护人、被害人及其诉讼代理人的意见。被告人当庭认罪、同意量刑建议和使用速裁程序的，不再进行法庭调查、法庭辩论。但在判决宣告前应当听取被告人的最后陈述意见。"

范围由可能判处 1 年有期徒刑以下刑罚的特定类型案件，扩展到可能判处 3 年有期徒刑以下刑罚的全部案件。

尽管上述规范性文件都将被告人认罪作为适用速裁程序与认罪认罚从宽制度的前提，但并未明确要求构建配套的被告人认罪答辩程序（罪状认否程序）。由于缺少由法院主导的被告人认罪答辩程序，将有可能存在检察院以不正当手段使犯罪嫌疑人认罪的风险。对此，构建被告人认罪答辩制度，作为速裁程序启动的补充，显得尤为重要。

2. 全案卷宗移送的恢复与独立的被告人认罪答辩程序的确立

全案卷宗移送是大陆法系职权主义的产物，其要求检察院移送法院的卷宗必须包括所有证据与案件材料。它可以让法官在庭前了解案件难易程度、犯罪行为轻重程度以及可能的控辩对抗程度，并适用适当的审判程序。由于法官事前可以掌握案件概貌，其对被告人认罪答辩的需求并不急迫。

我国 2012 年《刑事诉讼法》也恢复了全案卷宗移送，但这是为日趋完善的对抗制以及庭审实质化服务的，因此，全案卷宗移送的恢复反而在一定程度上有助于法官审查被告人认罪答辩的真实性与合法性，确保简易程序、速裁程序适用的正当性。在被告人作无罪答辩、法官不接受认罪答辩或者决定适用普通程序的情况下，全案卷宗移送可以在一定程度上强化被告方的阅卷权，利于被告方提早采取对应的抗辩手段，从而促使公诉方提高举证质量，以平衡控辩双方力量，保障庭审的实质化。

3. 庭前会议制度与被告人认罪答辩制度的配套建设

被告人认罪答辩的制度设计不能离开庭前会议制度的建设。必须在正式审判之前、提起公诉之后的时段内构建独立的被告人认罪答辩程序。但是，作为一种庭前预备程序，被告人认罪答辩的目的是程序简化与程序分流，如果在同为庭前预备程序的庭前会议之外另行设计独立的被告人认罪答辩程序，则可能违背制度构建之初衷，不利于刑事诉讼效率的提高。对此，将被告人认罪答辩纳入庭前会议中便能满足简化程序、提高效率和节约成本的目标。首先，庭前会议是法官除阅卷、开庭审理之外第三种获取案件信息的渠道，[1]其从内容上就具有容纳被告人认罪答

---

[1] 参见左卫民："未完成的变革：刑事庭前会议实证研究"，载《中外法学》2015 年第 2 期。

辩的空间；其次，从庭前会议所具有的证据开示、非法证据排除、争点整理、沟通说服、调解和解、程序分流等功能来看，[1]其与被告人认罪答辩制度的功能相符。

此外，我国将被告人认罪答辩程序置于庭前会议之中，既可以满足以被告人认罪答辩为前提的速裁程序、认罪认罚制度的构建与完善，实现程序分流，也可以在被告人作无罪答辩的情况下，满足庭审实质化所要求的控辩充分对抗，便利法官合理预期审判节奏和可能的资源调配，从而实现诉讼高效与基本的程序正义。

（二）被告人认罪答辩制度的建构

1. 被告人认罪答辩的对象

目前我国并无明确的庭前被告人认罪答辩规范，尽管庭审中被告人对"起诉书指控的犯罪"进行陈述并非罪状认否意义上的被告人认罪答辩，但其实质上有一定的再次确认审前（审查起诉阶段）答辩的功能。从 2012 年《中华人民共和国刑事诉讼法》第 186 条第 1 款的规定看，"起诉书指控的犯罪"乃被告人陈述的对象，也即被告人认罪答辩的对象。但该"指控的犯罪"，究系作为关联罪名的公诉犯罪事实，还是无关罪名的公诉犯罪事实，犹未明确。

根据 2012 年《人民检察院刑事诉讼规则（试行）》（已失效）第 393 条第 2 款的规定[2]，起诉书不仅包括事实部分，即"案件事实"和"被告人的基本情况"，还包括法律评价部分，即"起诉的根据和理由"及"案由"。此处需要注意两点：一是，"起诉的根据和理由"及"案由"可以理解为起诉的法律依据及罪名，而非诉因；二是，"案件事实"除了犯罪事实以外，还涉及程序法事实及与量刑有关的非犯罪事实。由于程

---

[1] 参见莫湘益："庭前会议：从法理到实证的考察"，载《法学研究》2014 年第 3 期。

[2] 根据 2012 年《人民检察院刑事诉讼规则（试行）》（已失效）第 393 条第 2 款的规定，起诉书的主要内容包括：①被告人的基本情况。②案由和案件来源。③案件事实，包括犯罪的时间、地点、经过、手段、动机、目的、危害后果等与定罪量刑有关的事实要素。起诉书叙述的指控犯罪事实的必备要素应当明晰、准确。④起诉的根据和理由，包括被告人触犯的刑法条款、犯罪的性质及认定的罪名、处罚条款、法定从轻、减轻或者从重处罚的情节，共同犯罪各被告人应负的罪责等。

序法事实及与量刑有关的非犯罪事实，被告人皆存利益期待之可能，或者与控诉完全无关，因此，被告人认罪答辩的对象既不是所谓诉因，也不是"案件事实"。从无罪推定原则所导致的刑事证明责任来看，追诉者必须对公诉事实负举证责任，被告人就有关被追诉的公诉事实不承担举证责任。[1]由此可以推论，公诉事实是检察官提起公诉的对象，是法官审理判决的对象，理所当然也就是被告人加以防御的对象。[2]因此可以说，被告人认罪答辩的对象只能合理地限定在公诉事实上。

另外，被告人认罪答辩不仅应涉及罪状认否答辩，还应涉及量刑答辩。因此，在立法设计我国刑事诉讼中的庭前被告人认罪答辩制度时，也应将量刑建议置于答辩对象之中，但不宜因此将量刑答辩理解为被告人认罪答辩的一个种类。由于《认罪认罚从宽制度试点办法》规定适用速裁程序审理案件的前提是被告人认罪且同意量刑建议，也就是说，只有在被告人认罪后，才会发生后续的量刑答辩问题，因此，量刑答辩可以成为认罪答辩的附带答辩内容，而不应将之理解为独立的答辩种类。

2. 被告人认罪答辩的主体

从我国刑事诉讼规范来看，被告人认罪答辩的主体只能是被告人，实务中辩护律师被屏蔽于答辩主体之外。然而，从罪状认否的制度设计目的出发，被告人认罪答辩在广义上属于辩护行为，而辩护职能的担当者，除被告人之外，还有具备法律素养与辩护技能的辩护律师。因此，辩护律师缺席被告人答辩环节，有损被告人答辩的自主性、有效性与正当性。在日本和英国的刑事诉讼中，皆确立了被告人、辩护人参与答辩的制度，[3]法国亦确定了辩护人必须在场的保障制度。[4]美国律师协会则更进一步规定，除非给予被告人聘请律师的机会，或者为其指派律

---

[1] 参见黄朝义：《无罪推定——论刑事诉讼程序之运作》，五南图书出版股份有限公司 2001年版，第 7 页以下。

[2] 参见［日］松尾浩也：《日本刑事诉讼法》（上），丁相顺译，中国人民大学出版社 2005年版，第 186 页。

[3] 参见［日］松尾浩也：《日本刑事诉讼法》（下），丁相顺译，中国人民大学出版社 2005年版，第 319 页。

[4] 参见吕天奇、贺英豪："法国庭前认罪协商程序之借鉴"，载《国家检察官学院学报》2017年第 1 期。

师，否则不得要求被告人进行答辩。[1]辩护律师的加入，对于被告人认罪答辩与法庭辩护的衔接，对于被告人认罪答辩真实性、自愿性及合法性的保障，尤其是对于控辩审三方在最大限度内达成程序合意，都具有极大的促进作用。当然，在具体的操作中，应以被告人为第一答辩人，由被告人亲自向法庭作出有罪答辩或者无罪答辩，以保证答辩的真实性、自愿性。在被告人亲自答辩后，辩护人应被许可在被告人的答辩方向上继续陈述答辩的主张及理由，以获取相应的量刑利益，确保答辩质量，尤其是确保被告人认罪答辩的辩护行为属性，不至于出现无效辩护。

3. 被告人认罪答辩的内容

如前所论，被告人认罪答辩的对象应为公诉事实及附带的量刑建议。因此，被告人认罪答辩应围绕公诉事实展开，在有罪答辩的情况下，还应进一步针对量刑建议进行答辩。

笔者认为，被告人的有罪答辩当然不是被告人供述与辩解，不具有证据属性，不得作为不利于被告人之证据。而且，在有罪答辩被撤销的情况下，该有罪答辩亦不得在案中作为证据予以使用。对于共犯或者他案被告人来说，被告人的有罪答辩只要不被撤销，其内容就可以取得证据资格而影响其他被告人的定罪量刑。但是，被告人答辩的制度目的及基本功能仍在于案件的程序分流，对于其可能具有的一定程度的证据法功能，应谨慎对待、严格限制，以预防被告人不必自我归罪特权之减损，避免混淆被告人自白与被告人有罪答辩。

(三) 被告人认罪答辩的审查

1. 审查范围

从功能的角度看，被告人的无罪答辩及拒绝答辩，预示着正式调查程序的完整进行及正当程序的不可或缺。而且，从无罪推定、沉默权、禁止自证其罪的程序原则或者程序特权的角度看，对于被告人的无罪答辩及拒绝答辩，不存在进行实质审查的必要。只有被告人的认罪答辩或

---

[1] 参见祁建建："美国律协《刑事司法标准》之《有罪答辩标准》评析"，载《中国刑事法杂志》2016 年第 5 期。

者被告人承认案件事实的答辩，[1]才有可能引起程序分流的结果。从正当程序及事实发现的角度看，对于被告人的认罪答辩或者被告人承认犯罪事实的答辩，应当予以严格审查。

根据 2012 年《中华人民共和国刑事诉讼法》第 208 条第 1 款的规定，"被告人承认自己所犯罪行，对指控的犯罪事实没有异议的"，是基层法院适用简易程序的前提。

2014 年全国人民代表大会常务委员会《关于授权最高人民法院、最高人民检察院在部分地区开展刑事案件速裁程序试点工作的决定》规定，"被告人自愿认罪"是适用刑事速裁程序的前提。因此，在目前我国的刑事诉讼制度框架下，对被告人答辩进行审查的范围应限于适用简易程序、速裁程序审理的案件。

2. 被告人有罪答辩的正当性问题

被告人的有罪答辩不仅牵涉案件的程序分流及优化，也涉及案件事实不经法庭常规调查程序而直接认定，因此，确保被告人答辩的自愿性，既是程序正当性的要求，也是对案件真相的底线保障。被告人答辩的自愿性有赖于其对与答辩相关的事实基础和法律依据的理性判断，尤其是对可能的程序后果的理性预测与权衡考量，而被告人知情权的满足对被告人理性预测与权衡考量答辩的程序后果具有决定性意义。因此，法官被课以必要且充分的告知义务，是确保被告人有罪答辩自愿性的重要前提。此前我国相关刑事诉讼规范中未规定在被告人作出有罪答辩时法院负有告知义务，但是，《认罪认罚从宽制度试点办法》已经注意到这一问题，不仅预先要求公安机关、检察机关在侦查、审查起诉阶段就有关认罪的法律问题进行告知，而且对法庭审判阶段也作了相应规定。《认罪认罚从宽制度试点办法》第 15 条规定："人民法院审理认罪认罚案件，应当告知被告人享有的诉讼权利和认罪认罚可能导致的法律后果，审查认罪认罚的自愿性和认罪认罚具结书内容的真实性、合法性。" 2017 年最高人民法院印发的《关于全面推进以审判为中心的刑事诉讼制度改革的实施意见》亦规定："推进认罪认罚从宽制度改革，对适用速裁程序、简易

---

[1] 此处被告人承认案件事实的答辩包括轻罪答辩，即被告人承认起诉书记载的公诉事实，但不承认其符合所指控的罪名的犯罪构成，而是认为其构成另外较轻的犯罪。

程序或者普通程序简化审理的被告人认罪案件，法庭应当告知被告人享有的诉讼权利，依法审查被告人认罪认罚的自愿性和真实性，确认被告人了解认罪认罚的性质和法律后果。"

但是，根据上述规定，法院仅仅需要告知被告人应当享有的权利，而未明确要求法院告知被告人特殊的程序设置———主要是速裁程序中"不再进行法庭调查、法庭辩论"———对其程序权利的重大影响。

尤为重要的是，我国的速裁程序及简易程序中，被告人没有与公诉方进行程序交易的资格，而且从宽处理的幅度或者具体量刑的刑种、刑度等都没有明确的告知渠道，被告人只能在模糊不清的从宽处罚的预期下等待单方面的刑罚宣告。因此，有必要通过司法解释，就认罪认罚可能导致的法律后果，细化法院具体的告知事项和责任，明确、细化被告人享有的对法院的咨询权利和法院的告知义务。

（四）被告人认罪答辩影响下刑事速裁程序的证明标准

1. 协商性司法在我国的应用：刑事速裁程序

协商性司法在控辩双方之间展开，而由法院决定其协议结果之采用与否。协商性司法强调通过对话、协商、妥协实现纠纷的有效解决。2014 年 8 月最高人民法院、最高人民检察院、公安部、司法部印发《刑事速裁程序试点办法》，在试点城市中正式展开以被告人认罪认罚为前提的刑事速裁程序。仅仅从第一年的试点成绩来看，速裁案件 10 日内审结的占 94.28%，比简易程序高 58.4 个百分点；当庭宣判率达 95.16%，比简易程序高 19.97 个百分点，[1] 其程序效率与社会效率是显而易见的。这种认罪认罚从宽制度框架下的刑事速裁程序，反映出公正基础上的效率观、现代司法的宽容精神、非对抗的诉讼格局以及司法资源的优化配置，也在很大的程度上侵蚀了刑事审判原有之对抗制或者审问制的基本格局，实现程序分流，并重构了刑事审判的事实发现或者事实建构机制。

以有罪答辩为程序入口的协商性司法，在我国的刑事速裁程序中也

---

[1] 参见"最高人民法院、最高人民检察院关于刑事案件速裁程序试点情况的中期报告"，载 http://www. Npc. gov. cn/npc/xinwen/2015- 11/03/content _ 1949929. htm，最后访问日期：2017 年 2 月 27 日。

有明确的体现。《刑事速裁程序试点办法》第 11 条中规定："人民法院适用速裁程序审理案件，应当当庭询问被告人对被指控的犯罪事实、量刑建议及适用速裁程序的意见，听取公诉人、辩护人、被害人及其诉讼代理人的意见。被告人当庭认罪、同意量刑建议和使用速裁程序的，不再进行法庭调查、法庭辩论。"如前所述，《认罪认罚从宽制度试点办法》不仅再次确立了这一做法，还将速裁程序的适用范围由 1 年有期徒刑以下刑罚的特定类型案件扩展到 3 年有期徒刑以下刑罚的全部案件，预示着协商性司法在中国刑事诉讼中已经得到了充分的肯定和扩张。问题是这种"不再进行法庭调查、法庭辩论"的刑事速裁程序，不仅意味着对现代刑事诉讼直接审理原则的损害，也可能意味着法官事实认定的"不合常规"。在证据裁判主义原则下，惟有经过法院直接审理，即"出于审判庭"的证据，才有证据能力。并且，除非有合乎例外之情形，否则直接审理原则（指实质的直接性原则）禁止法院转换证据方法而使用"证据的替代品"，亦即原则上禁止法院以派生的、间接的证据方法来替代原始的、直接的证据方法。因此，刑事速裁程序有可能导致严格证明的消解。

2. 刑事速裁程序对严格证明理论的挑战

在证据裁判主义要求之下，除了特殊事项之司法认知与推定，一切案件事实都必须适用证据予以证明，没有证据就没有事实裁判。根据对证明程度与方法的不同要求，可以在证据法学理论上将证明区分为严格证明与自由证明，并将严格证明适用于案件主要事实的证明，将自由证明适用于案件非主要事实的证明及程序事实的证明。严格证明是指在证明的根据及程序上都受到法律的严格限制，且应达到排除合理怀疑这一证明标准的证明。可见，严格证明实际上是对证明程序予以严格约束的一种法律要求。刑事诉讼法据以规定严格证明法则，即必须具证据能力之证据，经合法调查，使法院形成该等证据已足以证明被告人犯罪之确信心证，始能判决被告人有罪。

上述有关严格证明的概念阐述涉及严格证明的三要件，即法定证据方法、证据能力与法定调查程序，其中，法定调查程序是严格证明的核心。一方面，严格证明所依靠的证据应当符合法定证据形式且均具备证据能力；对证据的调查应在法庭上依法定程序展开，并受到审判公开原则、证据裁判原则、直接言词原则、疑罪从无原则等的规制。另一方面，严格的证明根据及程序决定了证明标准的严格性与最高性，即必须达到排除合理怀疑的标准。以上两大方面的要求相辅相成、缺一不可。2012年《中华人民共和国刑事诉讼法》第 53 条第 2 款规定："证据确实、充分，应当符合以下条件：①定罪量刑的事实都有证据证明；②据以定案的证据均经法定程序查证属实；③综合全案证据，对所认定事实已排除合理怀疑。这实际上也是全面确立了严格证明之要求。

刑事速裁程序是对严格证明理论的挑战，"被告人当庭认罪、同意量刑建议和使用速裁程序的，不再进行法庭调查、法庭辩论"，已经与严格证明截然不同，从而体现了从事实发现到事实建构这样一种背离法定调查程序的事实认定新理念。

3. 刑事速裁程序背离严格证明理论的合理性

司法活动是一种建立在主体理性认识基础之上的主体间的交往活动，事实并非主体探知到的所谓原始案件事实的摹本，而是司法过程中之利益主体主观建构的产物，法律事实的正当性最终要诉诸各主体在程序内达成的"共识"。按哈贝马斯的说法，认识具有主体间性。认识是主体间性的互动和交流、主客体间性融合的产物，认识活动是一个选择、加工、建构事实的过程。[1]最终，当获得一致结论时，该结论才可以被认为是真实、正确的。这个最终的结论就是被控辩双方建构起来的法律事实。这种理论的阐述对于刑事速裁程序中控辩双方就案件事实所进行的审判前程序交流具有极强的解释功能，并引导出一种案件事实的"共识论"。

从共识论的观点来看，认罪认罚从宽理念下的刑事速裁程序着重于控辩双方甚至是控辩裁三方的事实认知及其交涉，在一定程度上反映了认识主体的视域融合。解释学认为，案件事实的形成过程是诉讼主体双方在各自前见的思维条件下，在视域融合中，经解释学循环而解释构建案件事实的过程。正是基于这样一种案件事实认识的主体性，刑事速裁程序的事实观才得以改变。《刑事速裁程序试点办法》第 6 条规定，在公诉方主动告知被告方有关定罪事实及量刑事实之"审前事实认定"，并在

---

[1] 哈贝马斯说：只有在与别的观察者对同一对象进行的讨论和辩论中，陈述的真实性与正确性才能得到检验。在充满陈述、怀疑与辩论的对话过程中，陈述不断被修正，以至于不再有新的疑问与诘难。

被告方同意上述事实之后，也就是主体间达成了初步的事实共识或者初步实现了所谓的视域融合之后，刑事速裁程序才得以正式启动，而所谓的刑事速裁程序之认定事实在开庭前已得到认定。

共识论及其派生的视域融合观点反映了当代刑事诉讼的事实观由发现到建构的变化过程，并由此解放了严格证明对案件事实的作用和约束。《认罪认罚从宽制度试点办法》第19条中规定，人民法院适用速裁程序或者简易程序审查的认罪认罚案件，被告人否认指控的犯罪事实的，应当转为普通程序审理。而《刑事速裁程序试点办法》第2条则直接指出，"具有下列情形之一的，不适用速裁程序：……②共同犯罪案件中部分犯罪嫌疑人、被告人对指控事实、罪名、量刑建议有异议的；③犯罪嫌疑人、被告人认罪但经审查认为可能不构成犯罪的，或者辩护人作无罪辩护的；④被告人对量刑建议没有异议但经审查认为量刑建议不当的……"由此可见，被告方对于控方指控或者描述的案件事实的同一性认识，构成了刑事速裁程序案件事实认定的基础，没有控辩双方对于案件事实的共识，就没有刑事速裁程序的启动及审判。这种先有事实认定结果（尚未开庭），后有事实认定程序（刑事速裁程序）的事实认定模式，颠覆了传统司法认识及其正当性理论。这说明了严格证明所要求的法庭调查程序的功能需求不足及严格证明所依赖的传统司法伦理的供给不足，这也说明了共识对于维系刑事速裁程序案件事实认定正当性的基础作用，甚至在一定意义上，控辩双方的共识就是程序所认定或者所接受的案件事实。

这种共识论其实就是当代协商性司法的反馈，它是通过立法技术的运用所做的改变，更是一种观念的变革。这种新的程序主义以当事人意思自治为指导原则，强调通过理性对话来实现纠纷解决中公权力与私权的合作。这种以弱化程序的"对抗性"，强调程序的"对话性"和"合意性"为基本方针的诉讼制度，充分反映了现代刑事司法的发展趋势，其内容构成了协商性司法的本质内涵。

4. 刑事速裁程序对心证形成过程影响

从严格证明的角度而言，犯罪事实的证明，不仅需要通过严格的法定调查程序，还需要达到排除合理怀疑或者内心确信之程度。尽管相关刑事速裁程序的立法授权文件或者司法解释未加以细化，但如前所论，刑事速裁程序对犯罪事实的法定调查程序的背离，实质上已经影响到心证的形成过程及其结果。刑事速裁程序中法庭调查与法庭辩论程序"不再进行",法院未经证据能力审查程序,并且未经法庭开庭程序就形成之心证,已经全面摧毁了严格证明对犯罪事实的心证形成过程的限制。

自由心证的达成需要直接言词原则或者传闻排除法则的保障。在刑事速裁程序中,由于心证形成于庭审之前,并且庭审中直接省略了法庭调查与法庭辩论,非法证据排除、传闻排除等证据能力规则无法在程序中运转,甚至也没有提起的机会。由于我国刑事诉讼法并未承认直接言词原则或传闻排除法则,刑事速裁程序在此方面对严格证明发起的挑战尤可在一定的范围内予以许可。即使在英美国家,传闻排除法则的例外也已经在更广泛的程度上被接受。当然,刑事速裁程序在心证形成过程对严格证明的冲击之所以被接受,也与现实主义法学对法官心证形成过程的揭示有关。任何法律推理都是从事实—证据开始,并从中推出结论。但是哪些事实相关,无从知晓。只有预测了未来的决定,我们才能知道哪些事实相关。同样的,只有知道了案件事实,我们才能预测未来的决定。这个循环的难题只能通过先做一个决定然后倒过来寻找事实加以解决。这样一个决定无须是终局性的,但它提供了一个工作假设的轮廓。在刑事案件中,这种工作已经被控方提出来了。总之,这些问题形成了从上到下的决定产生模式,其中,(盗窃、强奸或者谋杀的)假设首先产生,事实的追寻就围绕它来进行。

我国刑事诉讼传统上并未区分犯罪事实与量刑事实、普通程序的案件事实与速裁程序的案件事实,至少在立法的层面上,皆适用"事实清楚,证据确实、充分"之证明标准,"排除合理怀疑"不过是"事实清楚,证据确实、充分"之解释说明。对于刑事速裁程序来说,被告人认罪认罚的自愿性在一定程度上担保了事实认定的真实性,而且其程序宗旨亦不缺对诉讼效率的追求,因此,再要求"事实清楚,证据确实、充分"或者"排除合理怀疑"之证明标准,颇为不智。哈贝马斯认为,通过理性论证达成的共识即是"正当"的结果和"客观"的真理,因此,刑事速裁程序的事实证明标准并不要求在证明标准体系中名列前茅,应是制度之义。

刑事速裁程序中控辩双方之所以能达成共识,在于控方提供了其事实主张所必需的证据支持——尽管这是在审判前阶段,但被告人认罪答辩的自愿性已经完整呈现给了法官，这样一种共识达成的言谈情境足以保证控辩双方甚至于控辩裁三方的主体间性事实建构。显然，严格证明所要求的内心确信在协商性司法中已经悄然消解。具体到刑事速裁程序，亦有学者认为，基于不同证明对象应当适用不同的证明标准。对于适用刑事速裁程序的轻微刑事案件，证明标准可以适当降低。这种证明标准的降低，可视为被告人基于诉权处分自己权利及对检察官证明义务的主动降低，无损程序公正和案件客观真实，并为提高诉讼效率的必由之路。

六、保障认罪认罚具结书效力的三个层次（王　晖*）

历经四年速裁程序和认罪认罚从宽制度试点工作，认罪认罚从宽制度于 2018 年写入《中华人民共和国刑事诉讼法》，成为全国通行的法律制度[1]。《认罪认罚从宽制度试点办法》第 1 条[2]创造性地将签署具结书作为认定是否适用认罪认罚从宽制度的标志性行为。虽然在写入《中华人民共和国刑事诉讼法》时，对此条进行了修改，将"同意量刑建议，签署具结书的"修改为"愿意接受处罚的"，但这不是为了否定具结书标志性文书的地位，而是考虑到提出量刑建议只能概括提起公诉后的这一种处罚情况，而不能概括认罪认罚后相对不起诉等处罚情况[3]。认

---

* 作者王晖，男，法学硕士，广东省人民检察院第二检察部四级高级检察官。

〔1〕 完善刑事案件认罪认罚从宽制度，是党的十八届四中全会部署的重大改革。2016 年 7 月中央全面深化改革领导小组第 26 次会议审议通过《关于认罪认罚从宽制度改革试点方案》，9 月 3 日第十二届全国人大常委会授权最高人民法院、最高人民检察院在广州、深圳等 18 个城市开展刑事案件认罪认罚从宽制度试点工作。广州、深圳两地检察机关按照上级部署和要求开展了为期两年的试点工作，结合实际大胆探索，取得显著成效，为全国试点工作提供了广东经验。2018 年 10 月 26 日，试点工作结束后，刑事案件认罪认罚从宽制度写入新修订的《中华人民共和国刑事诉讼法》并正式实施。

〔2〕 该条规定："犯罪嫌疑人、被告人自愿如实供述自己的罪行，对指控的犯罪事实没有异议，同意量刑建议，签署具结书的，可以依法从宽处理。"

〔3〕 实践中，相当一部分适用认罪认罚从宽制度的案件采取不起诉处理，如广州、深圳两级检察机关试点期间，适用认罪认罚从宽制度决定不起诉 2788 人，占同期不起诉人数的 44.5%。2018 年《中华人民共和国刑事诉讼法》实施至 2019 年 8 月，广东省检察机关共对 3122 人适用认罪认罚从宽制度后不起诉。

罪认罚具结书成为适用认罪认罚从宽制度的标志性文书还体现在以下方面：一是法律明确规定适用认罪认罚从宽制度应当签署具结书。新修订的《中华人民共和国刑事诉讼法》第 174 条规定了适用认罪认罚从宽制度应当签署具结书，还列举了三种不需要签署具结书的情形，除此之外都必须签署具结书。二是具结书签署后，检察官、法官后续的司法行为都是围绕落实具结书的定罪量刑内容展开的。无论是不起诉，还是提起公诉，提出"一端连接着犯罪嫌疑人的认罪认罚具结书，另一端则关系着人民法院的判决"[1]的量刑建议，抑或人民法院查明具结书依法有效签署后作出生效裁判，都是在实现具结书的效力。认罪认罚具结书作为标志性文书，浓缩了检察机关指控的犯罪事实和提出的量刑建议，是犯罪嫌疑人、被告人真实、自愿、合法认罪认罚的象征，也是贯彻宽严相济刑事政策依法从宽，更体现了控方和犯罪嫌疑人、被告人协商的成果。因此，认罪认罚具结书的效力能否有效实现，既关系到犯罪嫌疑人、被告人的权利能否得到保障，又关系到宽严相济刑事政策具体化、刑事诉讼资源再优化的制度价值能否实现，更关系到认罪认罚从宽制度的公信力和生命力。笔者认为，保障认罪认罚具结书的效力，应当从签署人[2]、检察机关和审判机关三个层面进行一系列的制度设计，当事人应当遵守是基础，检察机关坚决维护是核心，法院一般采纳是终局。

（一）基础保障：签署人对于具结书的遵守

具结书既是犯罪嫌疑人、被告人对指控机关单方承诺似的声明，又是司法机关对其定罪量刑和从轻处罚的依据。因此，犯罪嫌疑人、被告人及其值班律师或者辩护人作为具结书的签署人，从内心认可具结书的内容，才会从内心拥护司法机关，真诚认罪伏法，实现认罪认罚从宽制

---

[1] 陈国庆："量刑建议的若干问题"，载 http://www.jcrb.com/xueshupd/jcjj/201910/t20191031_2071100.html? from = singlemessage，最后访问日期：2019 年 11 月 5 日。

[2] 从司法实践和文书格式来看，认罪认罚具结书只有犯罪嫌疑人、被告人签名，值班律师和辩护人见证签署也需要签名。最高人民法院、最高人民检察院、公安部、国家安全部、司法部《认罪认罚从宽指导意见》第 31 条更是明确规定，具结书应当包括犯罪嫌疑人如实供述罪行、同意量刑建议、程序适用等内容，由犯罪嫌疑人、值班律师或者辩护人签名。因此，从形式上来看，具结书的签署人指犯罪嫌疑人、被告人、值班律师或者辩护人。下文如无特殊说明，签署人包含前述人员。

度的法律效果、社会效果。

1. 充分保障前序权利，夯实签署人遵守的前提

签署具结书之前，具结书签署人的权利要得到全方位保障。签署人知晓制度的内涵和程序、明白自身拥有的权利和签署后的法律后果，是前序权利保障的关键。立法规定了侦查机关、羁押看守所、检察机关和审判机关应当告知认罪认罚法律规定和后果，其实就是为了确保犯罪嫌疑人、被告人明了签署具结书所面临的后果，确保签署具结书是真实、自愿的。立法还规定保障值班律师、辩护人依法履行法律帮助职责的便利，《认罪认罚从宽指导意见》第 10—15 条规定"辩护权保障"，详细规定值班律师、辩护人职责和会见、阅卷和开示证据等权利，都是确保签署人依法享有前序权利。

2. 保障具结过程的"三性"，坚守签署人遵守的内核

认罪认罚具结书的签署过程，是中国特色的协商过程。立法规定的"告知—听取—签署"的协商程序，形式上借鉴了法庭审理的"控—辩—审"三角结构，形成了"检察官—犯罪嫌疑人及其律师—被害方及其代理人"和"检察官—犯罪嫌疑人—律师"两种结构。无论是犯罪嫌疑人与被害方的对立式三角结构，还是犯罪嫌疑人与值班律师或者辩护人的协作式三角结构，检察官都是签署具结书的中心，都是检察官依职权进行协商。在犯罪嫌疑人、被告人签署具结书过程中，检察官务必要依职权保障签署人的自愿性、真实性和合法性，既要客观公正地提出指控的犯罪事实和量刑建议，也应当居中听取另两方的意见，并且必须如实记录听取意见的过程，依职权采纳各方意见。只有三角结构的三方都达成一致意见，没有异议了，从内心认可具结书的内容和签署过程，签署人才有遵守具结书的内在动力。

3. 充分赋予后续救济权利，维护签署人遵守的自由

在前两个环节保障具结书效力的前提下，为了对抗基于检察机关强势地位的协商失真，法律赋予犯罪嫌疑人、被告人最大限度的反悔权。在判决宣告之前，被告人具有无条件的反悔权，无任何限制、无任何缘由，只要犯罪嫌疑人、被告人反悔，随时可以使具结书的效力"归零"，即具结书依法失效，量刑建议退回到未适用认罪认罚从宽制度的量刑，

程序回转到非认罪认罚程序〔1〕。这种"归零"是全方位的清零，无论程序从简还是实体从宽的处理结果，包括基于认罪认罚所获得的量刑优惠，均推翻重新计算〔2〕。判决宣告之后，被告人具有无限制的上诉权，但针对具结书反悔性质的上诉，也同样具有"归零"效果，最直观的体现就是被告人基于认罪认罚所获得的量刑优惠也将归零，回到具结书签署之前的"原始状态"。

4. 适当限制具结书效力实现后的反悔，维持签署人遵守的制约

具结书效力最终实现，体现在法院的判决、裁定当中，即按照具结书写明的案件定性和量刑，形成判决。但是，总有一些被告人基于各种各样的原因，有正当理由，也有无正当理由〔3〕，在具结书效力实现后，再以上诉的方式反悔，将案件推进到二审程序。具结书反悔性质的上诉，与认罪认罚从宽制度设计的初衷不符，既没有提高案件质量，也是对诉讼资源的进一步浪费。当前，针对这种上诉反悔进而危及具结书效力保障的问题，实践中也积累了不少做法，主要保障办法有二：一是通过检察机关抗诉来保障，即检察机关及时掌握被告人的上诉情况，研判上诉理由，对于反悔性质的上诉，坚决予以抗诉，如广州市天河区的姜某维贩卖毒品案〔4〕，检察机关抗诉后，二审法院还加重了被告人的刑罚。二

〔1〕 广州、深圳两级检察机关试点期间，共有 639 件适用认罪认罚从宽制度提起公诉的案件程序回转，回转率为 1.63%；2018 年《中华人民共和国刑事诉讼法》实施至 2019 年 5 月，广东省检察机关共有 105 件适用认罪认罚从宽制度提起公诉的案件程序回转，回转率为 0.58%。对比《中华人民共和国刑事诉讼法》实施前后的数据，程序回转率降低，说明被告人一审程序终结前反悔的情形逐渐减少。

〔2〕 《认罪认罚从宽指导意见》第 51—53 条分别规定了不起诉后、起诉前和审判阶段反悔的处理程序，允许犯罪嫌疑人、被告人无条件反悔，但也明确规定反悔将导致从宽处理、审理程序等"归零"。

〔3〕 朱孝清将反悔理由分为正当理由和无正当理由，并列举了八种正当理由，认为有正当理由的，司法机关应当支持；无正当理由的，司法机关应予以约束，除具结书内容失效以外，不以认罪认罚从宽处理，在判决后提出上诉的，检察机关应当提出抗诉。参见朱孝清："如何对待被追诉人签署认罪认罚具结书后反悔"，载《检察日报》2019 年 8 月 28 日，第 3 版。

〔4〕 2018 年 6 月 14 日，被告人姜某维以人民币 250 元的价格贩卖一包净重 0.36 克的晶状物给李某，被当场抓获。经初步审查、听取意见，犯罪嫌疑人签署了认罪认罚具结书。检察机关指控姜某维犯贩卖毒品罪，提出"有期徒刑 7 个月至 10 个月，并处罚金 1000 元至 2000 元"的量刑建议，一审法院判处姜某维有期徒刑 9 个月，并处罚金 2000 元。宣判后，被告人姜某维以量刑过重上诉，检察机关以"认罪动机不纯，认罪认罚从宽的量刑幅度不应再适用"提出抗诉。二审法院采纳抗诉理由，改判姜某维有期徒刑 1 年 3 个月，并处罚金 1 万元。

是通过当地联签文件一律规定维持原判来保障。一般是市级以上政法机关联签规范性文件，规定对于反悔性质的上诉，二审法院不进行书面审理，且一律予以维持。如重庆市政法机关联签的文件规定"二审一般维持原判"，就是比较好的例子。比较而言，笔者赞同以下处理方式：以规范性文件，最好是最高人民法院、最高人民检察院联签司法解释，区分上诉理由是否正当，明确规定不正当的反悔性质的上诉，一律维持原判。检察机关发现二审应当维持原判而没有维持的情形，再依法启动审判监督程序抗诉。这种方式既以法的确定性防止无谓的上诉和抗诉，避免出现"猫捉老鼠"式的二审启动程序，也同时维护检察机关法律监督权，防止"双重获利"情况的发生。

（二）核心保障：检察机关对于具结书的维护

具结书虽然在检察机关的主导下签署，但是具结书上既没有检察文书的文号，也没有检察机关和检察人员的签章，有的只是犯罪嫌疑人、被告人在辩护人或者值班律师的见证下的单方面声明，从文书上看不到双方合意的影子。这是不是意味着检察机关不用遵守，可以随时反悔呢？笔者认为，认罪认罚从宽制度的核心，就是检察机关对具结书的维护，既体现在起诉书、量刑建议书等法律文书要按照具结书出具，也体现在检察机关不能先于犯罪嫌疑人、被告人反悔，还体现在检察机关履行法律监督职责，监督其他司法机关维护具结书的效力。对于依法签署的具结书，只有一种情况检察机关可以不遵守，即犯罪嫌疑人、被告人基于认罪认罚将获得更加宽宥的处罚，如本签署提起公诉却作不起诉处理等。既然检察机关将维护依法签署具结书的效力作为核心职责，那如何发挥职能予以维护呢？

1. 依法准确作出初步审查意见

检察官审查起诉时，决定是否适用认罪认罚从宽制度之前，必须全面、准确阅卷，查阅全部在案证据，查明犯罪事实，准确适用法律，对案件的定性和量刑形成初步的审查意见。初步审查意见是否相对准确，涉及下一步与犯罪嫌疑人、被告人协商的基础是否牢靠。若能全面审查证据、准确适用法律，根据事实、证据、法律提出较为合理的定罪和量刑建议，犯罪嫌疑人接受的可能性也大为增大，更容易签署具结书，签署后反悔的可能性也大为降低。但是，无论是试点过程中还是 2018 年《中华人民共和国刑事诉讼法》实施后，均出现过检察官不重视初步审查意见的情况，如试点过程中出现过初步审查意见违法，起诉后按照违法的具结书判决的情况，最后检察机关不得已启动抗诉程序予以纠正〔1〕，从根本上损害了认罪认罚从宽制度的公信力。

2. 充分听取当事方意见主导签署具结书

检察机关应当听取当事方意见，吸收合理的证据运用和法律适用意见，主导达成具结书的最终定罪量刑内容。一是听取犯罪嫌疑人、被告人对于指控犯罪事实的意见，注重审查区分罪与非罪、此罪与彼罪、合理辩解与不认罪；二是听取辩护人或者值班律师的意见，重点听取法律适用的意见；三是充分听取被害方的意见，注重保障被害方权益，弥补因犯罪带来的损失，修复被犯罪破坏的社会关系。听取过程特别要充分发挥对抗式、协作式三角诉讼结构中的检察主导作用，注意记录相关过程，防止走过场，特别要保障签署人的合法权益，保障律师知晓案情、查阅卷宗的权利，确保律师提出中肯、适宜的定罪量刑意见，依法提供法律帮助，见证具结书签署过程。

3. 具结书内容应当在法律文书忠实体现

依法签署的具结书，其核心内容是指控的罪名与提出的量刑建议。检察机关依职权主导下依法签署的具结书，是检察机关后续司法行为的主要甚至是唯一实现目标。首先是提起公诉的起诉书和量刑建议书应当按照具结书草拟，绝不能出现具结书与起诉书、量刑建议书"两张皮"的情况。起诉书指控的犯罪事实应当与具结书中写明的犯罪嫌疑人如实供述罪行一致，既包括犯罪事实，也包括罪名；提出的量刑建议应当是具结书写明的量刑建议；适用的审理程序应当是具结书写明的程序。其次是出庭行为应当与具结书、起诉书、量刑建议书一脉相承，除非出现

─────────

〔1〕 如 X 区人民检察院提起公诉的杨某某贩卖毒品一案，具结书认定被告人贩卖甲基苯丙胺 14.3 克，建议判有期徒刑 4 年以下，一审判决采纳依具结书指控的犯罪事实和提出的量刑建议，以贩卖毒品罪判处杨某某有期徒刑 3 年。经抗诉后，二审法院不但将贩卖的毒品数量提高为 14.7 克，还将量刑改判为有期徒刑 7 年，并处罚金 7000 元。此案之所以具结书、指控犯罪事实和量刑建议、一审判决均错误，主要原因是公诉人初步审查意见错误，不但审查事实不清楚，还错误降档提出量刑建议。

程序回转等情况，否则举证质证、出庭意见等也应当与具结书内容一致。

4. 检察机关不得首先违背具结书的内容

相对于犯罪嫌疑人、被告人在一审宣判前的具结书任意反悔权，检察机关没有法定理由，不得先于当事人反悔，违背具结书内容。理由主要是检察机关在签署具结书过程中，具有职权主义诉讼构造的优势，"告知—听取—签署"的协商程序让检察官拥有协商的主导权，除了履职不当、失范等情况出现，不应当出现签署再废除的情况。因此，为了倒逼检察官在协商前就对定罪量刑具有准确的意见，也为了维护认罪认罚从宽制度的公信力，检察官不得主动或者先于犯罪嫌疑人违背具结书的内容。但是，不首先违背原则还有一个前提，即具结书依法签署。当出现具结书的内容存在违反法律规定、检察官签署过程中徇私枉法等情形时，还是允许检察机关依法变更或者撤销具结书。

5. 检察机关应当监督其他司法机关维护具结书

检察机关作为法律监督机关，有责任监督相关司法机关严格遵守认罪认罚从宽制度，对于有法不依的情形，特别是影响具结书效力实现的违法行为，要坚决纠正。当前，监督的重点主要有以下方面：一是监督侦查机关、看守所、审判机关履行告知义务，夯实具结书效力的基础；二是监督侦查机关履行在法律文书中标识认罪认罚情况的义务，确保案件快速流转；三是监督司法行政机关履行保障值班律师配备到位的义务，确保犯罪嫌疑人、被告人获得有效法律帮助；四是监督人民法院采纳具结书指控的犯罪事实和提出的量刑建议等，确保依法签署的具结书成为生效裁判文书。

（三）终局保障：审判机关对于具结书的认可

提起公诉的认罪认罚从宽案件，其最终裁判权在人民法院。人民法院的依法裁判，是认罪认罚具结书效力的终局保障。但是，这种保障，不同的审判阶段，保障内容也不一样。

1. 一审判决一般应当采纳

《中华人民共和国刑事诉讼法》第 201 条规定人民法院除了法定的五种情形外，一般应当采纳人民检察院依据具结书提出的指控和量刑建议，对于明显不当的量刑建议,人民法院除依法定程序外,不得直接不采纳。
《认罪认罚从宽指导意见》第 40 条进一步规定,对于事实清楚,证据确
实、充分,指控的罪名准确,量刑建议适当的,人民法院应当采纳。人
民法院严格按照法律规定,准确界定不采纳的五种情形,启动调整量刑
建议程序时,既要准确把握"量刑建议明显不当"这一实质标准,又要
履行"应当告知人民检察院可以调整量刑建议"程序要求。审判实践从
宏观和微观两个维度反映出法院判决存在不采纳量刑建议的情况。①宏
观视角的量刑建议采纳率。无论是 2018 年全国的 96%[1],还是广州、
深圳试点工作结束时平均的 92.5%,或是 2018 年《中华人民共和国刑事
诉讼法》实施后广东省检察机关的 91.91%[2],均没有达到百分之百,
存在法院不采纳的空间。②微观视角的具体案例。在试点期间,广州出
现了李某某等 25 人诈骗、聚众淫乱一案,检察机关与 21 人签署了认罪认
罚具结书,但是一审法院以"公诉机关对部分被告人的量刑建议不足以
体现刑罚罚当其罪的原则及严厉性"为由,在法定量刑幅度内加重了 9
名被告人的刑罚。宣判时,被告人认为具结书是废纸,当庭质疑检察机
关与审判机关的公信力。抗诉后,二审法院认为一审法院未经检察机关
调整量刑程序,直接不采纳量刑建议,属于程序违法,部分支持了检察
机关的抗诉,按照具结书改判了 3 名被告人的量刑。浙江省的蔡某危险
驾驶案[3],一审法院在无法定情形以及量刑建议并无明显不当的情况
下,将具结书建议的"拘役二个月零十五日,并处罚金 6000 元",改判
为"拘役三个月零十日,并处罚金 8000 元"。检察机关和二审法院均认
为,被告人蔡某适用认罪认罚从宽制度时,不存在《中华人民共和国
刑事诉讼法》规定的例外情形,且根据该案情节及认罪认罚情况,检
察机关量刑建议不属于明显不当,根据《中华人民共和国刑事诉讼法》
对认罪认罚从宽制度的相关规定,法院在作出判决时应当采纳检察机

---

[1]　参见《最高人民检察院工作报告——2019 年 3 月 12 日在第十三届全国人民代表大会第二
　　　次会议上》。

[2]　数据来源于作者长期统筹指导广东省检察机关开展认罪认罚从宽工作。

[3]　范跃红、徐静、陈乐乐:"浙江仙居:对一起认罪认罚从宽案件提出抗诉获法院改判",载
　　　正义网,http://news.jcrb.com/jsxx/201909/t20190921_2051811.html,最后访问日期:
　　　2019 年 9 月 28 日。该案是浙江省首例法院对认罪认罚案件未采纳检察机关量刑建议,在
　　　检察机关抗诉后予以改判的案件。

的量刑建议。据此，二审法院认为原判决定罪正确，审判程序合法，为未采纳检察机关的量刑建议，依法予以纠正，遂对该案进行改判。

2. 二审法院原则上应当维持

对于按照具结书载明的指控罪名和量刑建议所作的裁判，无论是被告人提出上诉，还是人民检察院提出抗诉，只要查明具结书签署具备真实性、合法性、自愿性，一审判决一般应当采纳，二审法院原则上也应当维持一审判决。理由如下：①从制度设置的本源价值来看，一审判决后的反悔，即使不限制上诉、抗诉权，也应当在判决结果上予以否定回应。认罪认罚从宽制度是为了繁简分流，优化司法资源配置。依法适用认罪认罚从宽制度的案件，无论因何种理由进入二审程序，均加重了司法资源的耗费，与制度的本源价值不相符合。最高人民法院、最高人民检察院向全国人大常委会所作试点工作中期报告中的上诉率是 3.6%，抗诉率是 0.04%；广州、深圳两市检察机关试点工作结束时的上诉率为 1.86%，抗诉率为 0.078%，均不是很高，有效地节约了诉讼资源。②从二审改判的理由来看，实现效力的认罪认罚具结书，不存在改判的事实和理由。根据《刑事诉讼法》第 236 条第 1 款中的规定，原判定罪、量刑和适用法律正确的，应当维持；原判认定事实正确，但是适用法律错误或者量刑不当的，应当改判；原判事实不清或者证据不足的，既可以查清后改判，也可以发回重审。保障具结书签署人的权利，确保真实、自愿、合法认罪认罚，经司法机关对证据事实层层把关，绝大多数都是定罪、量刑和适用法律正确的判决，在没有相反的证据证实定罪、量刑和适用法律错误的情况下，二审法院原则上应当维持一审判决。

（四）结语

具结书作为认罪认罚从宽制度的标志性文书，其效力能否得到有效保障，关系到制度的生命力和价值。只有夯实当事人自愿遵守这个大前提，检察机关发挥主导作用，积极、主动、坚决维护具结书的效力，一般不先于违反，守护终局的人民法院坚决采纳，从签署人、检察机关、审判机关三个层面保障具结书的效力，认罪认罚从宽制度才能够实现其初衷。换言之，依法签署的具结书，效力应当得到确定无疑的实现。签署人、检察机关和审判机关，既是认罪认罚具结书效力实现的三个关键主体，也依次构成保障具结书效力的三个层次。具结书依法签署，签署人内心真正认可具结书内容，是基础保障；检察机关履职实现具结书的定罪、量刑内容，是核心保障；审判机关一般采纳检察机关按照具结书指控的犯罪事实和提出的量刑建议，是终局保障。三个层次合为一体，将具结书内容依法确认为生效裁判结果，才能够实现认罪认罚从宽制度的内在价值和意义。

七、审判视角下的 "有效" 认罚 （郭　玉[*]）

认罪认罚从宽蕴含三个重要的概念：①认罪，也就是坦白从宽中的坦白；②认罚。③从宽，是指具体量刑时适用何种规则使刑罚既保证罪责刑相适应，又不失量刑激励效果。认罪认罚从宽作为坦白从宽的升级版，其核心应在于对认罚的若干规制。认罚有其独立价值，是认罪认罚从宽区别于坦白从宽的关键所在。基于审判视角，笔者对认罪认罚从宽制度提供两个观察点。

第一个观察点是庭审前。控辩双方对认罪认罚从宽制度的在意程度并不一致。对辩方来讲，认罪认罚意味着被告人的悔罪态度更好，更符合当下的刑事政策，可以期待得到更多的量刑优惠，因此辩方表现出对认罪认罚的热衷，直至开庭前，不少律师仍在积极促成认罪认罚。与此形成鲜明对比的是，在公诉机关将案件起诉到法院之后，因为已经没有了取证方面的压力，给出量刑建议的意愿并不强烈。由于缺少检察机关的量刑建议，并不符合认罪认罚从宽的要式条件，这类案件不能适用认罪认罚从宽制度，被告人真心悔罪的期待随之遇冷。在之前的试点经验中，认罪认罚从宽制度的适用体现出对公诉机关的依赖性。

第二个观察点是判决作出之后。事后不服判的现象并不鲜见。签署认罪认罚具结书，就表示被告人接受量刑建议，但仍有超过 2% 的被告人不满量刑，提出上诉。有一部分被告人是为了不移送监狱服刑而借二审

---

* 作者郭玉，女，广州市越秀区人民法院法官。

拖延时间，更多的是先以认罪认罚的姿态博取一审更低的量刑之后，再依傍"上诉不加刑"的原则，游弋到二审法院试一试运气的"诉讼投机分子"。从结果来看，绝大部分案件实际上二审并没有发生变化，但这些上诉消耗了二审法院更加宝贵的司法资源。《认罪认罚从宽指导意见》对认罪认罚后反悔的，按照不起诉后反悔的、起诉前反悔的、审理过程中反悔的三种情况作出了指引，但对判决后反悔的怎么办，却没有规定。实践中，有的是以公诉机关同步提起抗诉的方式来制约被告人的"毁罚"行为，有的采取二审发回重审的方式，但无论是抗诉后二审，还是二审后发回重审，无疑都动用了更多的司法资源。

以上两个观察可以总结为一句话："认罚无门径，毁罚无后果"。对于在庭审结束前愿意认罪认罚的被告人，我们当然应给予积极回应，以鼓励悔过。"认罚无门径"的现象处理不当，不但打击被告人悔过的积极性，还容易制造出法检之间互相推诿、不负责任的不良现象。"毁罚无后果"危害更大。毁罚行为不但消耗了更多的司法资源，还会因为可以轻易且不受制裁地违背具有程序意义的诚信承诺，而逐渐消解一审法官对认罚真实性的信任。一旦一审法官在心理上不由自主地启动预先防卫，对被告人认罚的真实性和真诚度打一个折扣，长此以往，损害的是更多被告人的利益。在制度上容许一部分人轻易违约，伤害的是守约者的信赖保护利益，量刑的从宽就会趋于弱化。同时，由于判决具有同样的不稳定性，认罪认罚在提升办案效率方面，也不像期待中那样有效，我们努力推动的认罪认罚从宽制度存在感会逐渐式微。

回到认罪认罚从宽的概念上来看，它区别于坦白从宽的关键，不在于认罪，也不在于从宽，而在于认罚。认罚不是附属于认罪的凑足音节之虚词，它有着独立的意义，核心应在于对有效认罚的作出、后果等进行明确的规制。围绕认罚程序完善认罪认罚从宽制度，鼓励被告人悔过更彻底、鼓励判决更快作出、量刑更轻缓等，一系列的优势才会更加明显。

一方面，增加辩护人在认罪认罚中的参与作用，不依赖公诉机关而有独立的争取认罪认罚的权利。可以尝试允许由辩护人根据对犯罪事实及情节的认识和理解，拟定一个法定量刑档内的量刑幅度，被告人表示能够接受的，就由被告人书面签字确认，由辩护人提交法庭，完成体现认罚的具体程序。只要法院经审理后认为基本适当，可以采纳，就应当作为认罪认罚案件对被告人从宽处理。另一方面，基于学界对保留上诉权的共识，希望能够对上诉作出一定的限制，而较容易接受的方案还是对上诉事由进行限制。单纯以量刑过重为由提起上诉的，不进行二审立案，可以限制在速裁案件中适用。基于对等的原则，这种诚信诉讼的制约，不但及于辩方，也自然地及于控方，甚至对审判人员同样具有羁束作用。对达成合意的量刑建议，除非案件事实发生变化，否则公诉人不应在被告人认罪后反悔而增加刑期或者认为量刑太轻而抗诉，对审判人员的约束效果则体现在，对于控辩双方达成的量刑合议，一般应当予以采纳。

有程序规则，就应该有违规代价。只有让认罚程序权责对等，才能让认罚名副其实，形成"认罚有激励，毁罚有后果"的合理状态。认罪认罚是被告人彻底悔罪的深刻表现，疏通判前认罚的渠道，堵塞判后毁罚的门径，才能让诉讼投机分子敬畏于制度的严厉和冷酷，也让每一位真诚悔罪的被告人感受到裁判者的宽仁和温度。

八、认罪认罚案件辩护的三个争议问题 （李晓玲*）

认罪认罚制度自2018年《中华人民共和国刑事诉讼法》修订以来经过司法解释、各地试点、实施细则完善等，已成为正式制度并在全国范围内推广，属于刑事诉讼实践中高频适用的制度。总体而言，这项制度设计的主旨就是提高司法效率，其协商性、合作性也有利于提高被追诉人在诉讼中的主体地位。但在运用该制度时，也出现了一些具有争议的实务问题，制约了效率价值的实现，这些问题在一定程度上折射出该制度在我国刑事诉讼制度土壤生长的困境及其规则的缺失。

（一）认罪认罚从宽制度下辩护人的独立辩护权

辩护人的独立辩护是否会对被追诉人的认罪认罚产生影响？实践中，有时会出现控辩双方对于案件事实和证据争议不大，但对法律适用和定

＊　作者李晓玲，女，北京市金杜（广州）律师事务所高级合伙人、律师。

性有很大争议的情况。对此，部分律师一方面建议当事人认罪认罚，另一方面在法庭上据理力争甚至开展无罪辩护，以求当事人在获得认罪认罚量刑优惠的同时争取进一步减轻量刑甚至无罪，实现利益最大化。对于这种做法，实务界与理论界存在两种不同的意见：有意见认为，辩护人开展独立辩护、无罪辩护构成对认罪认罚的反悔。持此观点的人认为，认罪认罚意味着承认被控犯罪事实与司法机关的认定意见，认可检察院的量刑建议，且认罪认罚本身就包括了辩护人参与协商、检察官听取意见的环节，已经保障了辩护人的参与权。辩护人签署了认罪认罚具结书，仍在从宽量刑建议的基础上开展独立辩护，属于对认罪认罚的反悔和"投机式"辩护，检察院可以撤回量刑建议。也有意见认为，《中华人民共和国刑事诉讼法》第 37 条赋予了辩护人独立辩护的权利，其开展无罪、罪轻辩护是为了保障被告人的权益，并不因此导致被告人的认罪认罚无效。如上海市徐汇区人民法院作出的（2019）沪 0104 刑初 1195 号判决书即认为认罪认罚具结书约束控辩双方，不得随意反悔撤回，并拒绝了该案公诉机关撤回认罪认罚具结书而重新作出的量刑建议。

笔者认为，上述两种观点分歧的主要根源在于，认罪认罚从宽制度没有使我国法院从发现真相、伸张正义的职权中解脱出来，其所追求的效率与公平的价值存在着内在紧张关系。我国认罪认罚从宽制度在很大程度上参考了英美法系的辩诉交易制度，其产生于"当事人主义"的刑事诉讼制度土壤中：在美国，法庭不以发现事实真相为己任，仅仅居中裁判，允许控辩双方在契约精神的指导下处分控诉权与辩护权。相较而言，我国的刑事诉讼制度属于职权主义，仍然要求法院主动发现事实真相，"惩罚犯罪分子，保障无罪的人不受刑事追究"，被告人不能以处分诉讼权利、自认其罪替代法庭审判。此外，认罪认罚从宽制度并未突破法定证明标准的规定[1]，法院依然有义务查明事实真相，只有在证据确

---

[1] 《认罪认罚从宽指导意见》不仅没有降低证明标准，还强调了认罪认罚案件中必须坚持法定证明标准："坚持证据裁判原则。办理认罪认罚案件，应当以事实为根据，以法律为准绳，严格按照证据裁判要求，全面收集、固定、审查和认定证据。坚持法定证明标准，侦查终结、提起公诉、作出有罪裁判应当做到犯罪事实清楚，证据确实、充分，防止因犯罪嫌疑人、被告人认罪而降低证据要求和证明标准。对犯罪嫌疑人、被告人认罪认罚，但证据不足，不能认定其有罪的，依法作出撤销案件、不起诉决定或者宣告无罪。"

实、充分的情况下才可以认定被告人有罪和处以刑罚，甚至有学者直言，相较于"契约模式"，中国的认罪认罚从宽制度更贴近于"家长模式"〔1〕。鉴于此，控辩双方的对抗是法庭了解事实真相的重要途径，律师的独立辩护对于法庭履行其职责是必要的、有独立价值的。

在我国刑事诉讼制度体系并未发生根本性转变的前提下，当事人承认犯罪事实，接受司法认定意见以提高司法效率的同时，辩护人就法律适用进行独立辩护以求得法律真实，同样符合认罪认罚从宽制度的价值，公平与效率的紧张关系或许并非不可调和：通过使认罪认罚程序精确化，以限制控辩双方的权力/权利扩张、划定明确的规则，或许可以解决这一问题。如最高人民检察院副检察长陈国庆接受记者采访时表示，律师辩护权具有独立性，但这种独立性不是无限的。被告人认罪的，关于事实问题，若符合案件实际，辩护人不应反驳。如果辩护人认为法律适用和重大证据上存在问题，则可以依法提出法律上的辩护意见。〔2〕类似的规则或许可以为缓和上述紧张关系乃至推动认罪认罚从宽制度与我国现行刑事诉讼体系有机结合提供解决方案。

（二）　认罪认罚反悔权的实现与保障

目前我国立法并不禁止或限制任何一方单方面撤回认罪认罚，实务界人士也普遍认为，反悔权是保障被追诉人认罪自愿的基础〔3〕，"无反悔权则无真正的认罪认罚"〔4〕。然而实际上我们观察到，在撤回认罪认罚的问题上，控辩双方的"违约成本"并不完全对等：由于检察机关掌

---

〔1〕　参见高童非："契约模式抑或家长模式？——认罪认罚何以从宽的再反思"，载《中国刑事法杂志》2020 年第 2 期。

〔2〕　参见蒋安杰："陈国庆：认罪认罚从宽制度若干争议问题解析（下）"，载 https://www.spp.gov.cn/spp/zdgz/202005/t20200511%5F460745.shtml，最后访问日期：2020 年 5 月 11 日。

〔3〕　只有保障被告人对认罪认罚反悔上诉的权利，才能使其拥有对审判程序和诉讼结果的自由选择权，进而对最终的裁判结果不产生抵触情绪，增强对认罪认罚结果的接受度。这一点已成为学界和实务界的共识。参见蒋安杰："陈国庆：认罪认罚从宽制度若干争议问题解析（下）"，载 https://www.spp.gov.cn/spp/zdgz/202005/t20200511%5F460745.shtml，最后访问日期：2020 年 5 月 11 日。

〔4〕　参见刘华敏、施红、高苏山："论认罪认罚从宽制度中被追诉人反悔权行使机制的构建"，载上海市法学会编：《上海法学研究》2019 年第 20 卷。

握量刑建议权，其对于辩方的反悔可以以更重的量刑建议予以制裁，被告人反悔上诉则存在着被抗诉加重判刑的风险。对于认罪认罚后被告人反悔上诉应当承受何种后果，各地司法实践同样存在着不同的做法。

譬如广州市第一例认罪认罚反悔案件姜某维贩卖毒品案，被告人认罪认罚后认为上诉不加刑，于是提起上诉，以求在原判基础上争取更轻的刑罚。天河区人民检察院因此撤回量刑建议，广州市人民检察院提起抗诉，经广州市中级人民法院判决，以贩卖毒品罪依法判处姜某维有期徒刑 1 年 3 个月，并处罚金 1 万元。相比原判，姜某维的刑罚变重。与该案类似，全国各地出现了不少认罪认罚后又反悔上诉，检察机关抗诉的案例。[1]与之相对的，在深圳市中级人民法院，被告人认罪认罚后又以量刑过重为由提起上诉，公诉机关提起的抗诉与更重的量刑建议被驳回。深圳市中级人民法院认为被告人"确实违背了之前认罪认罚的承诺，其行为有违诚实信用原则，但根据现行法律规定，被告人不服一审判决仍然可以提出上诉。被告人的上诉权是受法律保障的，不能因为签署过认罪认罚具结书就予以剥夺或限制，也不能因为违背认罪认罚的承诺就予以抗诉加刑"，并称"关于本案被告人程某动机不纯的论述，并非刑事诉讼应考察的问题""不能有诛心之论"。[2]

上述两种观点的分歧在于，认罪认罚从宽制度所寻求的究竟是被告人真诚的悔过还是控辩双方的合意。如果认为被告人认罪认罚只是代表其与检察机关达成了关于事实、罪名和量刑的合意，无关其是否悔罪，则检察机关以惩罚被告人浪费司法资源为动因提起的抗诉显得依据不足，有违罪责相适应原则。上述纷争直到《认罪认罚从宽指导意见》出台才得以平息，该意见明确认罚的内涵包括犯罪嫌疑人、被告人"真诚悔罪"，愿意接受处罚。由此，检察机关以被告人认罪认罚反悔，不是真诚悔罪为由提起抗诉具备了法律依据。

然而，就像合同解除可能有正当理由一样，当事人认罪认罚之后又反悔上诉也可能有"正当事由"，对于有"正当事由"的反悔，笔者认为

---

[1] 参见章程："贩毒认罪认罚后反悔？加刑半年！"，载《广州日报》2019 年 4 月 9 日，第 A5 版。

[2] 参见张薇、李磊："认罪认罚从宽案件上诉权的限定问题"，载《人民法院报》2018 年 7 月 19 日，第 7 版。

公诉机关应当审慎行使抗诉权。具体而言，有以下几种情形：

其一，违背真实意愿认罪认罚的。《中华人民共和国刑事诉讼法》第201 条第 1 款明确规定，当事人违背意愿进行认罪认罚的，其认罪认罚无效。认罪认罚的前提是当事人自愿，因当事人不明、不智或被误导、诱导签署的认罪认罚协议当然无效。笔者认为此类案件本不应认罪认罚，检察机关可以按照一般刑事上诉案件处理，撤销认罪认罚后使被告人罚当其罪，而没有必要提出更高的量刑建议。

其二，检察机关擅自改变量刑建议，导致被追诉人反悔的。此类案件中，检察机关在庭审阶段单方面变更量刑建议，使得被告人的信赖利益受损：此时被告人已经认罪，失去了谈判筹码，却得不到此前约定的量刑优惠。因此，被告人只有选择反悔上诉作为救济手段，以对抗检察机关在先的反悔。笔者认为此类案件同样不宜在抗诉阶段提出更高的量刑建议。

其三，法院判处的刑罚重于量刑建议，被告人认为违背了预期而反悔。此种情形与上述第二种情况类似，被告人预期法院接受检察机关的量刑建议而作出认罪认罚妥协，但法院作出更重判决违背了其预期，为挽回其预期利益，被告人同样只能反悔上诉。笔者认为此类案件中，检察机关同样不宜在抗诉阶段提出更高的量刑建议。最高人民检察院副检察长陈国庆也指出："对检察机关提出幅度刑量刑建议，法院在幅度中线或者上线量刑后，被告人上诉的则不宜抗诉。"[1]

此外，被告人为认罪认罚而作出的有罪供述能否一并随着其反悔一起撤回，同样未予明确，其仍可能被检察机关作为指控证据使用。认罪认罚程序中，通常检察机关承办人会为被告人单独制作一份认罪供述，以确认其认罪态度和程度，其次是在辩护人的见证下签署认罪认罚具结书，此后，即便当事人反悔撤回认罪认罚，其此前的认罪供述与认罪认罚具结书也有可能作为其曾作有罪供述的证据[2]。笔者认为，要让被告

---

[1] 参见蒋安杰："陈国庆：认罪认罚从宽制度若干争议问题解析（下）"，载 https://www.spp.gov.cn/spp/zdgz/202005/t20200511%5F460745.shtml，最后访问日期：2020 年 5月 11 日。

[2] 参见刘华敏、施红、高苏山："论认罪认罚从宽制度中被追诉人反悔权行使机制的构建"，载上海市法学会编：《上海法学研究》2019 年第 20 卷。

人真正的无顾虑、自愿地认罪认罚，就应当免除其行使反悔权的后顾之忧，将其为认罪认罚所作的有罪供述与认罪认罚具结书排除，或规定二者不得被用作对其不利的证据。

（三）共同犯罪案件的认罪认罚

实践中，共同犯罪案件部分被告人认罪认罚为其他不认罪同案犯的辩护带来了困难。在一些共同犯罪案件中，检察机关于审前与部分被告人达成认罪认罚协议，使其当庭认罪，使得其他试图对全案进行无罪辩护的辩护人难以开展辩护工作，分化了辩护阵营，法院在某种程度上简化了对认罪认罚被告人的相关事实的审查，从而影响到对全案的判断。根据《中华人民共和国刑事诉讼法》中法院应当采纳检察机关量刑建议的规定，以及《认罪认罚从宽指导意见》中注重"量刑平衡""防止因量刑失当严重偏离一般的司法认知"的要求，法院很难作出全案不构成犯罪的判断和处理。此外，以广州市为例，部分检察院推行认罪认罚案件分流制度，视认罪与不认罪的区别，将同一案件下的同案犯分案起诉，认罪案件进入速裁程序后形成的既判力将影响到其他不认罪案件的结果。[1]

笔者认为，认罪认罚从宽制度作为合作式诉讼制度，在造福达成诉讼合意的控辩双方的同时，还应当注意不减损不认罪的共同犯罪被告人的诉讼权利，以实现程序正义，不使该制度异化为检察机关规避法定诉讼义务、加剧控辩不平衡的工具。因此，我们认同实务界以"人"为对象而非以"案"为对象的做法：对于共同犯罪案件的认罪认罚，应当对"人"区别量刑，法院全面审查案件，保障案件中认罪与不认罪的当事人均能得到应有的对待，而不应当人为将"案"切割分流，先行起诉速裁，部分同案犯的认罪认罚不能影响和剥夺其他同案犯的诉讼权利。

认罪认罚从宽制度作为一种借鉴辩诉交易、具有超前性的制度，是

---

[1] 建立分案审查机制，对共同犯罪中认罪的犯罪嫌疑人视情况分案起诉，形成认罪与不认罪有序区分的案件分流格局。参见董柳、熊焕："认罪认罚从宽试点两年 兑现快速正义实现多赢"，载《羊城晚报》2019年1月11日，第A5版。《中华人民共和国刑事诉讼法》第223条中明确规定，共同犯罪案件中部分被告人对指控的犯罪事实、罪名、量刑建议或者适用速裁程序有异议的，不得适用速裁程序。

一种寻求具有更高的司法效率、更现代化的合意诉讼的可贵尝试，但其仍然需要打磨棱角，细化规则，以适应我国职权主义模式下的刑事诉讼制度，并在其中找到其独有的位置，不走样，不变形，让控辩双方平等地享有该制度的红利。

九、认罪认罚案件量刑过程的律师参与效度（何旭霞*）

（一）律师有效参与真的有效吗？

律师有效参与是认罪认罚从宽制度运行的实践基础。按照我国《刑事诉讼法》的规定，认罪认罚从宽制度的适用要求律师参与到法律帮助（辩护）、认罪协商、具结见证、法庭审理等各个诉讼程序。[1]各个诉讼程序的律师参与程度和对被追诉人权益保障的效果，直接影响到认罪认罚从宽制度运行的稳定性和实效性。因此，当前的实务界和理论界都十分注重律师有效参与方面的机制构建和学理研究。

律师有效参与在实践中有两层含义：一是"律师有效地参与程序"，即律师实质地参与到诉讼程序中，这主要涉及律师执业权利的配套和保障问题；二是"律师参与程序有效果"，即律师参与诉讼程序对于被追诉人权益保障有实际的效果，这主要涉及律师执业行为与司法机关的配合制约问题。这两层含义存在一种目的与手段、条件与结果的紧密联系，即有效地参与是参与有效果的基本条件，而参与有效果则是有效地参与的制度目的。令人遗憾的是，当前的实务界和理论界普遍关注的是第一层含义，对律师参与是否有效果、效果大小等根本问题置之不理，先入为主地假定律师有效参与就有效果，并在此基础上按照正当程序、形式理性的逻辑构建若干关于律师有效参与认罪认罚从宽程序的机制。

从司法实践来看，律师有效地参与和律师参与有效果是两个不同性

＊ 作者何旭霞，女，广东省广州市人民检察院第三检察部副处长、三级高级检察官。

〔1〕 卞建林、刘华英："论认罪认罚从宽制度中的律师参与机制"，载《河南社会科学》2019年第2期。

质的经验事实，两者并不存在必然的因果关系，即律师有效参与不一定真的有效。当前的研究在没有弄清楚律师有效参与是否有效的情况下，即盲目地探索构建律师有效参与机制，必将徒劳无功。因此，笔者拟运用实证分析的方法来研究律师参与的程度对被追诉人权益保障效果的影响问题。囿于研究精力的关系，笔者研究聚焦于律师参与认罪认罚案件的量刑过程，以律师对被追诉人实体性权益的实际影响为标准来判断律师参与程序的效果，相关研究的结论并不类推适用于律师参与对被追诉人程序性权益的实际影响问题。

（二）律师参与量刑过程的实践逻辑

认罪认罚从宽制度的推行重塑了控辩关系，使之从对抗走向协同，大大地弱化了诉讼对抗色彩。[1]认罪认罚从宽制度适用中的协商式诉讼关系是律师参与各个诉讼程序的制度背景，也是制约和影响律师参与实际效果的实践条件。[2]就量刑过程而言，认罪认罚案件中的律师参与是沿着如下实践逻辑展开，进而对被追诉人的实体性权益产生影响的。

第一，律师参与量刑过程产生效果的载体是量刑合意，即律师参与认罪认罚案件量刑过程的根本目的是达成最大限度保障被追诉人实体性权益的量刑合意，因而量刑合意是衡量律师参与效果的主要标准。

从实践来看，认罪认罚案件有两大显著特征：一是量刑问题前置，即在审前阶段预先形成有一般效力的量刑合意；二是律师参与普及，主要是值班律师。这两个特征是相互影响的。一方面，由于量刑问题前置，认罪认罚案件的审查过程不再局限于"先定罪再量刑"的单线结构，而是分化出"先量刑再定罪"的支线结构，即控辩双方达成量刑合意之后，被追诉人再签署认罪认罚具结书，其实质是检察机关与被追诉人达成的对法庭具有法定约束力的司法契约。[3]另一方面，由于律师普及，尤其

---

[1] 张建伟："协同型司法：认罪认罚从宽制度的诉讼类型分析"，载《环球法律评论》2020年第2期。

[2] 张耀湘："认罪认罚从宽视野下的控辩关系"，载《东南大学学报（哲学社会科学版）》2018年第S1期。

[3] 刘原："认罪认罚具结书的内涵、效力及控辩应对"，载《法律科学（西北政法大学学报）》2019年第4期。

是值班律师制度的落实，律师全面参与认罪认罚案件办理，这是控辩双方形成量刑合意进而解决量刑前置问题的前提条件。量刑问题是被追诉人的利益关切点，而从宽处理是被追诉人最核心的诉求，是认罪认罚从宽制度运行的根本条件。无法达成量刑合意，则无法适用认罪认罚从宽制度。量刑合意不足，即存在量刑预期的分歧，则可能导致被告人推翻原供述、撤回认罪认罚具结书乃至上诉等后果——这是体现律师参与量刑过程效果的一个侧面。因此，律师参与认罪认罚案件量刑过程的效果集中体现在量刑合意的实际效果上。

第二，律师参与量刑过程产生效果的方式是抗辩或者妥协。它们同时存在于量刑合意形成的过程中，体现了不同的参与程度。

在我国的司法实践中，认罪认罚案件量刑过程中的控辩合作是一种非典型的协商，绝非所谓的英美式辩诉交易，并不存在一个反复讨价还价的谈判过程。[1]一方面，认罪认罚案件量刑的前提是定罪量刑的事实清楚，证据确实、充分，检察机关并非以所谓的"量刑折扣"换取被告人的口供之后再定案，因而不存在"定罪"的交易。另一方面，认罪认罚案件的量刑要求公平、公正，检察机关根据既定的事实情节决定量刑建议之后——尤其是精确刑量刑建议，除非有新的事实、情节或者量刑基础发生重大变化，否则检察机关不会调整量刑建议，即便辩方事先提出了量刑意见，其对检察机关决定的量刑建议也只能选择接受或者不接受，而没有与检察机关进行谈判、交易的空间。我国的刑法和刑事诉讼法也并未授予检察机关就量刑问题与被告人及其律师进行谈判、交易的权力。

律师在认罪认罚案件量刑协商过程虽然缺乏讨价还价的空间，但并非无所作为，因为认罪认罚从宽制度对律师的辩护权行使提出了更高的要求。[2]一方面，律师在为被追诉人提供法律帮助或者辩护过程中，可以调整被追诉人的量刑预期；另一方面，辩护人可以通过辩护或者法律帮助意见对检察机关的量刑决策施加影响，来最大限度争取检察机关满足被追诉人的量刑预期，促成量刑合意。有的学者将这一辩护形态称为

---

[1] 朱孝清："认罪认罚从宽制度中的几个理论问题"，载《法学杂志》2017 年第 9 期。

[2] 周新："值班律师参与认罪认罚案件的实践性反思"，载《法学论坛》2019 年第 4 期。

"交涉性辩护"，以区别于不认罪案件中的"对抗性辩护"[1]。因此，律师参与认罪认罚案件量刑过程时，要灵活应用抗辩和妥协两种方式，以最大限度促成量刑合意。一般而言，被追诉人自行委托的辩护律师倾向于抗辩，司法机关提供的法律援助律师或者值班律师倾向于妥协。抗辩的参与程度无疑是高于妥协的，故而认罪认罚案件量刑过程的辩护律师参与程度要高于法律援助律师或者值班律师，对被追诉人实体性权益具有更大的影响，即有更大的参与效果。

第三，律师参与量刑过程产生效果的手段是量刑信息沟通。量刑信息沟通的深度很大程度上决定了量刑合意的质量。控辩双方量刑信息全面、深入的交流有利于稳定被追诉人的量刑预期、增加量刑建议的可采性。

律师参与量刑过程可以向司法机关提供更全面、更充分的被追诉人获得从宽处理的相关事实情节信息，从而有助于司法机关决定更有利于被追诉人实体性权益的刑罚。一方面，量刑建议（合意）可以有幅度，同时也包含刑罚执行方式等事项，而这些事项的标准相对模糊，法定约束也较为宽松。[2]换言之，在这些问题上，检察机关对律师合理的意见、理由的采纳可能性更大，甚至为了稳定被追诉人的口供以及刑罚预期、减少对立情绪，检察机关有意愿做出让步，通过降低量刑建议幅度的上限（可能的最高刑）或者下限（可能的最低刑），最大限度地与被追诉人及其律师达成量刑合意。另一方面，检察机关不采纳律师的量刑意见应当说明理由，这使得律师的量刑意见对检察机关量刑决策有一定制约作用。审判阶段是法官对检察机关量刑建议审查过程，律师可以通过庭审过程对从轻、减轻的量刑情节予以重点阐明，在量刑建议幅度内争取最大限度从宽的判决。

综上所述，认罪认罚案件量刑过程的律师参与是通过抗辩或者妥协方式向司法机关提供量刑决策信息，以促成最大限度有利于被追诉人的量刑合意。这是律师参与有效果的实践条件，也是构建律师有效参与机

---

[1] 李奋飞："论'交涉性辩护'——以认罪认罚从宽作为切入镜像"，载《法学论坛》2019年第4期。

[2] 黄京平："幅度刑量刑建议的相对合理性——《刑事诉讼法》第201条的刑法意涵"，载《法学杂志》2020年第6期。

制应当遵循的实践逻辑，即为了使律师有效地参与到量刑过程中，产生更好的效果，在机制构建过程中应当立足于量刑信息沟通、辩护权保障和量刑合意等关键点。

（三）　律师参与效度实证分析的方法和数据

律师参与量刑过程的实践逻辑揭示了律师参与程度与律师参与效果的基本关系，是对两者之间的关系进行实证研究的经验依据。在实证研究中，律师有效地参与程序可以转化为"律师在程序中的参与程度"而予以测量，律师参与有效果可以转化为"律师参与程序的效果大小"而予以测量。为了避免用语混淆，本文将律师参与程序的效果称为律师参与效度（lawyer participation's validity），其在量刑过程中体现为律师参与对被追诉人刑罚的实际影响。

在实践中，有被追诉人自行委托的辩护律师、法律援助机构指派的辩护律师（法援律师）和值班律师这三种类型的律师参与到认罪认罚案件量刑过程中。[1]整体来看，这三种类型的律师参与诉讼程序的程度是不同的，一般而言，辩护律师高于法援律师，法援律师高于值班律师。就量刑过程而言，辩护律师在量刑协商过程中倾向于采用抗辩的方式（坚持罪轻辩护）来促成最有利于被追诉人的量刑合意，而值班律师在量刑协商过程中则倾向于接受检察机关提出的量刑建议，以求快速达成量刑合意；辩护律师在量刑协商准备中更有能力和意愿全面收集有利于被追诉人从轻、减轻量刑的事实情节，值班律师则缺乏这方面准备的条件和精力，而消极地就既有的量刑情节与被追诉人和检察机关进行沟通。[2]因此，辩护律师、法援律师、值班律师的参与程度递减，可以作为测量律师参与程度的经验标准。

在认罪认罚量刑过程中，律师参与程度体现为辩护律师、法援律师、值班律师对量刑信息沟通的强度和深度，而律师参与效度则体现为律师

---

〔1〕　吴小军："我国值班律师制度的功能及其展开——以认罪认罚从宽制度为视角"，载《法律适用》2017 年第 11 期。

〔2〕　汪海燕："三重悖离：认罪认罚从宽程序中值班律师制度的困境"，载《法学杂志》2019 年第 12 期。

参与对量刑建议或者判决影响的大小。按照以上分析，可以得出如下假设：

辩护律师、法援律师、值班律师在认罪认罚案件量刑过程中的参与效度逐次减少，即律师参与程度与律师参与效度呈正相关。

对于这一假设，笔者将以广东省 G 市检察机关的数据为样本（以下简称"G 样本"）来检验。G 样本年均办案量超过 2 万件，笔者选取的是 2019 年的数据，基本情况如下：

2019 年，G 市检察机关办理的刑事案件共适用认罪认罚从宽制度审结 17 447 件 21 238 人，分别占同期刑事案件的 72.18%、65.61%。其中起诉的 15 309 件 19 031 人，法院审结的 14 975 件 18 376 人，采纳检察机关提出的量刑建议的 16 331 人（份），采纳率为 88.87%，其中确定刑量刑建议的 1805 人（份），占 11.05%，幅度量刑建议的 14 526 人，占 88.95%。被告人提出上诉的 378 人，上诉率为 2.05%，比普通刑事案件上诉率少 5 个百分点；检察机关提出抗诉的 7 人，抗诉率为 0.03%，即每 1 万名被告人中抗诉的有 3 人。

G 样本中的 21 238 名认罪认罚犯罪嫌疑人、被告人自行委托辩护人的 2552 人，占参与律师的 14.06%；由法律援助机构指派辩护律师的 360 人，占参与律师的 1.98%；由值班律师提供法律帮助的 15 244 人，占参与律师的 83.96%。认罪认罚案件有律师参与的共 18 156 人，参与率为 85.49%。

量刑过程包括审前阶段和审判阶段，律师参与效度可以在这两个阶段同时测量，并可以对律师参与程度与律师参与效度正相关的假设加以检验。审前阶段的参与效度体现为对量刑建议的影响，主要是对量刑建议幅度的上限、下限的影响。审判阶段的参与效度体现为检察机关调整量刑建议，以及在量刑建议幅度内刑罚确定的影响，越是靠近下限，律师参与程序的影响越大。下文将利用 G 样本的案例库数据对律师参与效度假设予以检验。

（四）审前阶段律师参与效度的实证分析

审前阶段是律师参与在认罪认罚案件量刑过程发挥作用最为突出的

阶段。下面以 G 样本的一个危险驾驶案件案例库为例来分析审前阶段的律师参与效度问题。该案例库共有 3809 件危险驾驶认罪认罚案件，其中委托辩护律师或者法律援助机构指定辩护律师的 96 人，由值班律师提供法律帮助的 3713 人。

　　危险驾驶案件一般案情简单，其量刑一般根据酒精含量、交通违章情况等来确定，故而可以合理地假定同一判决结果的危险驾驶案件的量刑事实情节大致相同、社会危害性也相同，属于"同一"的类案，理论上检察机关应当采用同一的量刑建议幅度。但律师参与会对检察机关量刑决策过程产生影响，量刑建议幅度的上限、下限会出现波动，因此可以通过观察量刑幅度上限、下限的变化来测量律师参与量刑过程的影响程度。换言之，律师参与程度对量刑过程的影响效果体现在量刑建议幅度的上限、下限上。按照上文的律师参与程度与律师参与效度呈正相关的假设，审前阶段的参与效度假设体现为：

　　同一宣告刑所对应的量刑建议中，由辩护律师参与的量刑建议幅度上限（下限）要低于由值班律师参与的量刑建议幅度上限（下限）。

　　据此，笔者选取 3809 件危险驾驶案件中 555 件宣告刑为拘役 1 个月的案件作为测量和假设检验的数据子样本，以下简称"G（a）样本"。

　　G（a）样本中，有辩护律师参与的 16 件，有值班律师参与的 539 件。由于值班律师作为辩护律师的补充，提供临时性法律帮助，一般而言，他们参与认罪认罚案件量刑过程中的积极程度、深度都是低于辩护律师的，故可以合理假定辩护律师在量刑过程中的参与程度大于值班律师，参与效果也优于值班律师。下面，按照不同量刑建议幅度分布的差异来检验以上假设。

　　G（a）样本所对应的量刑建议幅度大致分布如下：拘役 4 个月以下的 33 件，占 5.95%；拘役 3 个月以下的 231 件，占 41.62%；拘役 2 个月以下的 129 件，占 23.24%；拘役 1 个月的 146 件，占 26.31%。辩护律师与值班律师参与的量刑建议幅度分布如下：①16 件辩护律师参与的案件，量刑建议幅度为拘役 4 个月以下的 0 件；拘役 3 个月以下（含本数）的 10 件，占 62.5%，比总体占比高；拘役 2 个月以下（含本数）的 4 件，占 25%，与总体占比基本持平；拘役 1 个月的 2 件，占 12.5%，比总体占比低。由此可知，由辩护律师参与形成的量刑建议整体趋重，但是辩护律师参与整体上也规避了过重的量刑建议。②539 件值班律师参与的案件量刑建议幅度为拘役 4 个月以下（含本数）的 33 件，占 6.12%；拘役 3 个月以下的 231 件，占 42.86%，；拘役 2 个月以下的 129 件，占 23.93%；拘役 1 个月的 146 件，占 27.09%。以上四组数据与总体占比情况基本接近。

比较以上两组数据，可以得出如下结论：①律师参与程度对量刑过程有较大的影响，总体上，参与程度越高对量刑过程影响就越大，且辩护律师的参与可以降低被告人量刑畸重的诉讼风险——避免了被判处拘役 4 个月的风险。②律师参与程度的实际影响是有限的，它所造成的量刑建议幅度波动也是平缓的，这是因为认罪认罚案件量刑过程是由检察机关主导的，而检察机关的量刑决策受到客观公正原则的约束，尤其是突出避免量刑畸轻的价值，故而即便是为追求量刑合意，对量刑建议幅度的下限所做的让步也是有限的，即高强度的参与也难以促使检察机关在最低刑上做出让步。同时，不可否认的是检察机关有避免量刑畸重的决策倾向，故而在降低被告人承受重刑风险上与辩护律师更容易达成共识，为了更好地达成量刑合意，也更愿意在最高刑上做较大的让步。

综上，认罪认罚案件审前阶段的律师参与对保障被追诉人实体性权益是有较大的帮助，即在此阶段律师参与程度与律师参与效度存在正相关关系的假设可以成立。

（五）审判阶段律师参与效度的实证分析

审判阶段是律师在认罪认罚案件量刑过程中发挥影响作用最为直接的阶段。下面仍以 G 市危险驾驶案件案例库的数据来考察审判阶段的律师参与效度问题。

基于检察机关量刑客观公正的价值预设，可以假定同一量刑幅度的案件量刑事实情节、社会危害性大致相同，而且按照《中华人民共和国刑事诉讼法》的规定，法官一般应当也同时可以在量刑幅度内依法确定不同的宣告刑——既可以是下限，也可以是上限。因此，律师在审判阶段对量刑过程的影响，主要体现在同一量刑幅度下不同的宣告刑上。换言之，可以通过分析同一量刑幅度案件的不同宣告刑的分布来测量审判阶段的律师参与效度。相应地，律师参与程度与律师参与效度呈正相关的假设在审判阶段体现为：同一幅度的量刑建议中，由辩护律师参与的宣告刑低于由值班律师参与的宣告刑。

据此，笔者选取 3809 件危险驾驶案件中 1262 件量刑建议为"拘役 3 个月以下，可以适用缓刑"的案件作为测量和假设检验的数据子样本，以下简称"G（b）样本"。

G（b）样本的宣告刑大致分布如下：①拘役未适用缓刑的 420 件，其中拘役 1 个月的 238 件，占 56.67%；拘役 2 个月的 151 件，占 35.95%；拘役 3 个月的 31 件，占 7.38%。②拘役并适用缓刑的 842 件，其中拘役 1 个月并适用缓刑的 577 件，占 68.53%；拘役 2 个月并适用缓刑的 243 件，占 28.86%；拘役 1 个月并适用缓刑的 22 件，占 2.61%。总体上，拘役 1 个月并适用缓刑占大多数，这说明法官倾向于靠近量刑幅度下限裁量宣告刑，尤其集中在量刑幅度中线以下的区间。

按照辩护律师与值班律师参与分类的宣告刑分布如下：①拘役未适用缓刑的分布。其一，11 件辩护律师参与的案件，宣告刑为拘役 1 个月的 10 件，占 90.91%，比总体占比高；拘役 2 个月的 1 件，占 9.09%，比总体占比低；拘役 3 个月的 0 件。这说明辩护律师参与总体上强化了法官判处轻刑的倾向，且降低了判处重刑的风险。其二，409 件值班律师参与的案件宣告刑分布情况与总体案件宣告刑分布情况趋于一致。②拘役并适用缓刑的分布。其一，23 件辩护律师参与的案件，宣告刑为拘役 1 个月并适用缓刑的 11 件，占 47.83%；拘役 2 个月并适用缓刑的 11 件，占 47.83%；拘役 3 个月的 1 件，占 4.35%。这说明辩护律师参与并未强化法官判处轻刑的倾向，反而呈重刑趋势。这与拘役未适用缓刑的认罪认罚案件宣告刑分布所反映的趋势是相反的，理由何在，值得思考。其二，819 件值班律师参与的案件宣告刑分布情况与总体案件宣告刑分布情况持平。

比较两组数据，可以得出如下结论：律师参与对审判阶段认罪认罚案件量刑建议审查有一定的影响，它可能强化审查阶段既有的轻刑倾向，也可能反向削弱，使案件量刑趋向于量刑建议幅度上限。

产生矛盾的量刑趋势说明审判阶段的律师参与要借助其他因素来发挥作用。结合司法实践经验，笔者认为辩护律师参与的拘役并适用缓刑的案件宣告刑呈重刑化倾向的原因可能在于"实刑缓刑化"的裁判习惯，即基于个案情况，被告人及其律师在可以适用实刑的案件中强烈要求适用缓刑，为照顾辩方合理的诉讼请求，法官倾向于采用加重实刑后再延长缓刑考验期的方式来满足罪责刑相适应原则的要求，故而拘役 2 个月并适用缓刑的案中包含了本应适用拘役 1 个月实刑的案件——它们在辩护律师有效辩护的情况下，转化为判处拘役 2 个月实刑并适用缓刑，故而使拘役 2 个月并适用缓刑的案件占比上升。这一逻辑同样适用于宣告刑为拘役 3 个月并适用缓刑的情形。就此而言，在总体上，律师参与可以对审判阶段的量刑建议审查产生一定的影响，可以强化审判机关轻刑化的倾向，弱化重刑化的倾向，从而降低被告人承受畸重量刑的裁判风险。

综上，认罪认罚案件审判阶段的律师参与对保障被追诉人实体性权益有较大的影响，且实际影响程度要大于审前阶段的影响程度，因而审判阶段的律师参与程度与律师参与效度存在正相关关系的假设可以成立。

（六）结论与讨论

审前阶段和审判阶段量刑过程的实证分析验证了律师参与程度与律师参与效度正相关的假设，即律师有效地参与认罪认罚程序对于被追诉人从轻处理的实体性权益是有帮助的，且辩护律师的参与效度大于值班律师的参与效度，审判阶段的参与效度要大于审前阶段的参与效度。

一方面，在量刑过程中，辩护律师参与效度较高是因为辩护律师参与量刑协商过程更能为司法机关的量刑决策提供更全面、准确的量刑信息，也更能在强化量刑信息沟通过程为被追诉人争取最大的从宽量刑利益。同时，辩护律师更倾向于运用抗辩式的参与方式，更能制约检察机关的重刑倾向和强化审判机关的轻刑倾向。

另一方面，在量刑过程中，审判阶段的律师参与效度更高是因为审判阶段的法官倾向于在中立的角度审查量刑建议，对于律师的从宽处理量刑意见持更客观的立场，[1]故而律师参与在量刑信息沟通上可以发挥更大的作用。审前阶段的量刑过程由检察机关单方面主导，律师参与的量刑沟通、协商作用被削弱，而检察机关也难以完全客观、中立地审查

---

〔1〕 董坤："认罪认罚案件量刑建议精准化与法院采纳"，载《国家检察官学院学报》2020 年第 3 期。

律师提出的从宽处理量刑情节的认定和适用。[1]

值得指出的是，律师参与对认罪认罚案件量刑过程有较大的影响，但并非决定性的，不会导致量刑建议或者判决刑罚产生巨大的波动。这很大程度上是因为我国的司法实践恪守客观真实和实体公正的刑事诉讼理念，即便在认罪认罚案件量刑沟通中也并未突破客观公正的要求而进行"认罪答辩交易"。但是，量刑的客观公正并非绝对的，而是弹性的公正，在法定的量刑幅度内，司法者具有自由裁量权，故而律师参与产生效果是通过影响司法者自由裁量权实现的，即量刑事实证据、理由依据等信息补充和沟通，促使司法机关优化量刑决策，避免量刑畸重，最大限度地为被追诉人争取更宽缓的实体性权益。

综上所述，律师有效参与对认罪认罚当事人权益是否有效果、效果大小，即律师参与效度的问题，是构建律师有效参与认罪认罚程序机制的经验前提。以认罪认罚案件量刑过程为切入点，采用定量方法研究发现：律师参与程度与律师参与效度存在正相关的关系，即辩护律师的参与效度大于值班律师的参与效度，审判阶段的参与效度大于审前阶段的参与效度。同时，律师参与认罪认罚程序产生效果是通过量刑信息沟通促成量刑合意的方式实现的，故律师有效参与的机制设计应立足于量刑信息沟通、辩护权保障和量刑合意等关键点。当然，需要指出的是，因案例库样本数据的局限，以上实证分析的结论难以类推至全部刑事案件，尤其在十年以上的重罪认罪认罚案件中，律师参与效度的问题因司法裁量空间大幅扩大而呈现出更复杂的变化和规律特点，这些问题留待进一步研究。

十、让认罪认罚从宽制度回归交易本质 (宋福信*)

认罪认罚从宽制度无疑是这几年最大的司法制度改革，其积极意义

---

[1] 张金科："认罪认罚从宽视阈下的量刑困境与优化路径"，载《北京社会科学》2020 年第 7 期。

* 作者宋福信，男，广东宋氏律师事务所主任、律师。

不言而喻，也契合国际司法发展的方向。这项制度的本质决定了它必然伴随争议，同时，在目前的刑事司法状况下，推行这项制度必定会出现许多需要解决的问题。

作为广州的刑辩律师，我们从试点开始就代理了许多认罪认罚案件，从被告人及辩方的角度来看，遇到的问题很多，今天拿出来讨论，目的是让这项制度更为完善。

（一）不应忌谈交易

保障被告人的权利、提高司法效率，是认罪认罚从宽制度的其中两项重要内容。笔者认为，在当前刑事司法的实际状况下，保障被告人权利，实现控辩平等，意义更为重要，应该被视为检验该项制度的首要标准。在没有充分保障被告人权利的前提下提高司法效率，必然会出现比较多的问题，甚至会留下隐患。

在实践中，我们遇到的问题也集中体现在被告人、辩护人的权利保障不足这一方面。笔者认为，导致这些问题的首要原因在于对认罪认罚从宽制度本质的认识存在偏差。

《中华人民共和国刑事诉讼法》以及《认罪认罚从宽指导意见》只是规定了相应的操作规则，没有对该项制度的性质进行描述。最高人民法院胡云腾大法官在《人民法院报》上撰文指出："我国的认罪认罚从宽制度，是中国特色的有条件认罪宽恕制度，不是美国等西方国家'辩诉交易'的翻版或中国化。任何一种把认罪认罚从宽制度与辩诉交易混为一谈的观点都是不成立的。"这一准官方的定义，将认罪认罚从宽确定为司法机关的单方职权行为。

与这一定义相随的是一些由来已久的司法理念："坦白从宽，抗拒从严"是国家一贯的刑事政策；"国家不可能和嫌疑人协商交易"，正义不可能做交易；"检察机关拟起诉的每一件案件都足以定罪量刑"，被告人认罪态度好，才考虑从宽处理。

单方职权行为的定义，导致了控辩双方始终难以平等的身份进行量刑协商。

（二） 认罪认罚从宽制度与交易规则的契合性

交易，其实是一个中性词。并非每一个发生在司法领域的交易都带有不可告人的目的，关键是看交易是否公平、公开、公正。

其实，我们先撇开认罪认罚从宽制度的"准定义"，认真审查其操作规则，就会发现它是与交易相契合的，无论是形式还是本质。

从形式上看，在认罪认罚从宽制度中，辩方（被告人）通过认罪弃辩来换取控方的量刑让步。在这个过程中，需要双方的交流、协商、妥协，最后达成合意，这与交易的形式完全相符。

从本质上来看，交易所追求的平等、合意、高效，也是认罪认罚从宽制度的内在要求。控辩平等是被告人权益的最大保障，达成合意则可以促使被告人认罪服判，而高效则可以最大限度地节约诉讼资源。所以，认罪认罚从宽制度的本质与交易无异。

实际上，无论是理论界还是实务界，在探讨或者实施认罪认罚从宽制度时，都会不自觉地与辩诉交易制度相比较。

从节约司法资源、提高司法效率的角度出发，实际上，该项制度的主要价值群体不是在侦查阶段就已经认罪的嫌疑人，而是拟起诉但是尚未认罪的嫌疑人。如果有一个公平公正公开的量刑协商程序，相当一部分嫌疑人是会选择认罪的，这就是很多发达国家的辩诉交易制度适用率可以达到90%以上的原因。

所以，认罪认罚从宽制度的积极意义是不言而喻的，但是"忌谈交易"的官方准定义，成了保障被告人合法权益，实现控辩平等的阻碍。只有解放思想，突破司法理念的局限，才能将这项制度的优越性发挥出来。

（三） 从交易规则来探讨一些具体问题

1. 可以选择性交易？

"认罪认罚从宽制度没有适用罪名和可能判处刑罚的限定，所有刑事案件都可以适用，不能因罪轻、罪重或者罪名特殊等原因而剥夺犯罪嫌疑人、被告人自愿认罪认罚获得从宽处理的机会。"这是《认罪认罚从宽指导意见》的明文规定。显然，认罪认罚从宽是公诉机关的一项权力，也是犯罪嫌疑人的一项权利。

但是在实践中，重大职务犯罪案件、涉黑的重大案件、社会关注度高的敏感案件，这三类案件中有相当一部分，检察机关是不适用认罪认罚程序，直接提起公诉的。另外，笔者也遇到过一些特殊罪名的案件，如在一个强制猥亵妇女案中，一位女检察官表达了对该类被告人的不满，直接拒绝了被告人提出的认罪认罚的请求。也有检察官拒绝毒品类犯罪案件的被告人认罪认罚请求的情况。

从市场交易规则来看，检察机关属于垄断方，垄断方是不能选择交易方的，只能一视同仁，否则就属于市场歧视，侵害了交易方的权利。

2. 强大的卖方市场？

在笔者办理认罪认罚案件的经历中，当检察机关提出一个量刑建议时，被告人和辩护人通常只能选择同意或者不同意，很少有讨价还价的空间。当辩护人希望能与公诉人就量刑建议再多一次协商时，大部分公诉人都是不愿意的。对于双方最终是否能达成认罪认罚协议，很多公诉人持无所谓的态度。

控方之所以对量刑协商持绝对优势的心态，源于以下三个方面：

首先是几乎毫无悬念的判决结果。我们目前的无罪判决率和撤回起诉率之低，每年都有数据可查，控辩双方都很清楚。国外的辩诉交易之所以能保持旺盛的生命力，与判决结果的不确定性有很大的关系。不可能每一个案件的证据都是完美无缺的，法律的适用也通常伴随争议，这是刑事诉讼的客观规律。但是即便如此，如果无罪判决率微乎其微，控辩双方的心态又怎么可能不失衡呢？

其次是居高不下的审前羁押率。比较受影响的是轻罪案件，因为审查起诉的羁押权、缓刑的建议权是掌握在控方手中的，比如有些单位行贿罪的案件、有些非法吸收公众存款罪的单位员工，如果认罪，可能换来的是取保候审，或者缓刑的量刑建议，如果不认罪，就一直羁押到判决出来，或者没有缓刑的结果。这种情况下，着急的自然是被告人和辩护人。无论如何，恢复自由都是一般人的首要需求。这个时候，如何判断被告人是发自内心地自愿认罪认罚呢？

法官在审查被告人是否自愿认罪认罚的时候，无非通过以下几个问题来判断：辩护人是否在场见证，签署认罪认罚具结书的时候，是否受到胁迫、欺骗，是否了解认罪认罚的法律后果。但是，被告人内心的矛盾和顾虑又岂是这三个问题能表现出来。

最后是差别不大的庭审时间。要让交易一方热衷于交易，就要让其有利可图。对于认罪认罚程序来说，唯一能让控方直接感觉到动力的，就是节约诉讼成本。但是其实认罪认罚从宽制度节约的成本并没有想象中的大，因为我们的庭审时间本来就短，几乎没有证人出庭，公诉人出示证据主要是宣读书面证言。单人单案，通常审理时间不会超过半天，跟国外少则几天，多则几个月的庭审模式完全不同。而且，就算签署了认罪认罚具结书，法庭也不是形式审查，该进行的法庭程序还是得进行，差别并不大。

所以，总的来说，公诉人对认罪认罚具结书的签订并没有太大的动力，如果因此要和被告人、辩护人讨论几个来回，反而浪费了更多的时间。

基于以上三种情况，被告人、辩护人要和公诉人平等协商量刑，在完全自由的意志下选择是否认罪认罚几乎是不现实的。要真正发挥认罪认罚从宽制度的作用，必须配套法律界一直呼吁的提高无罪判决率、提高取保候审率、实现真正的庭审实质化，否则可能会让一些案件留下违心认罪认罚的隐患。

3. 交易前无法查验货物？

现在刑事辩护全覆盖并没有包括侦查、审查起诉阶段，在这两个阶段，有委托辩护人的犯罪嫌疑人目前应该不超过 30%。也就是说，在适用认罪认罚程序时，大部分的犯罪嫌疑人并没有辩护律师的帮助，只能依靠值班律师。

在认罪认罚程序中，值班律师一般是在犯罪嫌疑人签署认罪认罚具结书时作为见证人签名，如果犯罪嫌疑人有什么法律问题，可以帮助解答。但是，值班律师不可能提前去检察院帮犯罪嫌疑人阅卷，而且绝大部分的检察院目前也还没有给值班律师开放阅卷权。所以，在签署认罪认罚具结书的时候，大部分的犯罪嫌疑人对于检察机关掌握的证据情况是一无所知的。

也许有人会说，有没有犯罪自己不清楚吗？首先，从交易的规则来说，查验货物是公平交易的前提，对方手上有什么货都不了解，就要你签合同了，这不是显失公平吗？这本应该是犯罪嫌疑人的一项权利，却没有得到重视。其次，是否构成犯罪，不仅有事实问题，还有法律适用的问题。试问，一个普通的犯罪嫌疑人怎么判断得了呢？值班律师没有经过研究，也不可能一下子就能回答准确。最后，存在个别案件，连犯罪嫌疑人都认为自己犯了罪，但是事实上并非如此，只有专业尽责的律师才能帮其洗清嫌疑。

所以，一个没有辩护人专业帮助的犯罪嫌疑人，在签署认罪认罚具结书时，就如同一个限制行为能力人在购买商品一样。认罪认罚从宽制度要充分保障犯罪嫌疑人的合法权益，必须同时实施对犯罪嫌疑人的证据开示制度。

4. 只能事后追认交易？

在个别案件中，笔者遇到过这样的情况：辩护人向公诉人表达了犯罪嫌疑人想认罪认罚的意向，公诉人表示同意，并告诉辩护人其某日会去提审犯罪嫌疑人，到时会给犯罪嫌疑人签认罪认罚具结书。辩护人问具体量刑建议，公诉人不肯透露，说到时会写在具结书上。当天到了看守所，按正常程序都是公诉人和辩护人一起提审犯罪嫌疑人，三方在场一起签署，但是公诉人却不让辩护人一起提审，让辩护人在看守所大厅等待。等公诉人拿着犯罪嫌疑人签署好的认罪认罚具结书出来的时候，辩护人才看到量刑建议。这个时候，辩护人非常为难，如果签署，事前完全没有和犯罪嫌疑人沟通过这个量刑建议是否恰当公允，而且没有见证犯罪嫌疑人签名的过程；如果不签，又担心因为自己拒绝，而让犯罪嫌疑人无法适用认罪认罚从宽制度。最后，只能配合签了名。后来辩护人进去会见犯罪嫌疑人，犯罪嫌疑人透露，公诉人跟他说，这个量刑建议是其单方面决定给犯罪嫌疑人的，所以其不想律师参与，不想成为律师的工具。

虽然这属于个别情况，但是也直接反映了在部分公诉人心目中，认罪认罚从宽纯粹是控方的单方职权行为，犯罪嫌疑人只负责认罪就可以了，量刑建议也完全是由公诉人来决定的。律师的角色就是来见证的，甚至有时候，这个见证程序都可以忽略。

我们都不能否认律师参与认罪认罚程序的必要性和重要性，我们也知道，没有律师实质的法律帮助，即便犯罪嫌疑人签了名，案件的质量依然存在风险。如果遵循的是平等交易的规则，那么上述情况就不可能会出现。在辩诉交易中，公诉人是被禁止在没有辩护律师在场的情况下与犯罪嫌疑人见面的，这是因为担心公诉人私下给予犯罪嫌疑人不恰当的解释或者压力，同时也确定了辩护人作为量刑协商中的重要一方的角色和地位。

5. 不适用定金规则？

在我们办理的部分案件中，犯罪嫌疑人在侦查阶段没有认罪，但是在审查起诉阶段，他们想和控方作量刑协商，如果量刑是公允且可以接受的，他们会选择认罪认罚。

有部分公诉人就认为犯罪嫌疑人在侦查阶段没有认罪，如果走认罪认罚程序，要先认罪，配合做一份认罪的笔录，或者写一份自愿认罪的亲笔供词交给检察机关，然后控方才会给出量刑建议供犯罪嫌疑人考虑。

但是，问题来了，如果犯罪嫌疑人不能接受控方的量刑建议，没有适用认罪认罚程序，认罪的笔录、亲笔供词是否会成为对其不利的证据？

犯罪嫌疑人签署的认罪认罚具结书上有一条，大意是认罪认罚具结书可以被撤回，撤回后失效，但是仍然可以作为犯罪嫌疑人曾经作过有罪供述的证据。认罪认罚具结书是由统一印制的格式文本，不能更改。这就意味着，即便控辩双方最终没有达成量刑合意，为了量刑协商而签署过文件、作过的有罪供述依然可以作为对犯罪嫌疑人不利的证据。

我们知道，在一场公平的交易中，为了表达诚意，交易一方在成交之前可以先交定金或者诚意金，如果双方未能达成一致，一般情况下，定金退还。2001 年发布的《最高人民法院关于民事诉讼证据的若干规定》第 67 条曾明确规定："在诉讼中，当事人为达成调解协议或者和解的目的作出妥协所涉及的对案件事实的认可，不得在其后的诉讼中作为对其不利的证据。"这体现的就是一种尊重交易规则的精神。

由于脱离了交易的本质，一旦控辩双方最终没有达成一致，犯罪嫌疑人在认罪认罚程序中配合签署的认罪文件将可能给其带来极不公平的风险。

6. 无法体现优惠价？

我国《刑法》第 67 条第 3 款明文规定了坦白可以从轻处罚的制度：

如实供述自己罪行的，可以从轻处罚。所以，认罪从轻是刑法应有之义。现在，我们有了认罪认罚从宽制度，《认罪认罚从宽指导意见》明确规定："认罪认罚的从宽幅度一般应当大于仅有坦白，或者虽认罪但不认罚的从宽幅度。"

但是，到底坦白可以从轻多少？认罪认罚又可以在这个基础上从宽多少呢？我们的司法解释和量刑规范化制度没有相应精细的规定，特别是认罪认罚从宽制度，目前对从宽的幅度还没有明确的规定。在认罪认罚具结书上只有一个量刑建议，但是这个量刑建议是怎么确定的，控方没有相应的说理文字。甚至，控方呈给法院的量刑建议书，辩护人一般也是无法查看的。

在某些案件中，笔者遇到过这样的情况，犯罪嫌疑人是认罪的，想要适用认罪认罚程序，于是公诉人给出了一个量刑建议，但是因为犯罪嫌疑人觉得量刑建议过重而没有同意。后来案件起诉到法院，辩护人在法庭一看控方的量刑建议，还是原来作认罪认罚时的那个。

这反映了在部分公诉人的心目中，只要犯罪嫌疑人认罪，就可以给出量刑建议了，至于从轻应该是多少，从宽应该是多少，他们心目中是没有准确数字去区分的。认罪认罚程序，无非是在本来认罪案件的基础上多办了一重手续，在办手续时提前告诉了犯罪嫌疑人量刑建议而已。

在我国香港地区的刑事审判中，开庭时作认罪答辩的，法律规定减少量刑幅度的30%。在美国的辩诉交易中，联邦法院和各州法院都有针对每个情节的精准的量刑幅度，达成辩诉交易的量刑优惠也是有具体的幅度可以查询的。就如同交易有了一个市场指导价和优惠价，使被告人选择认罪有较为准确的预期，也使控辩双方的量刑协商有了达成共识的基础。

在作量刑协商时，法规没有标准，控方没有说理，是难以让对方信服的，这会影响认罪认罚从宽制度的推广实施，也会进一步影响到犯罪嫌疑人发自内心认罪服判。

7. 签署了还属于效力待定？

在认罪认罚程序中，一旦被告人、辩护人签署了认罪认罚具结书，在法庭上就得全部认可控方指控的罪名、事实和证据，几乎放弃了辩护的权利，仅仅可以在量刑建议的幅度内提出从轻处理的意见。被告人和辩护人这种遵循认罪协议的做法，必然会对本次庭审的判决结果产生不可逆转的影响。

对于被告人来说，风险就在于：法院如果认为控方起诉的罪名不当，可以自行改变罪名；如果认为量刑建议明显不当，可以不按照量刑建议的幅度来判决。而且，法院决定不按照量刑建议的幅度来判决时，只事先通知控方，不通知被告人和辩护人。

笔者曾经遇到过一些法院超出控方量刑建议幅度从重判决的案件，比如在一个被告人众多的案件中，绝大部分被告人都适用了认罪认罚程序，但是法院最后超出控方量刑建议的幅度，对大部分被告人判处了较重的刑罚。很多被告人觉得很意外，无法接受，甚至有部分被告人觉得自己被控方欺骗了。

被告人的意见是完全可以理解的，因为很多被告人完全是因为控方给出的量刑建议而选择认罪的，如果他们知道判决这么重，可能不会选择认罪。

笔者能理解认罪认罚从宽制度没有剥夺法院的实质审查和判决的权力，是担心认罪认罚案件质量存在问题，法院要做最后的把关。但是，我们要清楚地认识到，一旦被告人按照认罪认罚的程序进入庭审，就等于放弃了绝大部分的辩护权利，这对法院的实质审查是产生了不可逆转的影响的。

笔者认为，如果法院认为控方的量刑建议明显不当，应该同时通知控辩双方，询问双方是否同意调整量刑建议，如果有一方不同意，那么整个案件就不得按照认罪认罚案件审理，而必须按照一般案件重新审理。这样对被告人才是公平的。不能让本来想保障被告人权利的制度变成损害被告人权益的制度。

从交易的规则来说，一般情况下，合约双方签署后即生效，个别情况下，也有需要有关部门的审批才能生效的。一旦有关部门审批不通过，原来的合约就退回无效状态，双方需要再一起重新修订合约。但是，有关部门绝对不能未经合约双方同意就擅自修改合约，直接公告生效，这是有违意思自治原则的。毕竟，这是一项需要双方自愿的协议，而不是单方的风险投资。

8. 上诉即违约？

在按照认罪认罚程序判决的案件中，有部分被告人是上诉的。针对被告人的上诉，有些检察机关相应提起了抗诉，抗诉理由是，被告人先按照认罪认罚程序获得了较轻的量刑建议，判决后利用上诉不加刑的原则，企图获得更轻的量刑，被告人的行为在钻法律的空子，是一种不诚信的行为，应该剥夺其按照认罪认罚程序获得的量刑优惠，二审加重刑罚。结果，真有少数二审法院对上诉人科以较重的刑罚。

因为被告人行使上诉权而作出"惩罚性"判决是有很大争议的，毕竟认罪认罚从宽制度并没有剥夺被告人法定的上诉权，不诚信也好，瞎折腾也罢，二审法院如果认为没有可以改判的理由，直接维持原判就好，毕竟法定的权利还是要尊重的，可以平和地对待。

另外，根据《认罪认罚从宽指导意见》的规定，速裁案件以事实不清、证据不足提起上诉的，发回重审，不再按认罪认罚案件从宽处理。也就是说，这种案件发回之后，是有可能加刑的。可是根据《中华人民共和国刑事诉讼法》的规定，因为被告人上诉而发回重审的，也不得加重被告人的刑罚。所以《认罪认罚从宽指导意见》的规定与《中华人民共和国刑事诉讼法》可能存在潜在的冲突。

四、回归公平、公正、公开的交易本质

在我们目前的司法实践中，犯罪嫌疑人及被告人的权利保障、辩护人执业权益保障、控辩平等方面还存在很多不足，所以当前的司法制度改革应该有目标地往这个方向去改进。对于认罪认罚从宽制度尤其应该如此。作为一个新的制度，对它本质的理解决定了它发展的方向，只有将认罪认罚从宽制度回归到公平、公正、公开的交易本质，才能有效地逐步解决前述问题。

（初审：巢志雄）

阅读经典

Reading of Classic Works

作为方法的西北

——基于《中国西北农牧民政治行为研究》的文本阐释

蒋华林*

提　要：探寻一个好社会，是政治/法律学人与政治/法律科学永恒的使命。《中国西北农牧民政治行为研究》聚焦于政治态度，深度探查西北农牧民政治行为，以有效政治知识供给筑牢国族认同、政权稳定、政治整合、民族国家建构、国家安全的堤坝，助推西北农牧区成为国家现代化发展战略的稳定器和蓄水池。该书折射出理论的现实关怀与方法的独特启思。拉铁摩尔采借边疆范式与"贮存地"隐喻，用以阐释并进一步把握王宗礼整体理论运思的脉络与谱系，发现本土关怀与普遍意义的正反合之辩证统一。农牧交错地带的西北河陇地区成为王宗礼理论构设与推进的无形但定在的智识背景，铸就了"以西北作为方法"的一般性理论视界，既从我者理解他者，亦从他者理解我者，在顾盼流转的交互视角中展现"主体间性"，拒绝被各类原生或变种的"本位中心主义"殖民或自我殖民，积极构建具有主体性的中国政治学/社会科学。

关键词：《中国西北农牧民政治行为研究》；作为方法的西北；主体性；边疆范式

> 20 亿农民站在工业文明的入口处：
> 这就是在 20 世纪下半叶当今世界向社会科学提出的主要问题。
> ——［法］H. 孟德拉斯[1]

---

* 作者蒋华林，男，广东财经大学经济学院讲师，华南师范大学马克思主义学院博士研究生，研究领域为马克思主义法治理论、法律社会学，代表作有《刑法修正权限的合宪性审视》《质感经验与朴素秩序——湘南阳村的社会规范微观民族志》《散居社群与祖籍国、居住国的关系：一种类型学分析》等，E-mail：sgjsjhl@163.com。

本文系作者主持的 2020 年度教育部人文社会科学研究专项任务项目"新时代大学生国家安全教育现状调查与对策研究"阶段性研究成果。

[1]　［法］H. 孟德拉斯：《农民的终结》，李培林译，社会科学文献出版社 2005 年版，第 1 页。

　　人是天生的政治动物，西哲亚里士多德此言流播经年，广为征引。但对于政治到底是什么、意涵为何、主旨何在，怎样对待政治等话题，人们却不甚明晰。政治实践作为人类社会活动之一，早已成为人们的一种生活方式，不管你愿不愿意，但凡有复数人存在的地方，只要还不是鲁滨逊漂流的荒岛，就有政治或政治影响，你我都被政治裹挟着。理想的政治，乃是予人们自由、秩序、公正的，而不是绑缚意志与行动的锁链。认真对待政治，就是认真对待人本身。

一

　　探寻一个好社会（redefining the good society），[1]是政治学人与政治科学永恒的使命。中国改革开放四十多年来的政治实践，亦可称之为中国特色社会主义现代化建设事业，是一场前无古人的伟大的政治实践，从强调"以经济建设为中心"，到"三位一体"（经济建设、政治建设、文化建设）、"四位一体"（经济建设、政治建设、文化建设和社会建设），一直到目前的"五位一体"（经济建设、政治建设、文化建设、社会建设、生态文明建设）总体布局，体现了党和国家对于社会主义现代化建设规律的新认识及深刻把握。面对转型期的中国社会，政治学人应该在中国政治实践中解释现象、提出问题、发现规律、提炼理论。正是基于这样的逻辑线索，加上学术责任、使命担当及其理论自觉，王宗礼教授求索于书斋与田野之间，撰著《中国西北农牧民政治行为研究》，[2]对其生于斯、长于斯、热爱于斯的西北大地上的农牧民政治行为进行学理上的剖解与研析，志在新民，意在补齐"中国的西北角"人与社会发

---

〔1〕　参见张冠生：《探寻一个好社会：费孝通说乡土中国》，广西师范大学出版社 2016 年版，第 38 页。

〔2〕　《中国西北农牧民政治行为研究》，系王宗礼教授于 20 世纪 90 年代主持的原国家教委人文社会科学研究"八五"规划重点项目研究成果。1998 年，该论著与王沪宁同志主编的《政治的逻辑：马克思主义政治学原理》、徐大同主编的《20 世纪西方政治思潮》，获得时年教育部主办的普通高等学校第二届人文社会科学研究成果奖（政治学）二等奖（一等奖空缺）。

展短板，破解"西北问题"，[1]为推进国家治理能力与治理体系现代化、打通全面建成小康社会最后一公里做出自己的一份贡献。

"不了解中国农民，就不可能了解中国社会，也就更谈不上了解中国政治。"[2]这是王宗礼教授《中国西北农牧民政治行为研究》（以下简称"王著"）的立论基础与问题意识的原点。在这一鲜明的问题意识之下，王宗礼教授立足时空压缩下的西北场景（独特的地理和人文背景，前现代、现代、后现代全体同时到场），专注农牧民这一特殊群体，着力于以政治态度为核心的农牧民政治行为的研究，以有效政治知识供给筑牢国族认同、政权稳定、政治整合、民族国家建构、国家安全的堤坝，使西北农牧区成为国家现代化发展战略的稳定器和蓄水池，走出一条具有西北特色的转型发展之路。[3]"对农民进行政治行为分析，还有助于我们揭示中国政治过程的动态特征，了解中国政治的深层结构。政治过程实际上是政治行为的互动过程，政治结构在本质上也是政治行为的互动结构，农民是中国政治生活中的一支重要力量，因此，对现实政治行为的分析，有利于我们深化对这个政治过程和政治结构的认识。"[4]申言之，在徐勇教授看来，"只有在注意国家上层变化的同时，对其立足的政治社会的状况、特点和变迁给予特别的重视，才能全面准确地认识和把握中国政治发展的进程、规律和特点"。[5]可以说，正是在这样一种理论自觉与家国情怀驱动之下，王宗礼教授直面"非均衡的中国政治"——城乡不均衡、民族之间不均衡、西北与东南区域不均衡等，找到了切入中国政治核心

---

[1] 丁志刚教授认为，所谓"西北问题"是指制约西北地区政治、经济、社会发展和现代化的具有复杂性、长期性、艰巨性、全局性、根本性的问题。这些问题既是历史性的，又在新的现实条件下以各种方式存续着；既是经济问题、生态问题，也是政治问题、民族问题、宗教问题和文化问题；既有客观自然条件形成的，也有主观原因造成的。虽然这些问题并非西北独有，但它们对于西北发展的影响更大，解决这些问题的难度更大，这是我们提出"西北问题"这一命题的主要原因。参见丁志刚、侯选明：《政治学视野中的西北地区治理研究》，兰州大学出版社2010年版，第2页。

[2] 王宗礼、刘建兰、贾应生：《中国西北农牧民政治行为研究》，甘肃人民出版社1995年版，第1页。

[3] 王宗礼、刘建兰、贾应生：《中国西北农牧民政治行为研究》，甘肃人民出版社1995年版，第9页。

[4] 王宗礼、刘建兰、贾应生：《中国西北农牧民政治行为研究》，甘肃人民出版社1995年版，第17—18页。

[5] 徐勇：《非均衡的中国政治：城市与乡村比较》，中国广播电视出版社1992年版，第3—4页。

命题的又一脉络，在政治学视野下，从西北发现历史，在边疆读懂中国。马克思主义经典作家认为经济基础决定上层建筑，上层建筑构设的好坏又反过来影响经济基础。作为上层建筑部分的政治建设，是贯穿于"五位一体"总体布局的各个方面的，它们之间形成相对独立又相互依存之普遍联系关系。这是政治上层建筑与经济基础以及上层建筑各部分之间的唯物辩证关系。政治建设能否实现文明转型，在一定程度上决定了"五位一体"总体布局最终能否全面协调推进，其中关键在于人，在于人的发展与人的现代化。人是社会存在物。马克思主义对人进行研究的首要原则，是从现实社会活动着的人出发去分析人和观察人，而不是从抽象的人的概念或臆想的人的概念出发。马克思把与社会和自然界发生密切关系的人确定为"现实的人"，并确定"现实的人"是人类社会生活的前提，自然也就是政治生活的前提。[1]人与政治的连接，或称之为人的政治表征，乃在于人的政治行为。人的政治行为与政治文明建设存在互构互促、相互嵌套的有机关联。政治文明建设是推动实现人的发展和社会发展一致理论建构与实践行动统一的必备要素之一。[2]王著坚持马克思主义政治学原理及其立场、观点、方法，同时灵活运用西方行为主义政治学方法，注重访问法、问卷调查法、参与式观察法、文献法等各种社会科学研究方法的综合运用，建构了关于西北农牧民政治行为研究的"理论、历史与现实"三维分析路径，其理论视野不断往返于现实西北农牧区经济关系、社会关系、政治关系与几千年传统文化积淀之间，来回穿梭于归纳、描述通过各层级途径观察到的经验事实与对西北农牧民群体人格模式的演绎之间，既注重质性研究，也注重量化实证，厚重亦深刻地绘制了一幅多元的西北农牧民政治行为现实图景，在丰富的现实经验中适时提炼理论。其中，作者从对农牧民政治人格分析开始，既研究了农牧民的政治价值观、政治态度、政治认同、政治情感等隐性政治行为，又分析了政治参与等外在显性政治行为，在此过程中，提出并研析了一系列带有西北特色的中国政治实践的真实问题，如对于臣民、草

---

[1]　王沪宁主编：《政治的逻辑：马克思主义政治学原理》，上海人民出版社 2004 年版，第 31 页。

[2]　参见金建萍：《人的发展和社会发展的一致性研究》，中国社会科学出版社 2013 年版，第 2 页。

民、牧民、公民的政治人格分析，[1]对"山高皇帝远"的政治社会学分析，[2]对西北农牧区家族、部落、民族、宗教、地缘等的文化地理政治学分析等，[3]均有缜密且不乏精彩的论证。也许，有些问题作者到最后也未能拿出一个有效的解决方案，但是，提出的是真正的问题，而不是假想的问题，也不失为学术贡献之一。可以说，这样一种围绕西北农牧民政治行为主题的层层推进、步步包抄式研究路数，为我们更好地认识西北、认识西北农牧民，提供了一个难得的文本。

二

王著与 80 年代我国政治学重建以来的多数作品一样，也包蕴着一个被迫现代化的语境与国富民强的梦想竞逐。但是，通读王著，不难发现，对于事实的叙述、问题的发掘、理论的运用、本土资源的提炼等，王宗礼教授对于单向线性历史发展观支配下的"西方中心主义"与西方现代化理论话语是保持高度警觉的，他拒绝剪裁西北的经验事实去生硬适用西方理论话语，或是将西北的田野视为检验西方理论真理性的实验场。他手中的那把理论解剖刀，古今东西都是借镜，亦不失为一种带有具体场景、语境、预设的"地方性知识"。没有谁天然地正确，只有谁更能解释、解决西北问题，西北问题本身可能具备有待提炼的本土资源、本地知识。王著有辨识地"拿来主义"，有选择地借鉴西方的学术概念、基本理论、分析范式和研究方法，在克制与开放之间，将中国自己的发展经验转化为法学（政治学）研究问题，更多面向中国的未来而不是试图拷贝西方的过去，[4]努力为外界与本地呈现一个真实的西北及其农牧民群

---

[1] 王宗礼、刘建兰、贾应生：《中国西北农牧民政治行为研究》，甘肃人民出版社 1995 年版，第 59—96 页。

[2] 王宗礼、刘建兰、贾应生：《中国西北农牧民政治行为研究》，甘肃人民出版社 1995 年版，第 241—246 页。

[3] 王宗礼、刘建兰、贾应生：《中国西北农牧民政治行为研究》，甘肃人民出版社 1995 年版，第 123—175 页。

[4] 朱苏力："提升中国法学的研究品格（大家手笔）"，载《人民日报》2018 年 1 月 22 日，第 16 版。

体的政治实践面貌，并相应提出化解西北问题的西北方案，拒绝那种
"没有西北的西北观"，尽量摒弃西方学术系谱的话语霸权，跳出"他们不
能代表自己，一定要别人来代表他们"[1]的思想牢笼，心智开放地走自己
的路。关注西北农牧民的政治态度、政治价值观、政治人格等，将目光投
向西北农牧区基层区域，反映了论者的政治学研究由"国家学"的关注政
党、国家和政府（文本上的/正式的）变成"社会学"（行动中的/非正式
的）的注重社会基层问题/经验层面切入，将传统的规范研究与经验研究共
冶一炉，重心下沉、[2]"从殿堂到田野"，[3]发现隐藏于概念背后的、实
践的与经验的观念和理论，重视中观和微观政治学研究，实现由"革命
论"范式向"建设论"范式转变并向纵深推进，[4]摒弃"目中无人"
的异化现象，迈向"目中有人"的学术研究新境地。[5]政治学研究范式
转向，是政治学界一批先知先觉者共同努力的结果，很难讲王宗礼教授
是政治学界研究范式转换的首倡者、引领者，但称之为先行先试者，则
是确当的，虽然在本书中呈现的还只是初步探索。这样的研究范式转换意
识，也自然延伸到其后期的学术研究作品中去，如《中国西北民族地区政
治稳定研究》《中国西北民族地区乡镇政权建设研究》等。[6]学者转变一
贯采用的学术研究范式，或主动，或被动，但无疑都是走出研究舒适区，

---

〔1〕 人民出版社编：《马克思恩格斯全集》（第 8 卷），人民出版社 1961 年版，第 217 页。

〔2〕 "重心下沉：90 年代学术新趋向"，载徐勇：《徐勇自选集》，华中理工大学出版社 1999 年
　　 版，第 327—328 页。

〔3〕 徐勇、邓大才："政治学研究：从殿堂到田野——实证方法进入中国政治学研究的历程"，
　　 载邓正来、郝雨凡主编：《中国人文社会科学三十年：回顾与前瞻》，复旦大学出版社
　　 2008 年版，第 269—287 页。

〔4〕 王宗礼："谈政治学研究范式的转向"，载《光明日报》2004 年 2 月 24 日，第 7 版。

〔5〕 徐勇教授认为，西方制度造成的理性自负，使得西方学术研究逻辑中存在"目中无人"的
　　 异化现象，缺乏在不同国情差异的比较中扎实开展调查、分析和深入研究人的生存条件及
　　 人之所以为人的政治关怀意识，在学理逻辑与现实分析中屡屡造成判断失误。与此相对
　　 照，当代中国举世瞩目的发展成就启示我们：中国的道路、制度、理论和文化发展过程，
　　 鲜明表达了由自卑到自信的过程。中国当代的国家治理始终坚持"以人民中心"，这就需
　　 要中国特色的政治学研究"目中有人"，充分展开质性和量化调查与分析，努力提高中国
　　 政治学研究的科学化水平，为党和政府的战略决策提供智力支持。参见孙志香："专家学
　　 者研讨如何推进中国特色政治学、社会学和民族学发展"，载《中国民族报》2017 年 12
　　 月 29 日，第 5 版。

〔6〕 参见王宗礼、谈振好、刘建兰：《中国西北民族地区政治稳定研究》，甘肃人民出版社 1998
　　 年版；刘建兰、王宗礼：《中国西北民族地区乡镇政权建设研究》，甘肃人民出版社 1998
　　 年版。

不抱残守缺，不惧面向未来的挑战自我和自我超越，其中需要睿智、需要勇气，也需要执着与坚守，而在其背后当然是对政治学理脉络的把握及随之而生的敏锐的洞察力。研究范式的转换当然不是从一个极端走向另一个极端，工具与方法永远都要服从对政治实践问题的探查和对政治实践规律的探索。政治研究"自上而下"与"自下而上"的视域交融，在《中国西北农牧民政治行为研究》中得到了初步操练，亦在作者后期作品中进一步凸显并趋于成熟。如《当代中国政治发展研究》《当代中国的国家建构与民族复兴》等。[1]这一关于方法的方法论给予我们的启迪是，方法作为解剖刀，要始终服务于问题，而不是反客为主，没有永恒不变的方法，只有灵活运用各种方法对问题真相的不断抵近。当然，这是一种实用主义。

伴随着发展，我国的国家制度体系、社会结构发生了重大变化，王宗礼教授过去在书中分析的问题、展叙的西北农牧民政治社会化的内外部环境，已今非昔比，如中国特色社会主义法律体系已经建成，社会主义市场经济体制机制进一步完善，宪法规定的民族区域自治制度得到了更好的贯彻落实，公民宗教信仰自由权利得到了更好的保障，西部生态环境得到了更好的重视并有实质性推进（"绿水青山就是金山银山"理念的提出、环保督查与问责的强化、资源与环境保护法体系的进一步完善、生态文明建设已经被列入国家"五位一体"总体布局协调推进），"三农"问题研究（包括村民自治的探索、农村政治学的发展等）已经从边缘走向了中心等，西北农牧民群体面临的政治、经济、文化、社会环境等均发生了翻天覆地的变化，这些约束条件的变动，均是摆在我们面前的一个不争的事实。

三

一本著作的价值往往是多向度的，有理论、知识层面的，有技术层

〔1〕 参见王宗礼：《当代中国政治发展研究》，甘肃文化出版社 2013 年版；王宗礼：《当代中国的国家建构与民族复兴》，甘肃民族出版社 2016 年版。

面的，也有方法层面的。对于王著，我更推崇王宗礼教授及其著作背后潜藏的"以西北作为方法"的理论运思。这需要"回到拉铁摩尔"予以解读，拉铁摩尔在其传世名作《中国的亚洲内陆边疆》中创造性地提出了影响深远的"边疆范式"，[1]让学界慢慢跳出了施坚雅"中华帝国"仅仅局限于长城以内的狭隘"中国"，也摆脱了影响广泛的费正清"民族国家"背景下思考中国模式的"冲击—回应"理论，由此开辟了一个从中国内部多元文化主义视角来考察中国历史的思想取向，摒弃了游牧—农耕二元对立、"边缘—中心"的固定思维、路径依赖，从游牧社会和农耕社会的竞争、共生、统一新型关系中建构了一个比较完整的"大中国"概念。[2]"中国"不应该被简单地理解为是一个均质化的、铁板一块的单一实体。它是由政治、经济和文化诸方面发展并不均衡的一系列地方区域之间互动整合而形成的一个系统。[3]拉铁摩尔"边疆范式"的提出，在诸多领域丰富了我们的思考和理解。从"大中国"理念出发，西北游牧地区也就有了自己的主体性，东南农耕视域下被建构出来的"边疆"也就被超越了，由此实现了西北游牧—东南农耕二元主体的对等化回归，把颠倒的关系再次颠倒过来。这是王宗礼教授文本叙事、理论构造的底色。

这一政治学研究理论格局的转换，是论者学术自觉、理论自觉的内在驱动，但这一原动力的发动机又在哪里？拉铁摩尔关于"贮存地"（reservoir）的论述及王勇教授的申述给了我启发。拉铁摩尔将牧业社会（西北）与农业社会（东南）的交错地带——边疆地带——视为"贮存地"。拉铁摩尔以"贮存地"来指称长城沿线的边缘地带。在拉氏看来，不但典型的北方草原游牧社会源出于此边缘地带的农牧混合经济人群，后来在历史上统一北方草原或南下统一中原的部族，也多出于此地域；出于此地区的混合经济政权，由于有兼管定居农业与游牧社群的经验，常

---

[1] 参见［美］拉铁摩尔：《中国的亚洲内陆边疆》，唐晓峰译，江苏人民出版社 2014 年版，第 101 页。

[2] 参见黄达远："边疆、民族与国家：对拉铁摩尔'中国边疆观'的思考"，载唐晓峰等：《拉铁摩尔与边疆中国》，生活·读书·新知三联书店 2017 年版，第 98 页。

[3] 姚大力："西方中国研究的'边疆范式'：一篇书目式述评"，载《文汇报》2007 年 5 月 7 日，第 6 版。

能建立起兼领中原和草原的大帝国。[1]在王勇教授看来，拉铁摩尔的"贮存地"是典型的"边缘地带"，边缘地带本身是过渡地带，兼有双边或多边文化的因素，具有真正的包容性。边缘地带上的思维可以规避"锚定谬误"在思维上不是"一"就是"二"，不是同类就是异类的简单二分法，从而实现向思维上的"一分为三"转向。在此基础上，王勇教授指出，合适的锚点，一定发生在"边缘地带"，也就是说，生活在半耕半牧地区的人可以相对客观地想象农民和牧民、农区和牧区的生活；农民出身的市民或知识分子，有农村和城市两栖生活经验的人，更有可能客观公正地研究中国城乡问题。"贮存地"尤其是河陇地区所处的黄土高原地带，[2]实为中国历史的"起点"，重新回归到这个历史起点上，理论上具有了全面而完整地认识中国和诠释中国的优势。这是因为，立足于河陇地区的法律学人（政治学人）可以同时看到中国两种历史文化地理意像：面向东南，可以俯瞰《击壤歌》中的农耕文化意像——日出而作，日入而息。凿井而饮，耕田而食。帝力于我何有哉？面向西北，可以仰观《敕勒歌》中的游牧文化意像——敕勒川，阴山下。天似穹庐，笼盖四野。天苍苍，野茫茫。风吹草低见牛羊……在这里，我们可以把中国与西方（欧洲）法律（政治）文化的外部比较转化为中国的内部比较——西北中国和中原/东南中国的比较，运用这个视角，就能完整描绘出一幅具有世界意义的关于中国法律（政治）文化协同演化的心智地图。[3]亦

---

[1]　[美]拉铁摩尔：《中国的亚洲内陆边疆》，唐晓峰译，江苏人民出版社2014年版，第169—172页。

[2]　王勇教授认为，从某种意义上讲，兰州可作为合适的中国法学运思的文化地理锚点。当然，这样的锚点之地关键要处于西北中国与东南中国的交汇之地，西北游牧文化和中原/东南农耕文化的交叉之地，东西南北交通的枢纽之地。因此，从较大一些范围讲，西宁—兰州—银川，或者说，历史上的"河陇地区"——横跨西北游牧地区和中原农耕地区的中国"腹地"，都是恰当的大中国文化地理锚点。"河陇地区，包括今宁夏、甘肃与青海的河湟地区，这大致是清代甘肃省的范围。这是蒙古高原与青藏高原之间的一块可农可牧区，在农耕民族手中，就是农耕区，但在游牧民族手里它就会成为游牧区。"河陇地区相对于周边省区的这种"相邻可能"，不但使河陇地区整合国家陆域版图的历史功能得以延续，而且也为中国"宪制"与时俱进的创新提供了回旋的空间。王勇："没有锚点的中国法学——河陇地区作为中国法学运思的历史文化地理锚点"，载《甘肃政法学院学报》2016年第1期。

[3]　本部分的阐述，借鉴并综合了王勇教授的有关观点。参见王勇："没有锚点的中国法学——河陇地区作为中国法学运思的历史文化地理锚点"，载《甘肃政法学院学报》2016年第1期。

即，置身河陇之地，能看见一个整全性的中国，视野所及的是伊儒交融、
汉藏合璧，而不是华夏边缘。这不失为费孝通先生提出的"中华民族的
多元一体格局"[1]以及时下倡导的"人类命运共同体"之先声。无独有
偶，许倬云先生经由对中国的大历史的考察，提出中国就是"一个不断
变化的复杂共同体"，从时间维度来说，五千年历史并非一成不变，从空
间维度来说则是"汉的中国"与"胡的中国"的互动与交融。[2]换一重
视角，看到的是不同的风景。这是一个推进理解的过程。

　　诚然，王勇教授提出的"河陇地区作为中国法学（政治学）运思的
历史文化地理锚点"目前还只是一种理论上的沙盘推演，虽然这一结论
是基于一定的历史实践、现实经验做出的判断，但作为一个宏大的命题，
依然还需要一个长时段的、持续不断的现实验证。王勇教授也坦陈，基
于从平滑空间到纹理空间这一空间层化的国家建构规程，[3]"锚点是可漂
移的"。在我看来，王宗礼教授在《中国西北农牧民政治行为研究》一书
中所呈现出来的学术研究理路，既可视为王勇教授逻辑立基的深厚土壤，
亦可视为王勇锚点的一个证成。发乎于此，出生于甘肃农村，童年和青少
年时期均在河陇地区农村度过且有城乡两栖生活经验的王宗礼教授，[4]一
直对"身边的学术资源"保持敏感，[5]在《中国西北农牧民政治行为研
究》一书中围绕西北农牧民政治行为理论，就近深挖本地学术研究富矿，
其学术与理论意义注定不是西北的，而是整个中国的，可能还是世界的。
在具体问题分析之外，西北也就成了方法。以西北为方法，就是以中国
为目的，把"我者"特殊化，同时也通过这样的媒介把"他者"特殊化
（东南农耕地区、亚洲的日本、资本主义的美国等），既从我者理解他者，
也从他者理解我者，一方面更好地认识自身，另一方面更深入地理解对

---

〔1〕　参见费孝通："中华民族的多元一体格局"，载《北京大学学报（哲学社会科学版）》
　　　1989 年第 4 期。
〔2〕　参见许倬云：《说中国：一个不断变化的复杂共同体》，广西师范大学出版社 2015 年版，
　　　第 98 页。
〔3〕　王勇：《草权政治：划界定牧与国家建构》，中国社会科学出版社 2017 年版，第 372—382
　　　页。
〔4〕　王宗礼、刘建兰、贾应生：《中国西北农牧民政治行为研究》，甘肃人民出版社 1995 年版，
　　　第 17 页。
〔5〕　王勇、戴明刚：《有场景的法律和社会科学研究》，甘肃人民出版社 2009 年版，第 34 页。

方，在视角的顾盼流转之间展现二者之间的"主体间性"，向各类原生或变种的"本位中心主义"说不，[1]在这样的集合多元特殊化的前提下描绘中国图景、世界图景，经由这样一种文化相对主义，共生互补，融合统一，找到真正的西北、真实的中国，从而走向世界。"把中国（西北）作为方法，就是要迈向原理的创造——同时也是世界本身的创造"。[2]这是一种具有包容性、开放性、弹性（VS. 刚性）的主体性建构，实与费孝通先生倡言的"各美其美，美人之美，美美与共，天下大同"理念有异曲同工之妙。

作品一旦离开作者，它的面世出版，就意味着"作者之死"。作品的生命力以及生命延续，乃在于读者的解释力。没有完美的作品，谓之"完美"的作品，往往是读者出于一种主观情感的泛化表达。这也是"观点非片面无以深刻"的原因。笔者对于王著的解读，注定也逃不掉上述谓之作品的宿命，所有的评判都将需要接受再评判。误读与否，将在思维的二次碰撞中得以呈现。历史表明，社会大变革的时代，一定是哲学社会科学大发展的时代。当代中国正经历着我国历史上最为广泛而深刻的社会变革，也正在进行着人类历史上最为宏大而独特的实践创新。这种前无古人的伟大实践，必将给理论创造、学术繁荣提供强大动力和广阔空间。这是一个需要理论而且一定能够产生理论的时代，这是一个需

---

[1] 这样一种对于"本位中心主义"的反思，不仅仅日渐出现于国内学界，西方学界近年来也不乏质疑之声。虽然，二者终极立场依然分殊。比如［美］络德睦：《法律东方主义——中国、美国与现代法》，魏磊杰译，中国政法大学出版社 2016 年版。另外，根据美国亚洲研究协会（Association for Asian Studies）网站公布的 2018 年各个图书奖项的获奖作品，拟获得 2018 年度列文森奖作品为 Li Chen, *Chinese Law in Imperial Eyes*: *Sovereignty*, *Justice*, *and Transcultural Politics*, Columbia University, 2016. 此书聚焦于鸦片战争之前的一百年，通过对中国、欧洲双方档案史料的深入挖掘，开辟了探讨清代法律与外交研究的全新视角。他将中国法律的形象分别放在中、欧各自的历史话语中去考察，运用"接触区"（contact zone）的概念，将中西方的跨文化政治互动态的考察，并主张这种影响是双向而非单向的过程。对中国法律的理解不仅形塑了中西关系的发展轨迹，也在西方建构自身"现代性"的过程中发挥了重要的作用。有关资讯及译介，登载于"跨域法政"微信公众号 2018 年 1 月 26 日推送的文章，最后访问日期：2018 年 1 月 27 日。

[2] ［日］沟口雄三：《作为方法的中国》，孙军悦译，生活·读书·新知三联书店 2011 年版，第 133 页。沟口雄三同时指出，通过"世界"来一元地衡量亚洲的时代已经结束了。只要就相对的场域达成共识，我们可以利用中国、亚洲来衡量欧洲，反之亦无不可；我希望通过这样的交流，创造出崭新的世界图景。沟口教授此论，对本文的写作具有重大启发意义。

要思想而且一定能够产生思想的时代。[1]这样的语词让人振奋。置身风云激荡的十字路口，需要一份坚守，而对于西北、对于中国，"政治是每个人的副业"会是我们的下一站吗？

（初审：毛玮）

---

[1] "习近平：在哲学社会科学工作座谈会上的讲话（全文）"，载 http://politics. people. com. cn/n1/2016/0518/c1024-28361421. html，最后访问日期：2018 年 1 月 23 日。

附：《中山大学法律评论》注释体例

一、一般规定

1. 全书采用脚注，注释序号以阿拉伯数字上标。

2. 引用文献的必备要素及一般格式为"［国籍］责任者与责任方式：《文献标题》（版本与卷册），出版者及出版时间，起止页码。"

3. 所引文献若为撰著，不必说明责任方式，否则，应注明"编""主编""编著""整理""编译""译""校注""校订"等责任方式。

4. 非引用原文者，注释前应以"参见"引领；非引自原始资料者，应先注明原始作品相关信息，再以"转引自"引领注明转引文献详细信息。

5. 引证信札、访谈、演讲、电影、电视、广播、录音、馆藏资料、夫刊稿等文献资料，应尽可能明确详尽，注明其形成、存在或出品的时间、地点、机构等能显示其独立存在的特征。

二、注释范例

1. 著 作

徐忠明：《情感、循吏与明清时期司法实践》，上海三联书店 2009 年版，第 56 页。

2. 论 文

左卫民："地方法院庭审实质化改革实证研究"，载《中国社会科学》2018 年第 6 期。

3. 集 刊

季卫东："审判的推理与裁量权"，载《中山大学法律评论》2010 年第 1 期。

4. 文　集

陈光中："中国刑事诉讼法的特点"，载《陈光中法学文集》，中国法制出版社 2000 年版，第 123 页。

5. 教　材

王利民主编：《民法学》（第 7 版），中国人民大学出版社 2018 年版，第 96 页。

6. 译　作

［美］迈克尔·D. 贝勒斯：《法律的原则———一个规范的分析》，张文显等译，中国大百科全书出版社 1996 年版，第 13 页。

7. 报　纸

徐显明："增强法治文明"，载《人民日报》2017 年 12 月 27 日，第 7 版。

8. 古　籍

沈家本：《沈寄簃先生遗书》（甲编），第 43 卷，第 123 页。

9. 学位论文

石静霞："跨国破产的法律问题研究"，武汉大学 1998 年博士学位论文。

10. 网络文献

周强："最高人民法院院长周强作最高法工作报告"，载 https://www.chinacourt. org/article/detail/2018/03/id/3225365. shtml，最后访问日期：2018 年 12 月 9 日。

11. 外文文献

（1）D. James Greiner, Cassandra Wolos Pattanayak and Jonathan Hennessy, "The Limits of Unbundled Legal Assistance：A Randomized Study in a Massachusetts District Court and Prospects for the Future", 126 *Harvard Law Review* 901（2013）.

（2）Larissa van den Herik and Nico Schrijver（eds. ），*Counter-Terrorism Strategies in a Fragmented International Legal Order：Meeting the Challenges*, Cambridge University Press，2013，pp. 123−125.